KB092271

생존과 승리의 제왕학

병법 노자

생존과 승리의 제왕학, **병법 노자**

초판 1쇄 인쇄 2017년 7월 25일 ╲**초판 1쇄 발행** 2017년 7월 31일
지은이 임건순 ╲**펴낸이** 이영선 ╲**편집 이사** 강영선 ╲**주간** 김선정
편집장 김문정 ╲**편집** 임경훈 김종훈 하선정 유선 ╲**디자인** 김회량 정경아
마케팅 김일신 이호석 김연수 ╲**관리** 박정래 손미경 김동욱

펴낸곳 서해문집 ╲**출판등록** 1989년 3월 16일(제406-2005-000047호)
주소 경기도 파주시 광인사길 217(파주출판도시) ╲**전화** (031)955-7470 ╲**팩스** (031)955-7469
홈페이지 www.booksea.co.kr ╲**이메일** shmj21@hanmail.net

임건순 © 2017
ISBN 978-89-7483-867-6 03150
값 16,000원

이 도서의 국립중앙도서관 출판시도서목록(CIP)은 e-CIP 홈페이지(http://www.nl.go.kr/ecip)에서
이용하실 수 있습니다.(CIP제어번호: CIP2017016810)

생존과 승리의 제왕학

병법
노자

생존의 기술
승리의 조건
변화의 전술

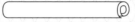

임건순 지음

서해문집

저는 제자백가를 전공한 동양철학자입니다. 이전에 인문학자지요. 그런데 이런 질문을 해보고 싶습니다. 인문학을 하는 사람, 특히 동양, 동아시아 관련해 인문학을 하는 사람이 가져야 할 책무는 무엇일까요? 저는 그 키워드가 중국이라고 생각합니다. 중국 관련해 문학을 하든 역사를 공부하든 철학을 하든 대중에게 중국에 대해 제대로 보여주는 것, 그것이 의무와 임무라고 생각합니다. 중국이라는 세계, 문명, 중국인의 의식 구조와 마음에 새겨진 문화 심리적인 틀에 대해 보여주는 것, 이것이 오늘날 인문학을 하는 사람들 중 적지 않은 이들의 어깨에 늘 짊어져야 할 짐이 아닌가 싶네요. 이 책은 그런 문제의식으로 쓰인 책입니다.

자, 중국은 삶의 상수입니다. 삶의 상수란 무엇일까요? 피할 수 없는 삶의 조건이 아닐까요. 늘 주어져 있는 문제 상황이고요. 그 상수라는 것은 한사코 피하고자 하면 불이익이 따를 수밖에 없어요. 반대로 잘 알고 공부하고 꿰고 있으면 기회를 만들 수 있지요. 잘 공부해 준비하면 개인에게는 성공의 기회를 줄 것이며, 우리 민족과 국가에게는 실리와 생존의 여백을 줄 것입니다. 네, 중국은 정말 상수 맞지요. 우리가 피할 수 없는 삶의 조건이 되었습니다. 그러니 중국이라는 상수를 반드시 알아야 합니다. 그러려면 인문학을 하는 사람들, 특히 동양학이나 중국 관련 인문학을 하는 사람들은 중국의 고전을 가지고 대중에게 다가가야 합니다. 흔히 정치, 경제, 사회, 문화라고 하지만《주역》,《시경》,《논어》,《손자병법》같은 고전이 뿌리가 된 그들의 문文과 문화는 다른 국가와 달리 사회를 움직이는 근본적인 동력입니다. 동양철학을 하는 이들은 중국에서 만들어진 동아시아의 고전을 열심히 공부하면서 중국에 대해 사람들에게 보여주고 알려야 합니다.

《노자老子》는 중국과 중국 문명, 중국인을 이해하는 데 반드시 알아야 할 고전입니다.《손자병법》과《주역》,《논어》 못지않게 중국인의 심리와 사고를 알기 위해 반드시 넘어야 할 산인데, 그간《노자》에 대한 오해가 많았습니다.《노자》의 진짜 목소리와 색깔,《노자》의 진면목,《노자》 텍스트에 일관된 문제의식과 치열함에 대해 제대로 알려주는 책과 강의가 거의 없었습니다. 원시적 공동체, 목가적 공동체를 말하고 무위자연을 노래했으며 무정부주의적·방임적 정치사상을 담은 철학으로 많이들 이야

5

기하고 가르쳤습니다. 하지만 아닙니다.《노자》는 투지가 넘치는 책이고, 어떻게든 최강자가 되려는 치열함이 엿보이는 사람을 위해 조언하는 책이며, 실리와 성공, 명철보신明哲保身의 지혜를 주문하는 책입니다.

'노회함', 중국인의 사고를 이 한마디로 정의할 수 있는데,《노자》에서는 시종일관 노회함을 강조하죠. 자신의 의도와 패를 철저히 숨기고 보이지 않는 곳에서 암중모색하며 성공과 승리를 위한 조건을 만들어가라고 하는 책《노자》. 이《노자》를 알아야 중국인의 노회함과 그들의 실리주의를 꿸 수 있는데, 그간 '제대로' 된《노자》해설서가 없어《노자》를 통해 중국과 중국인, 중국 문명에 대해 '제대로' 접근하지 못했습니다. 하지만 이 책은 다릅니다. 이 책을 통해 여러분은 진짜《노자》의 문제의식을 장악할 수 있고, 그것을 통해 중국과 중국 문명의 뿌리에 그리고 우리와 다른 중국인의 의식 구조에 접근할 수 있을 것입니다.

철학자에게도 조국이 있습니다. 내 연구와 공부가 내가 사는 나라와 공동체에 쓸모 있게 활용되어야 하지요. 공동체 구성원이 당면한 공통의 문제를 해결해 나가는 데 도움이 되어야 하고, 그것은 분명히 중요한 일이라고 생각합니다. 조국을 가슴에 새긴 젊은 동양철학자, 제자백가 전문가 저 임건순이 《노자》에 대한 책을 썼습니다. 병법서 《노자》, 병가 철학자 노자는 중국에 대해 많은 통찰을 줄 것입니다. 분명히 약속하지요. 이제 노회함의 정수, 노자 철학에 입문하실 텐데, 이 책은 공동체에 요긴하게 활용되고 큰 도움이 될 것입니다.

수렴의 기운이 가득한 아름다운 물의 마을 남양주 수동에서
임건순

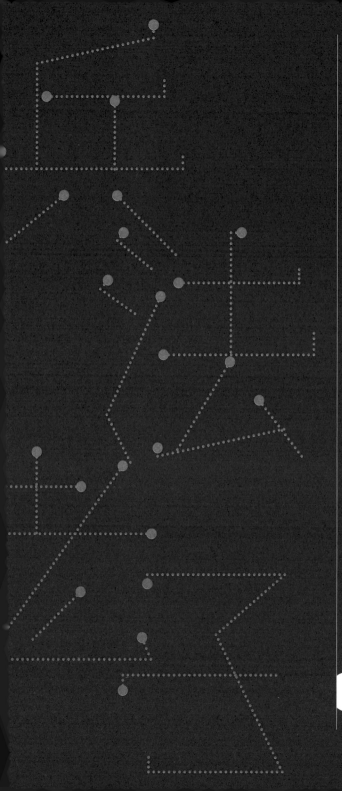

금옥만당金玉滿堂

가득 차면 지키기 힘드니 쌓아 놓지 말라

굳게 잡아서 가득 채우는 것은

채우기를 그만두는 것보다 못하다.

다듬어서 날카롭게 하면 길이 보전할 수 없다.

금은보옥이 방에 가득하면 지킬 수가 없고

부귀하면서도 교만하면 스스로 허물을 남기는 것이니

공을 이룬 뒤에는 자리에서 물러나는 것이 하늘의 도이다.'

'두려움'의 텍스트, 《노자》

자, '노자병법' 시작합니다.

먼저 《노자》에 깔린 기본적인 정서를 이야기해보겠습니다. 《노자》 9장은 금옥만당金玉滿堂 장인데, 이 금옥만당이라는 말은 참 유명한 말이죠. 아주 좋은 말입니다. 집에 금과 옥이 가득 찼다는 말이니까요. 한마디로 금송아지가 집에 가득 찼다는 뜻입니다. 조정에 좋은 신하가 아주 많다는 뜻으로도 쓰였는데, 중국인에게는 축복에 가까운 말이죠. 하지만 본래 좋은 맥락으로 쓰였던 말은 아닙니다. 원래는 집 안에 금은보옥이 가득 차면 지키기 힘드니 너무 많이 쌓아놓지 말라면서, 지나치게 가득 채우고 많이 모

I 持而盈之, 不若其已. 揣而銳之, 不可長葆之. 金玉盈室, 莫之守也. 貴富而驕, 自遺咎也. 功邃身退, 天之道也. - 9장

이 책에서 인용하는 《노자》의 원문은 백서본을 바탕으로 하였으나, 장의 순서는 왕필 주석의 통행본을 기준으로 합니다. 사실 백서본과 통행본의 텍스트는 큰 차이가 없습니다. 순서가 좀 다를 뿐입니다.

15

으고 축적하는 것을 경계하는 말로 쓰였죠. 노자는 경고합니다. 너무 욕심 내어 많은 것을 가지려고 하면 지킬 수 없고 화를 불러올 뿐이라고요.

《노자》텍스트를 보면 전체적으로 두려움이 드러나는 부분이 많습니다. 세상에 대한 두려움이 짙게 깔려 있습니다. 세상에는 위험 요소가 산재해 있고, 내 것을 노리는 사람들과 도적놈이 많고, 너무나 변화가 많고, 그 변화는 무쌍해 언제 어떻게 나를 둘러싼 환경이 변할지 모르죠. 그러니 항상 조심하고 나를 숨기고 드러내지 말고 욕심을 적당히 부려라, 노자는 그렇게 조언합니다. 그렇지 않으면 화를 당할 것이라고, 네가 가진 모든 것을 잃을 것이라고 하지요. 이렇게《노자》에 기본적으로 깔린 정서는 '두려움'입니다. 세상과 세계의 변화무쌍함에 대한 두려움, 상실에 대한 두려움, 전쟁으로 시작해 전쟁으로 끝나던 전국시대라는 현실이 주는 두려움 말입니다. 그 두려움이라는 것을 알아야《노자》를 쓴 사람 또는 편집한 사람이 가졌던 주요한 문제의식을 알 수 있습니다.

자,《노자》라는 책은 누가 썼을까요? 저는 '노자'라는 사람은 실존 인물이 아니라 생각합니다. 그리고《노자》는 한 사람이 쓴 것이 아니라 생각하고요. '말'을 모은 책입니다. 여러 격언과 말을 모아 만든 책입니다. 특정한 편집 방향과 원칙을 가지고 모아놓은 말의 묶음집이라고 생각합니다. 두려운 세상에서 어떻게 살아남을까, 어떻게 지지 않고 이길까, 어떻게 나에게 유리한 환경을 만들고 목적 달성을 용이하게 해주는 조건을 만들어갈까, 어떻게 내가 가진 것을 계속해 가져가 최후의 승자가 될까에 대해 유효한 가르침이 될 수 있는 말을 한데 모은 책이라고 생각합니다. 이렇게 해서 보존하고 지켜라, 잃지 마라, 저렇게 해서 지지 마라, 오래가라, 그렇게 해서 유리한 조건과 환경을 조금씩 만들어가라, 험하고 무서운 세상에서 살아남고 지지 마라, 이기는 데 필요한 삶의 기술과 자세, 요령에는 이런 게 있으니 명심하라고 말하는 책이라고 생각합니다. 네,《노자》는 그런 책입니다. 생존과 성공, 승리를 위한 책이죠.

앞서 말했듯《노자》는 두려움을 깔고 있는 책입니다.《노자》하면 그 것을 먼저 떠올리고 잊지 말아야 합니다. 그 두려움이라는 정서를 잘 이해해야《노자》의 주요한 문제의식을 이해할 수 있으며, 처세서이자 제왕학서 또는 병법서로서의《노자》가 눈에 확실히 들어올 것입니다. 자, 13장을 보지요.

> 큰 근심이 몸에 닥칠까 두려워한다.
> 무엇을 총애나 욕됨에 모두 놀라는 듯이 한다고 하는가.
> 총애는 하찮은 것이니
> 얻을 때도 놀라는 듯이 하고
> 잃을 때도 놀라는 듯이 한다.
> 이것을 총애나 욕됨에 모두 놀라는 듯이 한다고 한다.
>
> 무엇을 가지고 큰 근심이 몸에 닥칠까 조심한다고 하는가.
> 내게 큰 근심이 있는 것은 내게 몸이 있기 때문이다.
> 몸이 없다면 무슨 근심이 있겠는가.
> 그러므로 천하를 위하는 것보다
> 자기 몸을 더 소중히 위하는 사람에게 천하를 맡길 수 있고,
> 자기 몸을 아끼는 것처럼 천하를 위하는 사람에게
> 천하를 줄 수 있다.[2]

총애가 하찮은 것이랍니다. 하찮다 못해 두려워할 줄도 알라네요. 누가

나를 아낀다고 해도 절대 과신하지 말고 되레 무서워할 줄 알라는데, 총
애는 누가 주는 것입니까? 사람이 주는 것입니다. 특정인이 베푸는 것입
니다. 사람이 주는 것인 이상 언제든지 사라질 수 있습니다. 사람의 마음
과 감정은 항상 변하게 마련입니다. 감정과 마음만이 변하는 게 아니라
그 사람이 가진 지위와 특권 역시 변하기 쉽습니다. 권불십년權不十年이
고 화무십일홍花無十日紅이라고 하지 않습니까? 그런데 특정인의 총애를
과신해서야 되겠습니까? 안 되겠지요. 특히 권력자의 총애를 받고 그것을
믿고 함부로 설치면 어찌 되겠습니까? 스스로 환란과 재앙을 불러올 것
입니다. 변화가 무쌍한 세상에 누군가의 총애를 마냥 믿고 함부로 나서고
타인과 척을 지면 어찌 되겠습니까? 언제든 큰 화를 당할 수 있습니다. 그
렇기에 총애를 무서워할 줄 알아야 하는데, 마침 《한비자韓非子》에 미자
하彌子瑕의 고사가 실려 있습니다.

항상 조심하고 조심하라

《한비자》〈세난說難편〉에 나오는 이야기입니다. 옛날 위衛나라에 임금의
총애를 받던 미자하라는 미소년이 있었습니다. 《맹자孟子》에 등장하는 폐
인 장창과 더불어 춘추전국시대 궁중 동성애와 관련해 이야기되는 인물
이지요. 용모가 수려해 임금의 사랑을 많이도 받았습니다. 이 위나라에서
는 임금의 수레를 사적으로 타고 나가면 발뒤꿈치를 자르는 형벌이 있었

2　寵辱若驚, 貴大患若身. 何謂寵辱若驚. 寵之爲下. 得之若驚, 失之若驚, 是謂寵辱若驚.
　　何謂貴大患若身. 吾所以有大患者, 爲吾有身也. 及吾無身, 有何患. 故貴爲身於爲天下,
　　若可以托天下矣, 愛以身爲天下, 如何以寄天下. - 13장

습니다. 그런데 이 미자하라는 소년이 겁도 없이 임금의 수레를 타고 외출했습니다. 어머니의 병환이 이유였습니다. 미자하가 어머니의 병환 소식을 듣고 마음이 급해 나간 것이지요. 이 소식을 듣고 위나라 임금은 이렇게 말을 했습니다. "효자로구나, 어미를 위해 발을 잘리는 형벌을 잊었구나." 또 이런 일이 있었습니다. 미자하가 임금과 같이 산책하며 데이트를 하던 중 자신이 먹던 복숭아가 달자, 먹던 복숭아의 반쪽을 임금에게 주었습니다. 그러자 임금이 말하길, "미자하가 진심으로 나를 아끼는구나. 맛이 좋으니 과인을 잊지 않고 챙기는 것을 보니."

세월이 흐르고 미자하의 용모도 쇠하여 옛날 같지 않게 되었습니다. 임금의 총애 역시 식게 되었지요. 어느 날, 미자하가 작은 죄를 지어 임금의 앞에 불려나오게 되었습니다. 임금은 싸늘한 표정을 지으며 말하길, "미자하 저놈은 본래 성품이 좋지 못한 놈이다. 감히 법을 어기며 나의 수레를 타고 외출했고, 먹던 복숭아를 무엄하게 나에게 맛보라고 주었다." 그러고선 미자하에게 무거운 형벌을 내렸습니다. 임금의 총애를 믿고 설치던 미자하의 행동은 사실 변함이 없었습니다. 다만 임금의 마음과 감정이 변했지만, 그것을 미자하는 미처 몰랐던 것이죠. 그러기에 총애는 믿을 것이 못됩니다.

이 고사에서 만들어진 사자성어가 바로 여도지죄餘桃之罪이지요. 먹다 만 복숭아를 준 죄. 먹다 만 복숭아를 주었으면 그때 처벌했어야 할 텐데, 시간이 흘러 마음이 변한 다음에야 그때 일을 떠올려 벌을 주었습니다. 시간이 변하자 이전에는 갸륵하게 여겼던 행동이 이제는 죽을죄가 되었죠.

총애가 욕됨의 시작이 될 수 있습니다. 미자하가 왕의 칭찬을 받았을 때 이미 화가 시작된 것이라 할 수 있습니다. 그리고 총애 말고도 칭찬과

환호 같은 것도 돌팔매와 환란의 싹이 될 수 있지요. 인간 세상의 일은 이렇게 변화무쌍합니다. 단순히 변하는 정도가 아니라 정반대의 것으로 변하는 경우도 아주 많지요. 총애가 화로, 믿음이 불신으로. 그렇게 변화가 극심한 곳이 인간 사회인데, 특히 궁중과 전쟁터는 변수가 너무 많지요. 뭐가 어떻게 변할지 모릅니다. 그렇기에 항상 조심하고 조심해야죠. 함부로 감정을 드러내고, 타인의 마음과 감정을 믿고 함부로 행동해서는 안됩니다. 노자는 13장에서 그것을 말한 것입니다. 무서운 줄 알고 근심할 줄 알라고 합니다. 그렇지 않으면 다친답니다. 즉, 《노자》는 경고하고 경계하는 책이지요.

전쟁의 두려움을 말하는 《노자》

13장에서 노자가 말하지요. 내게 큰 근심이 있는 것은 내게 몸이 있기 때문이라고. 노자 생각에 근심해야 하고 무서운 것은 세상의 변화무쌍함 때문이기도 하지만, 우선 내게 몸이 있기 때문이기도 합니다. 몸이라는 것은 소중합니다. 몸은 목숨이고, 목숨이 얼마나 중한지는 따로 이야기할 필요도 없죠. 그런데요, 몸은 그냥 목숨이고 삶이라 할 수 있는데, 몸이 제일 중하다거나 몸조심해야 한다는 생각은 어디에서 절실하게 들까요? 일단 궁중 사회가 있습니다. 앞에서 미자하가 등장하는 궁중 사회가 그런 곳입니다. 거기에서는 정말 몸조심해야 하지요. 궁중 사회의 살벌함은 따로 이야기할 필요가 없지요. 그리고 궁중 사회 말고도 특히나 몸조심해야 할 곳이 있는데 바로 전쟁터입니다. 《노자》에서는 전쟁과 관련된 공포와 두려움이 많이 나옵니다. 전쟁터에서 다치거나 죽지 않을까 하는 공포요.

옛날에 도를 잘 행한 사람은

미묘하고 그윽이 통달했으니

깊고 깊어 기록할 수 없었다.

오직 기록할 수 없었기 때문에 억지로 그를 형용하니

머뭇거림은 마치 겨울에 강을 건너는 것 같고,

망설임은 마치 사방의 이웃을 두려워하는 것 같다.

엄숙하기는 마치 손님이 된 듯하고,

넉넉하기는 마치 얼음이 녹는 듯하며,

질박하고 두텁기는 마치 통나무와 같고,

흐릿하기는 마치 탁한 물과 같고,

드넓기는 마치 골짜기와 같다고 한다.

혼탁하면서도 움직여서 서서히 맑아지며,

편안해하면서도 움직여서 서서히 살아나니

이런 도를 간직한 사람은 채워짐을 원하지 않는다.

오직 채워짐을 원하지 않기 때문에

자신을 가리고 완전히 이루어지지 않는다.[3]

《노자》 15장을 보면 군인이 생각납니다. 어디를 가나 본데, 겨울에 살짝 언 강을 건너는 것 같고 사방에는 내 이웃이 아니라 도적이 깔린 것 같다 네요. 위험한 지형을 통과해 행군하는 군인, 사지로 생각되는 낯선 지역으 로 싸우러 가는 군인의 두려움이 보이죠. 《노자》에는 단순한 두려움이 아

---

3   古之善爲道者, 微妙玄達, 深不可志. 夫唯不可志, 故強爲之容曰, 豫呵其若冬涉水, 猶
    呵其若畏四鄰. 嚴呵其若客, 渙呵其若凌澤, 敦呵其若樸, 湷呵其若濁, 曠呵其若浴. 濁
    而情之徐清, 安以重之徐生, 葆此道者不欲盈. 夫唯不欲盈, 是以能敝而不成. - 15장

니라 전쟁과 관련된 두려움의 정서가 많이 보입니다.

궁중 사회와 전쟁터

《노자》는 두 공간을 염두에 두고 자기 철학을 전개한 부분이 많습니다. 많은 정도가 아니라 거의 대부분이죠. 살벌한 공간인 궁중 사회와 전쟁터를 배경으로 했는데, 정말 몸조심해야 하고 실수 한 번에 언제든지 모든 것을 상실할 수 있으며, 변화의 파도가 크게 닥쳐 내 목을 조이고 조이다 못해 자를 수 있는 곳이죠. 노자 철학은 그 두 곳을 공간적 배경으로 합니다. 전쟁터, 살벌하지요. 궁중 사회도 그에 못지않습니다. 때로는 전쟁터보다 더 살벌하고 더욱 무서운 전쟁이 벌어지는 곳이 궁중 사회인데, 숱한 전쟁 영웅과 역전의 명수가 그곳에서 어이 없이 죽음을 당하곤 했죠.

《노자》는 이런 책입니다. 전쟁터와 전쟁터보다 더 무서운 전쟁터, 궁중 사회에서 살아남기 위해 필요한 자세와 삶의 기술, 전략, 전술을 말하는 책이 바로 《노자》입니다. 그래서 《노자》를 병법서라고 생각합니다. 전쟁터에서 이길 수 있게, 지지 않게 하는 가르침을 줍니다. 그런 가르침의 묶음이 《노자》인데, 병법서로서 손색없다 못해 훌륭한 병법서라고 생각합니다. 《노자》가 병법서다? 참, 생경한 이야기고 동의가 잘 되지 않을 텐데, 《노자》는 병법서가 맞고 병가兵家의 책이 맞습니다. 《노자》 텍스트 자체가 그 증거지요. 텍스트를 보면 병법서라는 것을 분명히 확인해주는 증거가 여럿 있습니다. 텍스트 내적 근거가 많다는 것인데, 무엇보다 손자孫子와 비슷한 구석이 많고, 그것이 가장 큰 증거지요.

노자는 손자에게서 많이 배웠습니다. 손자의 지혜를 빌려 궁중 사회와 전쟁터에서 살아남는 데 필요한 덕목과 자세, 전술을 말했습니다. 예를 들어, 손자의 영향을 진하게 받아서인지 불태不殆를 말했고, 함부로 몸을 움직이거나 싸움을 걸지 말라고 하며 부쟁不爭을 말했습니다. 손자가 그리도 강조한 무無도 강조했고, 손자가 찬양한 물도 찬양했지요. 상선약수上善若水, 다들 아시죠? 사실 노자 이전에 손자가 먼저 한 말입니다. 군사적인 이유로요. 정말 손자의 냄새가 나고《손자병법孫子兵法》의 문구와 유사한 부분이 참 많은데, 우리는 흔히 노자의 연관 검색어로 장자莊子를 먼저 떠올리지만, 손자를 우선해야 할 정도로 손자와 비슷한 부분이 많습니다. 무엇이 얼마나 닮았고 어떻게 텍스트에서 확인되는지는 이 책에서 이후 시종일관 말할 것입니다. 분명한 것은《노자》는 손자에게서 지대한 영향을 받아 쓰인 텍스트라는 것입니다. 대륙 쪽에서는 둘을 연결지어 설명하는 논문이 참 많이도 나왔지요.

사적 욕망을 위한 책 《노자》

《노자》가 병법서다? 손자에게서 많은 영향을 받았다는 말에 놀랄 수도 있습니다. 그런데 더욱 놀라운 것은 사람들의 상식이나 선입견과 다르게 《노자》는 욕망으로 가득한 책이고, 사적 욕망을 성취함을 긍정하며 그것을 적극적으로 내세우는 책이라는 것입니다. 흔히《노자》하면 무욕無慾을 말하는 것으로 알려져 있죠. 그렇지 않아도 앞에서 금옥만당을 말할 때처럼 무리하게 욕심 부리거나 지나치게 소유하는 것을 반대하는 말이 많습니다. 그냥 보면 정말 무욕을 추구하는 것으로 보이지요. 하지만 그가 말하는 무욕은 모두 역설적으로 사적 욕망을 성취하려는 것입니다. 노자는 살아남고 싶어 합니다. 최후의 승자가 되고 싶어 합니다. 더 많은 것을 얻지는 못해도 현재 자신이 가진 것을 어떻게든 지켜내려고 합니다. 그런 바람과 생각이 욕망의 추구가 아니면 무엇일까요? 노자는 욕망을 말하고, 그 욕망을 추구합니다. 그리고 노자가 추구하는 욕망은 노자만이 아니라 많은 사람들이 추구하는 것이었습니다. 인간이 추구하는 욕망에 대해 논했기에 《노자》는 긴 생명력을 가질 수 있었습니다. 즉, 《노자》는 노골적으로 사적 욕망을 추구하고 사적 욕망을 달성하고자 하는 책입니다. 분명히 기억해두세요.

《노자》를 보면 살고자 하는 욕망, 특히 길게 살고자 하는 욕망이 강한데, 그것만 해도 그렇습니다. 살고자 하는 욕망만큼 사람들이 강하게 추구하는 욕망이 어디에 있을까요? 특히 인간이 살벌한 삶의 현장과 전쟁터에 놓여 있다면, 그 살고자 하는 욕망만큼 강렬한 것은 없습니다. 그리고 궁중 사회에서 살고 있다면 권력을 취하고자 하고 그 권력을 잃지 않으려는 욕망을 가질 텐데, 그때 인간이 가지는 그 욕망만큼 집요하고 무서운 것은 없습니다. 종족 번식의 욕구, 성욕보다도 더 강한 게 권력욕이라고 하지 않습니까. 살고자 하는 욕망, 권력을 가지려는 욕망, 노자는 모두 긍정합니다. 그리고 그런 성취와 달성을 위해 조언하지요. 승리, 생존, 장수, 취천하取天下, 권력의 장악과 유지. 이런 욕망을 달성하기 위해 조언합니다. 옳으니까 해야 한다? 정의와 윤리, 도덕의 추구? 이런 것은 《노자》와 상관없습니다. 《노자》는 철저히 사적 욕망을 위한 책입니다. 중국에서는 《노자》를 성패지도成敗之道, 즉 성공과 실패의 길에 대해 논한 책이라고도 하지요. 성공을 위한 책입니다. 성공을 지향하고 욕망을 추구하는 사람이 노자입니다. 단, 노골적으로 추구하는 게 아니라 조용히 드러내지 않고 추구하라고 하지요. 그래야 성공의 확률이 높아지고 힘들게 이루어낸 것이 온

전히 내 것이 될 수 있으니까요.

　자, 우선 '노자병법'을 이렇게 시작하겠습니다. 두려움이라는 정서와 감정, 궁중 사회와 전쟁터라는 배경 그리고 철저히 사적 욕망을 위한 책이라는 것, 이 세 가지를 분명히 기억하십시오. 너무나 두려운 전쟁과 궁중 사회의 암투에서 끝까지 살아남고자, 최후의 승자가 되고자 하는 강렬한 사적 욕망을 위한 책이라는 것, 반드시 기억해주시고요. 이제 '노자병법'을 본격적으로 시작해보겠습니다.

천장지구 天長地久

병법의 묘처를 알면 장생할 수 있다

하늘은 길고 땅은 오래간다.

하늘과 땅이 길고 오래갈 수 있는 것은

스스로 삶을 도모하지 않기 때문이니 그 때문에 장생할 수 있다.

이 때문에 성인은 자신을 뒤로 하면서도 자신을 앞에 있게 하고

자신을 도외시하면서도 자신을 보존하게 되니

사적 욕망을 내세우지 않기 때문이다.

그러므로 결국 그 사적 욕망을 이룰 수 있다.'

전쟁의 시대에서 오래가는 삶을 바라다

천장지구天長地久. 과거 유덕화, 오천련 주연의 영화를 기억하시는 분 계시려나요? 당대에는 꽤 흥행했던 영화인데요. 그 영화의 제목 '천장지구'라는 말 또한 유명한 말이죠. 《노자》 7장에 나오는 말로 《노자》의 주제 의식을 딱 잘라 말해줍니다. 《노자》가 지향하는 것은 바로 그것입니다. 천장지구, 하늘과 땅처럼 장구하게 살아보자. 그것이 바로 《노자》를 관통하는 문제의식이죠. 장생長生의 추구, 생에 대한 집착, 오래가는 삶에 대한 강렬한 욕구. 그 강렬한 욕구는 지극히 사적인 욕망일 것인데, 앞서 말한 대로 《노자》는 사적 욕망을 위한 책입니다.

《노자》의 저자 또는 편집자는 왜 장생을 바랐을까요? 인간은 본래 누

I   天長地久. 天地之所以能長且久者, 以其不自生也, 故能長生. 是以聖人退其身而身先, 外其身而身存. 不以其无私與. 故能成其私. – 7장

구든 장생을 꿈꾸기 마련이기에 하나마나한 질문을 제가 던졌네요. 그때는, 그러니까《노자》텍스트가 만들어진 때에는 특히나 장생을 바랄 수밖에 없었습니다. 왜냐? 삶이 매우 위태로웠던 시기였기 때문이죠. 당시는 정말 생존 자체가 아주 어려운 시기였습니다. 앞 장에서 금옥만당을 이야기했습니다. 금과 옥이 가득 차면 지킬 수 없다고 했는데, 당시는 내가 애써 일궈 가졌던 모든 것을 언제든 다 빼앗기고 잃을 수 있는 세상이었습니다.《노자》텍스트가 만들어진 시대가 바로 전쟁의 시대, 전국시대戰國時代였으니까요. 영어로 Warring State라고 할 정도로 전쟁이 일상이던 전국시대 말에《노자》가 완성본으로 편집되었다고 주장한 연구자가 많습니다. 전쟁이 일상화된 그 시기에 사람들은 당연히 장생을 꿈꿀 수밖에 없었겠지요.《노자》46장과 53장에도 그러한 시대적 배경이 적나라하게 보이지요.

> 천하에 도가 있으면 잘 달리는 말은 농사를 짓고
> 천하에 도가 없으면 말이 전쟁터에서 새끼를 낳는다.[2]

> 조정은 잘 정리되었으면서도 밭은 황폐하고
> 창고는 비었는데도 화려한 옷을 입고
> 날카로운 검을 차고 배부르도록 먹으면서도 재물이 남는 것을 두고
> 도둑질을 자랑한다고 한다.
> 도둑질을 자랑하는 것은 도가 아니다.[3]

---

2   天下有道, 却走馬以糞. 天下无道, 戎馬生於郊. - 46장
3   朝甚除, 田甚蕪, 倉甚虛, 服文采, 帶利劍, 厭食而. 貨財有余, 是胃盜竽. 盜竽 非道也.
    - 53장

춘추시대 말에 살았던 공자가 말했습니다. 천하무도 구의天下無道 舊衣, 즉 천하에 도가 사라진 지 오래라고. 공자가 살았던 춘추시대 말보다 훨씬 더 어지럽고 혼란했던 시대가 바로 전국시대 후반이었습니다. 공자가 살았던 시대보다 훨씬 무도했던 전국시대에는 말이 전쟁터에서 새끼를 낳고, 밭은 황폐하고, 지배층은 배터지게 먹으면서 검을 차고 도둑질을 자랑했습니다. 그런 시대에 사람들은 첫째도 둘째도 장생을 추구할 수밖에 없었을 것입니다. 어떻게든 살아남고 또 오래가고, 안전을 도모하고, 내가 가진 것을 유지하고 싶었겠지요. 당연한 일입니다. 모든 것이 불안한 극단적인 전쟁의 시대에는 말입니다. 내가 가진 생명, 내가 가진 재산과 권력, 나라, 모든 것이 한순간에 사라질 수 있었던 시대에는 어떻게든 오래가고 가진 것을 오래 유지하는 것이 무엇보다 절실했겠죠. 전쟁의 시대니 그저 전전긍긍하면서 지키려 하고 잃지 않고 싶었겠지요. 특히 다른 것보다 생명과 목숨을요.

《노자》에는 생을 중요시 여기는 귀생貴生 의식이 진하게 보이는데, 천장지구는 《노자》를 만든 편집자의 귀생 의식을 단적으로 보여주는 말입니다. 그래서 다른 어떤 장보다 천장지구를 말하는 7장이 《노자》 텍스트가 만들어진 시대적 배경을 더 분명하고 진하게 보여주는 장이 아닐까 생각합니다.

> 잘 세운 것은 뽑히지 않고
> 잘 간직한 것은 달아나지 않으니
> 자자손손 제사가 끊이지 않을 것이다.[4]

---

4 善建者不拔, 善抱者不脫, 子孫以祭祀不絕. - 54장

이어지는 54장을 보면 어떻게든 길게 오래가고 싶어 하는 욕망이 잘 드러나는데, 《한비자》 〈유로喩老편〉에서는 손숙오孫叔敖의 고사를 들어 《노자》 54장을 설명했죠. 손숙오는 춘추시대 3대 패자霸者인 남방의 웅략가 초장왕楚莊王을 보좌한 재상입니다. 그는 너무도 큰 공을 세웠기에 봉토를 받았지요. 그런데 이상하게도 그는 기름진 땅은 거부하고 척박한 땅을 고집해 받아냈습니다. 왜 기름진 땅을 거부하고 척박한 땅을 받겠다고 고집했을까요? 손숙오는 알았다고 합니다. 남들이 탐내는 땅을 받으면 그 땅이 자기 소유가 될 수 없지만, 남들이 꺼리는 땅을 받으면 영원히 자기 소유로 할 수 있다는 것을요. 그렇지 않아도 초나라 법에는 다음 세대까지만 봉토의 세습을 허용하고 대가 내려가면 국가에 반납해야 하는데, 손숙오의 땅은 대대로 자손들이 부쳐 먹고 살았다지요. 척박한 땅에 누구도 관심을 두지 않아서요. 덕분에 손숙오는 귀신이 되어 오래오래 후손이 올리는 제사를 받을 수 있었는데, 그렇게 길게 가고 오랫동안 누리는 것이 바로 노자가 추구한 이상입니다.

전쟁의 시대 그리고 병법의 시대

장사성張士誠이라는 학자가 있습니다. 《노자》를 주해하면서 장마다 아름다운 송가를 한 편씩 써놓았는데, 69장을 주해하면서 이런 말을 써놓았어요.

81장의 세 곳에서 병가의 일을 논했으니
병법의 묘처를 알면 장생할 수 있으리라.

건곤과 만물은 모두 한 몸이니

이기고 지는 것은 원래 반반일 뿐이다.[5]

장사성이 말하길, 병법의 묘처를 알면 장생할 수 있다고 합니다. 병법의
핵심 원리를 알면 오래 살 수 있다는데요. 병법은 어디에서 쓰이는 것입
니까? 바로 전쟁터입니다. 그 전쟁터란 어떤 곳입니까? 삶과 죽음이, 산
자와 죽은 자가 극명하게 대조되는 곳이죠. 전쟁이 일상화된 그 시대에
많은 이들이 전쟁과 부대껴야 했는데, 삶과 죽음, 산 자와 죽은 자가 극명
하게 엇갈리는 전쟁터에서 얻은 교훈이 있었습니다. 그 교훈을 토대로 장
생을 위한 요령, 지침, 전략, 원칙을 고민해 만들어냈고, 그것은《노자》에
아주 많은 영향을 주었습니다. 장사성의 생각이 그러하고 많은 연구자의
견해가 그러합니다. 한국을 제외한 일본과 중국, 서양에서는《노자》를 병
가 사상과 연관지어 설명하는 분이 적지 않죠. 그분들 생각은 그렇습니다.
전쟁이 일상화된 시기에 전쟁터에서 배운 교훈과 경험, 지혜가《노자》라
는 책이 만들어지는 데 결정적인 영향을 주었다고 말입니다.

《노자》텍스트가 만들어진 전쟁의 시대는 단순히 말하면 그냥 병법
의 시대일 것입니다. 춘추전국시대, 특히 전국시대에는 무수히 많은 병법
서가 등장했지요. 시대의 수요에 맞는 책이 많이도 나왔는데《손자병법》,
《오자병법吳子兵法》,《손빈병법孫臏兵法》,《울료자尉繚子》,《육도六韜》와
《삼략三略》같은 병법서가 등장했습니다. 전국시대에는 이런 병법서를 만
들고 그것을 자기 것으로 체화한 자들이 당대를 이끌어갔습니다.《노자》
도 그 병법의 시대에 만들어진 텍스트입니다. 병법서와 같은 시대적 환경

5   김홍경,《노자: 삶의 기술, 늙은이의 노래》(들녘, 2001)

을 뒤로 하고 있다는 것이죠. 그래서인지 병법서답게《노자》는 단순히 생에 대한 집착만이 아니라 승리에 대한 집착, 최강을 추구하는 의식도 강하게 드러내고 있습니다. 또 승리를 추구하는 의식만 보이는 게 아니라 승리를 위한 수단과 방법도 제시하는데, 정말 전형적인 전국시대적인 텍스트지요.

《노자》는 병법서

단도직입적으로 말해 저는《노자》가 병법서라고 생각합니다. 단순히 병법서와 연관된다, 병가에서 영향을 받았다는 것에 그치지 않고 책 자체가 병법서라 생각하지요. 실전에 도움이 될 여러 가지 지침과 전쟁, 전투의 원칙을 말해주는 책이지요. 손자의《손자병법》, 오기의《오자병법》, 손빈의《손빈병법》 같은 책처럼《노자》도 실전 상황에서 필요한 싸움의 원칙을 말하고 있고, 군사를 부리고 움직이는 원칙과 지휘관이 가져야 할 덕목을 말한다고 봅니다. 그것은《노자》 텍스트에서 쓰인 문장에서 분명히 확인되지요. 그래서《노자》는 그냥 '노자병법'이라고 생각합니다. 손자의 텍스트가《손자병법》이듯이.

　사실《노자》가 병법서라는 생각은 저만의 생각이 아닙니다. 적지 않은 사람들이《노자》를 병가의 책이라고 생각해왔고, 그렇게 주장했죠. 완진이라는 사람은《노자》가 용병의 요략을 말했다고 평했으며, 장태염章太炎은《노자》가 고대 병법서의 요지를 개괄했다고 했습니다. 병법의 핵심적인 가르침을 설명했다는 것이죠. 후쿠나가 미쯔지는 이런 말을 했습니다. "도가道家의 도道의 철학은 전국시대에 발생해서 패하지도 멸망하지도 않고 최후의 승리자가 되어 살아남기 위한 처세의 지혜를 말하는 것이고, 그 지혜를 도의 형이상학에 근거하여 철학적으로 이론화하고 있는 것에 지나지 않는다."라고. 형이상학적인 이야기를 하고 신비스럽게 도를 이야기하지만 어디까지나 불패와 승리를 추구하는 현실적 사상이라는 것입니다. 후쿠나가는 이런 말도 했습니다. "도가 철학은 인생을 싸움으로 보고 있고 병법서라는 성격을 현저히 가지고 있는데, 그것이 도가 철학의 본질이다." 인생은 싸움이다, 사람이 살아가는 것은 전쟁의 연속이다, 그것이 도가 철학의 중심 생각이라는 것이죠. 그 싸움에서 어떻게 하자? 지지 말고, 패하지 말고 끝까지 살아남자. 그래서 뭐가 된다? 최후의 승자가 된다. 그게 바로 도가, 특히 《노자》를 지배하는 목적의식이라는 것입니다.

마오쩌둥毛澤東도 단적으로 말했습니다. 《노자》는 그냥 병법서라고. 많은 중국 고전에 해박하고 실제 실전에서 무수히 이겼던 사람이 그리 말한 것을 보면 정말 《노자》를 병법서라고 보는 시각이 생뚱맞거나 근거가 없는 생각은 아닌 듯합니다. 실제 텍스트 자체에서도 적잖이 병가의 말을 인용하고 있고, 다른 병법서에서 말했던 내용과 비슷한 부분이 많지요.

올바름으로 나라를 다스리고
기이함으로 군사를 지휘하며
일삼음이 없으므로 천하를 취한다.[6]

훌륭한 장수가 되는 사람은 무용을 중시하지 않고
싸움을 잘하는 사람은 노하지 않는다.[7]

---

6   以正治邦, 以奇用兵, 以無事取天下. - 57장

용병가들 사이에는 이런 말이 있다.

"나는 감히 먼저 공격하기보다 공격을 기다리며

나는 한걸음 나아가기보다 두 걸음 물러선다.

이것을 두고 진 없는 진을 펴고 팔 없는 팔을 걷어붙이며

무기 없는 무기를 잡는다 하니 이에 적이 없게 된다."[8]

적을 가벼이 여기는 것보다 더 큰 재앙은 없다.

적을 가벼이 여기면 나의 보배를 거의 잃게 된다.[9]

남을 아는 사람은 지혜롭고

스스로를 아는 사람은 밝다.

남을 이기는 사람은 힘이 있고

스스로를 이기는 사람은 강하다.[10]

《노자》의 여러 장에서 훌륭한 장수를 이야기하고 적을 이기는 것에 대해 말하고 있습니다. 지피지기知彼知己를 논하고 있으며 용병가의 말을 직접적으로 인용하고 있는데, 병법서가 아니면 뭐겠습니까? 저 말들을 보면, 아주 드러내놓고 용병가의 말을 인용하고 직설적으로 전쟁과 승리에 대해 논하고 있습니다. 그리고 《노자》는 적잖이 취천하取天下, 대국의식

---

7   善爲士者, 不武 善戰者, 不怒 用兵有言曰. - 68장

8   用兵有言曰: 吾不敢爲主而爲客, 吾不敢進寸而芮尺. 是胃行无行, 攘无臂, 執无兵, 乃
     无敵矣. - 69장

9   禍莫大於无敵, 无適斤亡吾寶矣. - 69장

10   知人者, 知也, 自知者, 明也. 勝人者, 有力也, 自勝者, 强也. - 33장

을 보여주고 있는데, 그것 역시 근거가 될 수 있습니다. 천하를 취하고 나라의 덩치가 커지게 하려면 군사의 일, 용병用兵에 대해 알아야겠지요. 그외에도《노자》가 병가와 연관되고 병법서임을 드러내주는 텍스트 증거가 많은데, 그중 가장 큰 것은 앞서 말한 대로 손자와의 연관성입니다. 손자와 비슷한 주장이 아주 많지요. 지피지기면 뭐다? 불태不殆다. 불태는 전략적 사고와 더불어《손자병법》전체를 관통하는 주제 의식인데,《노자》도 불태를 추구합니다. 천장지구가 뭐겠습니까? 바로 불태입니다. 불태, 즉 위태롭지 않아야 오래가지 않겠습니까? 손자가 들었으면 무척이나 공감했을 말이 천장지구라는 말인데,《노자》는 사실 손자와 많은 부분을 공유하고 있고 손자의 가르침을 시적으로, 좀 직설적으로 말하자면 섹시하게 표현해 인상적으로 기억하고 인지할 수 있게 돕고 있습니다. 즉《노자》는《손자병법》의 핵심 가르침과 덕목을 계승해 발전시켰고, 그것을 시적인 표현으로 사람들이 인상 깊게 생각하고 자기 것으로 만들 수 있게 했지요. 손자와 같은 문제의식을 공유하고 비슷한 이상을 지향합니다. 유사한 덕목을 말하고 있고요. 그게《노자》가 병법서라는 주장의 가장 큰 증거입니다.

손자 그리고 노자

《노자》를 읽을 때 가장 중요한 것? 손자를 염두에 두고 읽어야 한다는 것입니다. 첫째도 손자, 둘째도 손자. 노자가 말한 어느 부분이 손자가 말한 것과 유사한지 눈 부릅뜨고 읽어야 하지요. 지금 이 강의 제목인 '천장지구'만 봐도 손자 냄새가 물씬 나지 않습니까? 그것은 불태의 다른 이름이라 할 수 있지요. 이렇게 따져가며 읽을 수 있어야 합니다. 손자와 어떻게든 연결지어 볼 수 있어야 하고, 손자가 말한 어떤 주장과 관련되는지 따져보려 해야 하지요. 자, 앞으로 계속 '노자병법' 설명을 그렇게 하겠습니다. 집중적으로 손자와 연관지어 《노자》라는 텍스트를 보여줄 것이며, 그러면서 병법서로서 《노자》의 진면목을 보여드릴 것입니다.

노자는 이렇게 손자와 많이 연관되는 인물이지만 손자와 차별화되는 부분도 있습니다. 그렇다면 손자와 무엇이 다른가도 봐야 하죠. 노자는 손자처럼 전쟁터의 상황만을 전제한 채 이야기하지는 않았지요. 앞서 말한 대로 전쟁터보다 더 살벌한 전투가 벌어지는 곳인 궁중 사회를 전제로 한 이야기도 많습니다. 하지만 그 궁중 사회의 투쟁도 손자와 연관되는데, 손자의 지혜를 빌려 궁중 사회의 정치 기술, 투쟁 기술을 만들어냈습니다. 자, 이렇게 전쟁터와 궁중 사회에서의 투쟁을 논하는데, 전쟁의 일이든 궁중 사회의 일이든 노자 사상의 주요 수요자는 군주입니다. 군주가 듣는다고 전제한 채 주장한 것이 대부분입니다. 왕이 아닌 장수를 보고 한 말도 많지만요. 정말 《노자》는 군주에게 말하는 책이라고 해도 과언이 아닌데, 노자 사상은 기본적으로 제왕학입니다. 《노자》 연구의 권위자 김시천 선생도 노자 사상의 수요자를 호모 임페리얼스라고 하셨지요. 제왕학 텍스트를 보면 공통점이 있습니다. 바로 군사軍事의 문제를 다루고 있다는 것. 당연한 일이죠. 제왕은 군사의 일에 능해야 하지 않겠습니까. 특히 《노자》는 군사의 일에 많은 비중을 둔 책인데, 정말 제왕학서입니다. 투쟁, 특히 군사 투쟁에 많은 비중을 둔 제왕학서죠.

《노자》와 《한비자》

리쩌허우李澤厚(이택후)라는 중국의 사상가는, 노자는 손자로 대표되는 병가의 군사적 전쟁론을 정치적 단계의 군인남면지술君人南面之術로 만들었다고 했지요.《손자병법》을 제왕의 통치 기술과 정치 테크닉으로 격상시켜 제왕을 꿈꾸는 군주에게 호소하는 책이라고 했는데, 손자의 지혜를 계승해 만들어진 제왕학 텍스트는 《노자》말고 《한비자》도 있지요. 손자의 지혜를 빌려 만들어낸 정치 철학과 정치 투쟁을 염두에 둔 전략·전술과 조언, 그러한 《노자》의 특성은 《한비자》에도 진하게 보입니다.

손자의 지혜와 통찰력을 가지고 궁중 사회에서 싸워보자, 그래서 이겨보자, 특히 손자가 말한 세勢, 우월적 위치와 역량, 주도권을 군주가 잃지 않고 항상 부여잡을 수 있게 해보자.《한비자》에 전반적으로 깔려 있는 문제의식인데, 이렇게 한비자도 적잖이 손자에게 배웠습니다.《노자》와 《한비자》둘 다 손자의 영향을 진하게 받았으니 당연히 그 둘 사이에서도 비슷한 점이 많을 수밖에 없겠죠. 그 유사한 부분이 두 텍스트의 문제의식의 핵심을 말해줍니다. 마침 《한비자》에 노자 이야기가 비중 있게 나오죠. 〈유로편〉, 〈해로解老편〉, 노자의 주장에 대해 풀어 설명해주는 글이 두 편이나 있는데, 최초로 노자의 주장을 해설했던 책이 《한비자》입니다. 그두 편은 비록 위작 시비가 있다지만, 한비자에게는 분명 노자와 공유하는 부분이 있습니다. 더 나아가 한비자가 손자 말고 노자에게서 영향을 받은 부분도 있습니다. 정치 철학과 정치 투쟁의 기술에서는 손자 못지않게 노자 영향도 받았죠. 그래서 〈유로편〉과 〈해로편〉 말고도 노자와 연관되는 부분이 《한비자》에 많지요. 둘이 참 많이도 닮았는데, 이란성 쌍둥이라고 해도 과언이 아닙니다. 겉으로 보기에는 달라 보여 이란성이지만 분명 쌍둥이는 쌍둥이지요.

　자, 이번 강을 정리해볼까요. 《노자》 7장의 제목은 천장지구입니다. 이번 강에서는 다른 것은 모두 제쳐두고 이것만 기억하셔도 됩니다. 노자는 누구의 영향을 받았다? 바로 손자. 노자는 손자에게 많은 빚을 지고 있다. 천장지구는 손자가 지향한 불태의 다른 이름이다. 노자의 연관 검색어를 이야기할 때 반드시 손자를 떠올려라. 《노자》는 《손자병법》의 리라이팅rewriting일 수도 있다. 그렇기에 《노자》는 무슨 책이다? 병법서다.

장생구시 長生久視

가장 강한 자다

강한 자가 오래가는 게 아니라 오래가는 자가

사람을 다스리고 하늘을 섬기는 데
아끼는 것보다 좋은 것이 없다.
오직 아끼기 때문에 일찌감치 준비할 수 있으니
일찌감치 준비하는 것을 두텁게 덕을 쌓는다고 한다.
두텁게 덕을 쌓으면 이기지 못할 것이 없고,
이기지 못할 것이 없으면 막히는 곳을 알 수 없다.
막히는 곳을 알지 못할 정도라야 나라를 가질 수 있으니
나라의 어미가 있어야 장구할 수 있다.
이것을 흰 뿌리는 깊고 곧은 뿌리는 단단하다고 하니
장생구시의 길이다.'

장생구시, 모두의 바람

《노자》 59장의 제목은 장생구시長生久視입니다. 여기에서 장생長生은 오래 산다는 뜻이고 구시久視는 밝게 보다, 잘 살핀다는 뜻입니다. 한마디로 눈이 침침하지 않고 맑은 눈으로 오래 볼 수 있다는 뜻인데 건강하다는 말이죠. 장생구시는 천장지구와 같은 것입니다. 오랫동안 살아남고 길게 가자는 것이죠.

전국시대 초기에서 중기로 넘어가는 시기에 살았던 맹자孟子는 이런 말을 했습니다. "왕실의 부엌에는 기름진 고기가 있고 마구간에는 살찐 말이 있는데, 백성은 굶주린 기색이 있고 들판에는 굶어죽은 사람들의 시체가 널부려져 있다." 또 맹자는 이런 말도 했죠. "개와 돼지가 사람이 먹을 것을 먹는데도 내버려두면서 길에 굶어 죽은 사람들의 시체가 널려 있

I   治人事天, 莫若嗇. 夫唯嗇 是謂早服, 早服是謂重積德. 重積德 則无不克, 无不克, 則莫知其極. 莫知其極 可以有國, 有國之母 可以長久. 是謂深根固柢, 長生久視之道. – 59장

는데도 창고의 곡식을 풀 줄 모른다." 왜냐하면 위정자의 탐욕 때문에. 이렇게 어긋난 정치, 삐뚤어진 통치가 횡행하던 시기에 살았던 맹자는 정치권력을 통렬히 비판하면서 사람 죽이기를 좋아하지 않는 왕이 아예 없는 세상이라고 말했습니다. 전국시대는 이런 시대였습니다. 그러니 장생구시와 천장지구를 너도 나도 꿈꿀 수밖에 없었던 시대입니다.

장생구시는 노자만의 목표가 아니었습니다. 전국시대라는 살벌한 배경 하에 누구든 이것을 정치·사회적 목표로 또는 개인의 실존적 목표로 설정할 수밖에 없었지요. 장생구시는 《순자荀子》와 《여씨춘추呂氏春秋》에도 등장합니다. 맹자도 이야기했고요. 순자도 장생구시를 말했는데, 다만 정치적 목표가 아니라 개인적 목표로 이야기했습니다. 잔혹한 형벌을 피하면서 따뜻하게 입고 배불리 먹으면서 살자. 장생구시를 뭇 서민의 소박한 소망으로 이야기했는데, 하층민만 장생구시를 희망했던 것은 아니었습니다. 천자가 천하를 영원히 소유하려 하고, 제후가 국가를 내 것으로 영구히 하려고 하고, 사대부가 봉토를 받아 그것을 자손 대대로 유지하고자 하고 모두 각자의 입장에서 천장지구와 장생구시를 추구했습니다. 오래 살고 누리는 것은 당대 모든 이들의 관심사였습니다. 그렇지 않아도 《여씨춘추》 〈맹춘기孟春紀편〉에서 그랬어요. 잘났거나 못났거나 장생구시를 원하지 않는 사람이 없다고요.

이렇게 장생구시와 천장지구는 노자만 추구한 게 아니었죠. 하지만 노자만큼 그 목표를 명확히 하고 뚜렷이 드러냈던 사람은 없습니다. 또 목표와 이상으로만 제시한 게 아니라 그것을 위한 실천 지침과 매뉴얼을 제시했지요. 목표·이상의 제시와 그것을 달성하기 위한 수단·방법을 아주 절묘하게 결합시켰습니다. 그것이 노자만이 가진 사상적 특색이자 장점이죠. 장생이라는 목표를 확실히 제시하고, 장생을 위한 수단으로서 퇴양退讓, 인순因循, 현덕玄德과 같은 실천 지침과 덕목을 제시했습니다.《노자》는 전국시대에 많이도 읽었고, 지루한 초한쟁패가 끝난 후인 한나라 초에도 크게 각광받았습니다. 다 이유가 있습니다.《노자》는 당대에 사람들의 시대적 소망을 잘 읽었기 때문이죠. 또 장생은 항상 시대를 초월해 무릇 인간이 꿈꾸는 바인데, 그렇기에 아주 장구한 시간 동안 우리 동아시아에서 애독될 수 있었습니다.

유가의 장생, 묵가의 장생

노자처럼 장생을 뚜렷한 목표로 제시하고 그것을 위한 정치·군사적 덕목과 방법을 제시한 사상가는 없지만, 정말 당대 사상가 대부분이 장생을 이야기한 것은 사실입니다. 노자 사상에 큰 영향을 준 병가 같은 경우도 노자만큼은 아니어도 장생에 대해 충실히 논한 것이 사실이죠. 전쟁터만큼 내 목숨 부지가 중한 곳이 없고, 전쟁을 잘해야 국가의 생명도 나의 생명도 오래갈 수 있으니까요. 병법서를 보면 이렇게 하면 군사력을 증강시킬 수 있고, 장수가 이런 덕목을 가져야 군대의 힘을 강하게 할 수 있으며 전쟁터의 상황을 유리하게 만들어갈 수 있다와 같은 주장을 하는데, 왜 그렇겠습니까? 국가의 생명을 길게, 장수와 부사관, 병사들의 생명을 길게 오래 가져가기 위해서지요.

노자만큼이나 병가의 영향을 많이 받은 법가法家도 장생 의식이 투철하고, 장생을 위해 여러 가지 조언을 하고 있습니다. 법가는 장수가 아니라 철저히 정치권력의 수장인 군주를 향해 이야기하고 있지요. 이렇게 해야 정치권력을 장악할 수 있고, 정치 투쟁의 경쟁자로부터 자신을 보호할 수 있으며, 영구히 정치권력을 소유해 살벌한 궁중 사회에서 천수를 누릴 수 있다고 조언하는 법가 역시 장생 의식에 투철합니다. 특히 권력의 유지와 그것을 길게 가져가게 하는 데 큰 비중을 두고 사상을 전개합니다. 권력을 잃으면 모든 것을 잃습니다. 항상 죽음이 기다리지요. 거기서 천수를 누리고 싶고 길게 살고 싶거들랑 어떻게든 정치 투쟁에서 이겨야 하고 권력을 움켜쥘 수 있어야 합니다. 권력의 장악과 정치 투쟁에 대해 깊이 있게 논하는 법가 사상가의 책, 특히《한비자》는 정말 철저한 장생 의식과 귀생 의식이 보이죠. 실제 많은 군주가《한비자》를 읽었습니다. 호랑이 같은 신하와의 정치 투쟁에 이겨 어떻게든 살아남아 보려고요. 우리 조선 시대 군주들도 신하 몰래 많이 읽었다지요.

병가도 노자도 법가도 모두 장생 의식에 투철한데, 모두 철저히 사적 욕망과 관련된 장생 의식입니다. 내가 가진 권력, 나의 생명, 내가 가진 재산과 내가 가진 나라, 내 가족과 지위, 그것들이 오래가고 오래 살기 위해서였습니다. 하지만 유가儒家와 묵가墨家는 다릅니다. 그들도 장생 의식을 가지고 있었지만, 그들의 장생 의식은 병가, 노자, 법가와 상당히 달랐습니다. 우선 장생의 대상이 달랐습니다. 내가 소유하는 국가와 권력, 나의 재산과 지위, 내 생명과 내 가족의 안전 등은 장생의 대상이 아니었습니다. 정의로운 사회와 문화, 과거의 성인과 성인 군주가 남긴 진리와 교훈, 가르침 그리고 학파의 종사인 공자와 묵자의 가르침이 하늘과 땅처럼 장구하게 가게 해야 한다고 생각했죠. 그게 그들의 생각이었습니다. 공자가 말한 인仁과 예禮, 유가의 성인인 주공周公이 일군 문화와 윤리 그리고 묵자가 말하는 겸애兼愛와 의로운 정치, 묵가의 성인인 우禹 임금이 펼쳤던 이상 정치, 그런 것들이 길고 오래가기를 바랐지요. 이상적이고 정의로운 철학과 이념, 문화가 천장지구하기를 희망했습니다.

전국시대처럼 내 목숨 하나 부지하기도 힘든 시대에 유가와 묵가가 이야기하는 장생은 너무나 추상적·이념적이었을 것입니다. 살아남기에도 바쁜 국가와 개인에게 얼마나 호소력이 있었을까요? 한가한 이야기, 어쩌면 바보 같은 말이 아니었을까요. 그래도 유가와 묵가의 이야기는 사적 욕망과 관련된 장생이 아니라 정의로운 이념과 문화, 세상에 대한 꿈이었기에 그 나름의 매력과 생명력이 있었지요. '나를 구하자'가 아니라 '세상을 구하자'는 철학이고 사상이었으니까요. 당대 사람들에게 절실하게 와닿기는 힘들었겠지만요.

장생에서는 장자도 예외가 아닙니다. 양생養生을 논했던 장자도 장생을 꿈꾸었습니다. 그는 세상과 거리 둘 것을 말했는데요. 권력과 명예의 추구와 같은 사적 욕심이든 아니면 구세에 관한 거창한 명분이든 모두 마음에 두지 말라고 했습니다. 그렇다고 은자隱者의 삶을 말하지는 않았지요. 그 자신이 은거하지도 않았고요. 그는 세상 밖으로 나가라고 하지 않았습니다. 하지만 세상 안으로 들어가라고 하지도 않았습니다. 세상에 들어가는 것도 세상 밖으로 나가는 것도 아닌 그 경계선에 머무르며 마음 편히 살라고 했습니다. 그게 바로 소요逍遙인데, 특히 소요를 위해 자신의 쓰임에 집착하지 말라고 했습니다. 어떻게든 쓸모를 갖춘 인재가 되어 정치 현장에 입문해 등용되고 역할을 부여받는 존재가 되려고 아등바등하지 말라고 했습니다.

〈인간세人間世편〉에서 그것을 강조했는데, 여기에서 장자는 세상에 등용되고 쓰이길 원하는 삶이 얼마나 위험한지에 대해 말했습니다. 내가 세상에 쓰이기를 원한다고 해도 쓰이는 것이 아니고, 원하는 대로 세상에 쓰인다고 해도 그것이 자신의 목을 죌 수 있다고 했지요. 그러니 세상에 쓸모 있는 사람이 되기를, 특히 권력자들 입맛에 맞는 인간이 되기를 희망하지 말라고 했습니다. 그래야 장생할 수 있다고 보았습니다. 이렇게 장자도 자기 나름의 장생을 꿈꾸었죠.

아끼는 것이란 무엇인가

자,《노자》에서 장생 의식이 강하게 드러난 59장을 다시 한 번 보지요.

> 사람을 다스리고 하늘을 섬기는 데 아끼는 것보다 좋은 것이 없다.
> 오직 아끼기 때문에 일찌감치 준비할 수 있으니
> 일찌감치 준비하는 것을 두텁게 덕을 쌓는다고 한다.
> 두텁게 덕을 쌓으면 이기지 못할 것이 없다.[2]

사람을 다스리고[治人] 하늘을 섬기는 데[事天] 아끼는 것보다 좋은 것이 없다[莫若嗇]고 합니다. 아끼기 때문에 일찌감치 준비할 수 있고 덕을 쌓아 이기는 자가 될 수 있다고 하는데, 이 아낀다는 것, 색嗇은 도대체 무엇일까요?

초나라 재상 손숙오 이야기를 다시 해보죠. 손숙오가 역사에서 보여준 업적을 생각하면 색嗇이라는 개념이 쉽게 이해갈 것입니다. 초장왕을 보좌한 명재상인 손숙오는 사실 명재상이라기보다는 명관료였습니다. 자신을 드러내지 않으면서 임금을 보좌하고 조정의 살림살이를 꾸려가며 국가의 힘을 충실히 만들어가는 사람이었지요. 자신을 드러내지 않은 채

---

[2] 治人事天 莫若嗇. 夫唯嗇 是以早服, 早服是 謂之重積德. 重積德 則无不克. - 59장

묵묵히 일하면서 국가의 생산력을 증대한 손숙오는 그 생산력을 바로 국고를 살찌우는 데 돌리는 게 아니라 우선은 백성을 배불리 먹이는 데 썼습니다. 착실히 국가의 생산력을 축적했지만 섣불리 국가 재정을 팽창시키지 않았지요. 생산력을 증대시켜 늘어난 생산물과 재화를 수탈하지 않고 백성에게 돌린 그로 인해 초나라는 자연스레 백성의 지지를 얻으며 국력을 축적해나갔습니다. 덕德을 쌓은 것이지요. 백성의 지지와 동의, 경제력과 생산력, 국가의 내실과 실력을 모두 쌓아나갔습니다. 그게 바로 노자가 말하는 색嗇입니다. 그 색을 통해 키워가는 게 덕이지요.

덕이라 하면 그저 윤리와 도덕, 특히 인격의 완성자가 풍기는 인간적 매력으로 알고 있는 사람이 많은데, 본래 덕은 힘이었습니다. 정치적 영향력과 지배력이었습니다. 군사력과 연관되는 것이었고요. 세상을 내가 원하는 방향으로 만들 수 있는 영향력이었지요. 노자가 보기에 그 덕은 색을 통해 키워가는 것인데, 색을 통해 덕을 쌓고 만들어낸 손숙오. 아끼면서도 축적하는 사람, 백성을 착취하지 않고 백성을 아끼면서 국력을 축적해 민심의 지지와 정치적 신뢰를 쌓은 관료, 이 손숙오 덕분에 초나라는 웅거할 준비를 마쳤습니다. 그렇게 쌓은 국력을 외부로 돌려 결국 초나라는 중원의 큰형님이 되었습니다. 손숙오가 보좌한 초장왕은 춘추시대 패자의 반열에 올랐습니다. 제환공과 진문공에 이어 세 번째 패자가 되었는데, 《노자》 59장은 손숙오의 사례로 읽어야 한다고 봅니다. 그런 것이죠. 국력을 외부로 쏟아내 패자가 되고 싶으면 우선 명심해야 할 것이 있다. 아끼면서 준비하라! 쓸데없이 소모하고 인민을 쥐어짜지 말고 조용히 아끼면서 실력과 지지를 쌓아나가라. 그러면 덕을 쌓아 강해질 것이고 패자가 될 것이다. 이제 색이라는 것이 이해가 갈 것입니다. 그것이 제왕학 텍스트 《노자》가 군주에게 해주는 정치·군사적 맥락의 조언이라는 것도 이해가 가실 것이고요.

　손숙오 말고 명태조 주원장의 사부 주승朱升이라는 사람도 있습니다. 그 사람도 색嗇을 말했죠. 주원장과 첫 대면에서 조언을 구하는 주원장에게 이런 말을 했습니다. 성을 높이 쌓고 왕을 칭하지 말며 식량을 널리 모으라고. 즉, 방어의 거점을 든든히 하고 거들먹거리지 말며 조용히 실력을 쌓아 장기전을 치를 준비를 하라고 한 것이죠. 노자가 말하는 색은 그런 것입니다. 천하를 다스리려는 욕심이 있는 자에게 주는 정치·군사적 조언인데, 군주라면 그래야 천하 만민을 다스리고 하늘에 제사 지낼 수 있다는 것이죠.《노자》는 역시나 제왕학서입니다.

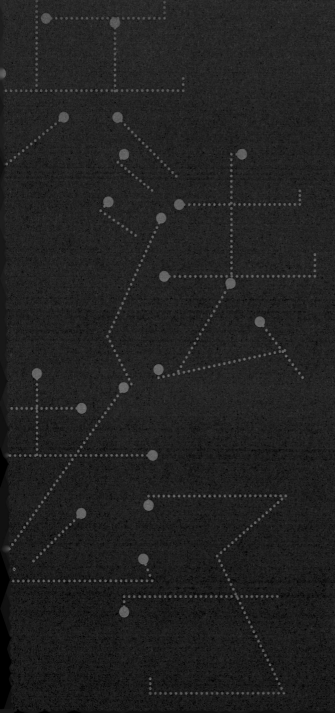

지지불태 知止不殆
족함을 알고 멈출 줄 알아야 오래간다

4강

이름과 몸 중에 어느 것이 더 가까운가?

재물과 몸 중에 어느 것이 더 중한가?

얻음과 잃음 중에 어느 것이 더 근심스러운가?

지나치게 아끼면 반드시 크게 소모하게 되고

많이 간직하면 반드시 크게 잃게 된다.

그러므로 족함을 알아야 욕됨이 없고

멈출 줄 알아야 위태롭지 않으니

이렇게 해야 길고 오래갈 수 있다.'

《노자》는 승리와 불태를
위한 지침서

저는 분명히 《노자》가 병법서라고 생각하지만, 《노자》 전체가 전쟁을 위한 텍스트라고는 보지 않습니다. 장수에게 필요한 자세와 덕목을 말해주고 전쟁을 수행해야 할 국가 원수에게 전략적 조언을 말해주는 부분이 많지만, 사전적 의미의 전쟁과 상관없는 이야기도 많이 합니다. 그런데 말이죠. 전쟁을 단순히 사전적 의미의 전쟁에 국한시키지 않는다면 아주 많은 부분을 전쟁과 관련해 읽어낼 수 있습니다. 앞서 말한 대로 전쟁보다 더 살벌한 싸움이 벌어지는 곳이 있지요. 바로 궁중 사회. 사실 궁중 사회 안의 갈등과 투쟁을 전쟁과 구분하는 게 무의미하지요. 그리고 궁중 밖 사람들의 삶도 궁중만큼은 아니지만 치열합니다. 삶 자체가 전쟁이라고 하

I   名與身孰親. 身與貨孰多. 得與亡孰病. 甚愛必大費, 多藏必厚亡. 故知足不辱, 知止不
    殆, 可以長久. - 44장

는데, 우리들 삶까지도 전쟁의 범위 안에 넣어 사고하는 것은 무리가 아닐 것입니다.

자, 우리 한국인의 삶을 가지고 이야기해봅시다. 한국인은 매일 치열하다는 말로도 부족할 정도로 살벌하게 경쟁하며 삽니다. 우리가 일상적으로 겪는 경쟁은 정말 경쟁을 넘어 아주 전쟁이라고 해도 과언이 아니죠. 직장 생활만 해도 다들 전쟁이라고 하지 않습니까? 삶 자체가 전쟁이라는 생각은 어쩌면 우리 한국인들에게 너무도 당연한 이야기라 할 수 있습니다.

외교전과 국지전, 전면전을 포함한 국가 간의 승부, 거기에 궁중의 암투와 갈등 그리고 더 나아가 우리 삶까지 전쟁의 범주에 넣는다면, 《노자》의 거의 전체가 전쟁과 관련된 글이라 할 수 있지요. 그래서 저는 더더욱 《노자》를 병법서라 생각합니다. 전쟁의 범주가 실로 아주 넓죠. 투쟁과 갈등이 곧 인간 사회 아닙니까? 그런데 그 많은 싸움과 갈등, 전쟁에서 노자는 노골적으로 이겨라, 힘을 키워라, 공격하라고 말하지는 않습니다. 손자처럼 신중하라고 말하고 상대를 꺾는 것보다 우선은 내 자신이 다치지 않아야 한다고 강조하지요.

44장을 보시죠.

족함을 알아야 욕됨이 없고
멈출 줄 알아야 위태롭지 않으니
이렇게 해야만 길고 오래갈 수 있다.[2]

---

2   知足不辱, 知止不殆, 可以長久. - 44장

우선 불태不殆라는 문구가 보이지요. 족함을 알아야 욕을 당하지 않고 멈출 줄 알아야 불태, 즉 위태롭지 않다고 합니다. 단적으로 《노자》는 승리와 불태를 위한 지침서라 할 수 있는데, 불태는 누구의 주장이고 이상이지요? 바로 손자입니다. 자, 44장을 다시 보면, 족함을 알아야 욕됨이 없고 멈출 줄 알아야 불태한데, 그러면 아주 오래 살 수 있다네요. 이를 다시 말하면, 얻는 것보다 잃는 것의 무서움을 알아라, 지나치게 인색하게 굴며 많이 쌓아두지 마라, 즉 너무 드러내고 과욕을 부리지 마라, 눈에 띄게 일을 벌이거나 내 실력을 과시하지 마라, 그래야 항상 위태롭지 않고 오래 갈 수 있다는 말입니다. 또한 적절한 시점에 멈출 수 있어야 한다는데, 여기서 나온 지지불태知止不殆라는 말은 아주 유명한 말이죠. 너무 욕심내지 말고 정말이지 멈출 곳과 때를 정확히 알아야 합니다. 이 불태는 44장 말고도 여러 차례 반복됩니다.

16장에서는 도내구 몰신불태道乃久 沒身不殆, 도와 하나가 되면 장구하고 불태하게 된답니다. 《노자》 하면 떠오르는 것이 바로 도道이고 도는 노자가 말하는 진리인데, 자신이 추구하는 이치인 그 도와 함께하면 불태할 수 있답니다. 많은 부분에서 노자는 도에 대해 이야기하는데, 사실 그 도라는 게 목적이라기보다는 수단입니다. 불태를 위한 수단이고 도구이지 궁극적으로 추구해야 할 목적 그 자체가 아닙니다. 사람들은 《노자》에 나오는 도를 노자가 추구한 궁극적인 진리 또는 그 자체라 생각합니다. 특히 추상적인 진리나 형이상학적 이치 내지는 세계의 근원이라 많이들 알고 있는데 그게 아닙니다. 그랬다면 막강한 실용 정신이 지배하는 중국에서 《노자》가 그렇게 많이 읽히고 사랑받았을 리 없지요. 다시 한번 말하지만, 도는 추상적 진리나 형이상학적 진리가 아니며 절대적으로 추구하는 목표도 아닙니다. 수단입니다. 내게 실용적 이익을 주는 것이고 내 사적 욕망의 추구를 도와주는 것이죠. 내가 추구하는 장생과 불태의 삶을 위한 수단이자 도구입니다.

자, 그 수단인 도를 통해 추구하는 목적인 불태, 그 불태를 말하는 장은 16장 말고도 많습니다. 불태라는 말은 《노자》에서 16, 25, 32, 44, 52장 이렇게 총 다섯 번 등장하는데, 장구히 목숨을 유지하고 위험을 최소화하고 안전을 극대화하는 그런 의미로 우리가 불태를 이해한다면 더 많은 장에서 불태가 등장한다고 볼 수 있지요. 정말 불태는 《노자》를 일관하는 정신이라 할 수 있습니다.

족함이 족함이 되는 것을 알아라

천하에 도가 있으면 잘 달리는 말을 버리고 농사를 짓고
천하에 도가 없으면 말이 전쟁터에서 새끼를 낳는다.
죄는 욕심이 많은 것보다 큰 것이 없고
화는 족함을 알지 못하는 것보다 큰 것이 없으며
허물은 얻기를 원하는 것보다 뼈아픈 게 없다.
족함이 족함이 되는 것을 알면 항상 족할 것이다.[3]

불태를 말하는 44장에서 한 말이 46장에 다시 등장합니다. 여기서도 족함을 알라고 합니다. 적당히 만족할 줄 알아야 화를 당하지 않고 항상 만족

---

3   天下有道 却走馬以糞. 天下无道 戎馬生於郊. 罪莫大於可欲, 禍莫大於不知足, 咎莫慘
     於欲得. 故知足之足, 恒足矣. - 46장

할 수 있다고 합니다. 말이 전쟁터에서 새끼를 낳는 이 전쟁의 시대에 사람들은 욕심이 너무 많았나 봅니다. 족함을 알지 못해 화를 향해 달려가고, 욕심이 너무 많아 스스로 위태로움을 초래하는 사람들이 많은 시대였나 봅니다. 《노자》의 시대적 배경이 제대로 드러나는데, 그런 시대에 만들어진 《노자》는 그래서는 안 된다고 경고하는 것이지요. 족함을 알고[知足] 족함이 족함이 되는 것을 알라[知足之足]고 역설했습니다. 그래야 항상 만족[恒足]해하며 위태롭지 않고 장생할 수 있으니까요.

노자는 불태를 위해 반복해서 많은 조언을 하는데, 아래로 처하라[下], 뒤로 물러나라[後], 앞서지 마라[不先], 나서지 마라[不自] 같은 덕목을 강조합니다. 이는 모두 불태를 위한 덕목이죠. 항상 겸손한 모양새를 보일 수 있어야 하고, 물러날 줄 알아야 하고, 낮은 곳으로 갈 수 있어야 합니다. 하지만 물러남을 위한 물러남이 아니고, 겸손을 위한 겸손이 아니라, 사적 욕망인 장생과 항족을 위함이었지요. 이렇게 불태를 위해 노자가 강조하는 하下, 퇴退, 불선不先, 부자不自, 이것들은 모두 손자가 수긍했던 것입니다. 매우 신중하고 조심스러운 손자가 동의하는 것이죠. 정말 닮은 점이 많고 손자 냄새가 많이 나죠. 조심해라, 신중해라, 한발 물러나 관찰해보고 움직여라, 나를 어떻게든 보이지 않게 하라, 그리고 상대를 속여라, 속임수로써 이겨라 같은 아주 많은 말이 신전론愼戰論과 부득이용병不得已用兵 사상과 함께 손자 사상을 계승한 것입니다. 무엇보다 44장과 46장은 손자가 《손자병법》 〈작전作戰편〉에서 강조한 졸속拙速의 전쟁을 말한 것이죠. 그렇기에 44장과 46장은 노자가 손자의 사상적 제자라는 강력한 증거죠. 《손자병법》에서 손자는 이렇게 말했습니다. 전쟁에 신중해야 하지만 전쟁을 시작한 이상 '졸속'의 승리를 추구해야 한다고.

졸속의 전쟁과 불태

다시 《노자》 44장을 보지요. 족함을 알아야 욕됨이 없고, 멈출 줄 알아야 위태롭지 않으니, 이렇게 해야 길고 오래갈 수 있다고 했습니다. 불태 이전에 지족知足과 지지知止는 이미 손자가 말한 것이죠. 손자가 추구했던 이상적인 전쟁이 졸속의 전쟁인데, 졸속의 전쟁을 위해서는 지족과 지지를 할 수 있어야 합니다. 적당히 상대를 두들기고 상대 전력을 약화시켰다면 손자는 멈추라, 물러나라고 했습니다. 좀 아쉽다는 느낌이 드는 선에서 군사를 물리라고 했지요. 왜일까요? 전쟁이 길어지면 너무 많은 위험 부담이 증가하기 때문입니다. 졸저 《동양의 첫 번째 철학, 손자병법》을 읽으신 분은 기억이 날 것입니다.

> 전쟁을 하면서 시간을 오래 끌게 되면 우리 병사들이 피로해지고 사기가 꺾이게 된다. 성을 공격할 힘도 모두 소진이 되며 오랫동안 군대를 밖에 두었기에 국가의 재정이 바닥이 난다. 군대의 기세가 둔해지고 사기가 꺾이며 힘이 소진되고 재화가 바닥나면 제후들이 피폐한 틈을 타서 일어나는데, 비록 지혜로운 군주나 장수라도 그때 후방의 일을 수습할 수 없다.[4]

전쟁은 국가 재정을 잡아먹는 블랙홀입니다. 국가 경제에 커다란 부담을 주는 괴물이지요. 그 전쟁이 길어지면 국력 소모가 너무 크고, 인민이 혹사당하고, 배후에 있는 다른 나라가 개입할 수 있습니다. 그러니 최대한

4　其用戰也, 勝久則鈍兵挫銳. 攻城則力屈, 久暴師則國用不足. 夫鈍兵 挫銳 屈力 殫貨,
　　則諸侯乘其弊而起, 雖有智者 不能善其後矣. -《손자병법》〈작전편〉

빨리 승부를 내야 합니다. 전쟁 개시 자체를 신중히 해야 하지만 시작했다면 최대한 빠르게 결정해야죠. 그래야 비용 소모와 국력의 소진을 줄이고 타국의 개입과 후방 공격을 막을 수 있으니까요. 전쟁을 시작해 상대를 꺾고 목적을 달성했다면 거기서 바로 만족할 줄 알고 그칠 줄 알아야합니다. 그게 바로 졸속의 전쟁입니다. 노자가 말하는 지족과 지지는 바로손자가 강조한 졸속의 전쟁을 다른 말로 표현한 것이라고 해도 과언이 아닙니다. 사실상 같은 말이죠. 졸속의 전쟁을 위해 명심해야 할 덕목이 바로 지족과 지지인데, 이를 잘 보여주는 것이 바로 살수대첩의 주인공 을지문덕의 사례입니다.

> 신기한 계책은 천문을 통달했고
> 오묘한 책략은 지리를 꿰뚫었도다.
> 싸움에 이겨 공이 높았으니
> 만족함을 알고 이만 그침이 어떠리오.[5]

　다들 아시겠지만 을지문덕이 직접 사자로 수나라 군영에 갔다가 돌아오면서 그들에게 준 시입니다. 《노자》의 지족과 지지를 가장 제대로 표현했는데, 단순히 시를 지어 상대를 조롱하고 협박한 게 아닙니다. 상기시켜준것이지요. 중국인들이 잘 아는 병법의 원칙과 지침을 가지고 시를 지어자기 의사를 표현한 것입니다. 어서 퇴각하지 않으면 재앙이 닥칠 것이라고. 그러자 정말 안 되겠다 싶었는지 수나라 군영은 아 뜨거! 하면서 퇴각했지요. 그전에도 사신을 보내 퇴각하라고 경고를 주긴 했습니다. 군대를

5　神策究天文 妙算窮地理 戰勝功旣高 知足願云止.

물리면 고구려 왕이 요동성에 있는 수양제를 찾아가 직접 항복하겠다고 했는데, 이는 퇴각할 명분을 마련해줄 테니 그만 물러가라고 경고한 것이었죠. 하지만 수나라는 알아듣지 못했습니다. 그러자 이렇게 을지문덕이 나서서 의사를 표시하니 그제야 알아듣고 퇴각했습니다. 시의 나라 중국, 시가 중요한 의사소통의 수단인 그들에게 시의 형식으로 의사를 표시해서 그들이 수긍한 것일까요? 아닙니다. 시라는 형식에 담아 의사를 표시했다는 게 무시할 바는 아니었지만 그보다 병법서의 가르침, 병가의 상식이 담긴 말로 의사를 표시했기에 알아들은 게 아닌가 싶습니다. 만족함을 알고 이만 그쳐라. 손자와 노자에게서 기원한 병가의 상식이죠. 그것을 상기시켜줬기에 물러갔다고 봅니다.

이야기가 좀 옆길로 샜네요. 노자가 말한 지지와 지족은 손자의 목표였던 불태를 위해 반드시 염두에 두어야 할 원칙이고, 손자가 말한 졸속의 전쟁을 위한 것입니다. 그리고 노자 역시 손자처럼 불태를 추구한 사상가로, 그 불태를 실천하도록 무수히도 조언했습니다. 그런데 불태 말고도 공통적으로 강조하는 것이 정말 많습니다.《노자》는 실로 손자가 한 주장을 반복하고 리라이팅하는 책이라고 해도 과언이 아닌데, 앞으로《노자》에서 손자 냄새가 나는 부분을 중심으로 해서 설명해나가겠습니다. 그래야《노자》가 온전히 보이거든요. 둘 사이의 공통점을 매개로 해서《노자》를 봐야 합니다.

새옹지마 塞翁之馬

모든 것은 변화하니 늘 반대쪽도 보라

다스림이 어리숙하면 그 나라는 돈후해지고
다스림이 깐깐하면 그 나라는 황폐해진다.
화는 복이 기대고 있고
복에는 화가 엎드리고 있으니
누가 그 끝을 알겠는가.
항상 지켜야 할 정해진 올바름이란 없다.

올바른 것은 다시 이상한 것이 되고
선한 것은 다시 요망한 것이 된다.
사람들의 미혹됨은 참으로 오래 되었구나.
이 때문에 반듯하면서도 남을 재단하지 않고
모가 나 있으면서도 남을 찌르지 않으며
곧바르면서도 널리 펼치지 않고
빛이 있어도 드러내지 않는다.'

화는 복을 부르고,
복은 화를 부른다

이번 5강에서는 《노자》가 《손자병법》과 어떻게 닮았는지를 중심으로 집중적으로 이야기를 풀어가려 합니다. 그전에 제가 왜 《노자》를 병법서로 보기 시작했는지, 어떤 계기가 있어서 그랬는지 말씀을 좀 드리죠. 새옹지마塞翁之馬라는 고사성어가 있죠. 이것 때문에 제가 《노자》가 병법서가 아닐까 처음으로 생각해보게 되었답니다. 그래서 이런저런 문헌과 연구 자료, 텍스트 근거를 찾아보며 해석해봤고, 그러면서 점점 《노자》가 병법서라는 확신을 가지게 됐지요. 물론 《손자병법》을 비롯해 중국 고대 병법서를 공부한 전력이 있었기에 이런 작업이 수월할 수 있었는데, 그래도 가장 큰 계기는 바로 새옹지마였습니다.

I   其政悶悶 其民屯屯, 其政察察 其邦缺缺. 禍兮福之所倚, 福兮禍之所伏, 孰知其極. 其无正也. 正復爲奇, 善復爲妖. 人之迷也. 其日固久矣, 是以方而不割, 廉而不刺, 直而不肆, 光而不燿. - 58장

중국은 고사성어의 나라라 할 수 있습니다. 한자 네 자에 세계와 인생에 대한 통찰과 지혜를 담아 보여주는 사자성어. 장구히 쌓아온 역사적 경험에 바탕을 둔 통찰이 담긴 사자성어를 중국인은 무수히 만들어냈죠. 거기에서 중국의 영향을 받은 우리도 자유로울 수가 없고요. 참 많은 사자성어가 있는데요. 개인적으로 제 자신에게 가장 인상적이고, 또 중국인의 사유를 가장 잘 보여준다 생각하는 사자성어가 바로 새옹지마塞翁之馬입니다. 새옹지마라는 성어와 그것의 기원이 된 이야기는 모르는 사람이 없을 겁니다. 새옹지마가 무엇입니까? 변방 노인장의 말. 매사에 일희일비하지 않는, 눈앞에 좋은 일이 닥쳐도 나쁜 일이 닥쳐도 무덤덤하고 감정의 동요가 없던 한 노인 이야기. 거기에서 새옹지마라는 고사성어가 기원했지요.

화와 복은 번갈아가면서 찾아옵니다. 화 뒤에는 복이, 복 뒤에는 화가, 나쁜 일 다음에는 좋은 일이, 좋은 일 다음에는 나쁜 일이 찾아옵니다. 이렇게 세상일은 변화무쌍하고 언제 어떤 일이 나에게 닥칠지 모릅니다. 언제 화가 닥칠지 모르고, 복이 온다고 해도 그것이 화의 씨앗이 되고, 이런 세상의 변화무쌍함은 정말 무서운 일이죠. 고통스럽습니다. 위험합니다. 언제든 내가 가진 것을 잃을 수 있습니다. 이야기에서 노인은 소중한 재산인 말을 잃어버릴 뻔했지요. 노인의 자식은 건강한 다리를 잃어 불구가 되었는데, 사실 다리를 잃지 않았더라면 생명을 잃을 뻔했습니다.

언제든 내가 가진 중요한 것을 상실할 수 있는데, 그것이 세상이고 인생이라면 우리는 어찌해야 할까요. 새옹의 지혜와 통찰력이 있어야겠지요. 일희일비하지 말아야 합니다. 눈앞의 사태를 보고 감정의 기복을 드러낼 것이 아니라, 한발 물러서서 어떤 일의 조짐인지 보려고 해야지요. 어떤 사태의 전조이고 복선일지 살펴야 합니다. 그 노인처럼 차분한 자세로요. 노인은 말을 잃었을 때에는 말 한 마리를 얻을 수도 있다는 조짐을 읽었고, 말을 얻었을 때에는 아들에게 사고가 날지 모른다는 조짐을 읽었습니다. 또 아들이 다리를 잃고 불구가 되었을 때에도 슬퍼하지 않았습니다. 아들이 다리를 잃은 사고에서, 재앙을 피하게 되는 일의 조짐을 읽었던 것이죠. 새옹이 말해주는 바는 이것이죠. 화는 단순히 그냥 화가 아니고, 또 복은 단순히 그냥 복이 아니다. 화는 복을 부르고, 복은 화를 부르며, 화에는 복의 조짐이, 복에는 화의 조짐이 숨어 있다. 그렇게 세상일에는 양면성과 가변성이 있으니 절대 눈앞의 일만으로 일희일비하지 마라, 숨어 있는 조건과 요소를 파악해내라, 어떤 사태의 조짐이고 복선인지 읽어라. 이런 것이 새옹이 하고 싶었던 말이고, 새옹지마라는 고사성어가 시사하는 바입니다.

이 고사에서 가장 크게 복을 받은 사람은 누구일까요? 노인의 아들입니다. 군대에 끌려가지 않아 목숨을 부지했는데, 이 아들은 어쩌면 이 고사에서 주인공이 되었어야 할 인물일지도 모르죠. 하지만 주인공은 새옹이고, 새옹의 지혜를 이 고사성어에서 배울 수 있어야 하죠. 저는 새옹지마라는 말을 찬찬히 씹어보니 좀 무섭더라고요. 노인의 사유, 노인의 지혜, 어쩌면 중국인의 사유란 게 이 새옹의 사유가 아닐까 싶어서요. 그만큼 중국인은 노회한 사유를 하는데, 그들의 노회한 사유를 대표하는 게 이 고사가 아닐까 싶습니다. 네, 저는 이 새옹지마에 중국인이 가진 통찰력의 진수가 담겨 있다고 봅니다.

새옹이 살았던 곳은 어디입니까? 변방입니다. 언제든 이민족 군대가 쳐들어올 수 있고, 언제든 전쟁이 벌어질 수 있는 곳이죠. 그런데 그 험악한 변방의 요새는 단순히 위험천만한 국경 지대가 아닙니다. 중국인에게 주어진 삶의 조건이라고 할 수 있죠. 역사를 보면 중국인에게 전쟁은 그들에게 주어진 삶의 환경 그 자체였습니다. 서융西戎의 침입으로 서주西周가 망하면서 춘추전국시대가 시작되고 진秦나라의 통일로 춘추전국시대가 끝났지만, 이후에도 계속해 중국은 분열과 통합을 반복하면서 무수히 많은 전쟁을 벌였고, 툭하면 이민족의 침입에 나라가 휘청거리고 망하기도 했습니다. 중국인에게 전쟁은 삶의 조건 그 자체였지요. 새옹이 살았던 변방처럼 언제든 치열한 전투가 벌어지고 거기에 휘말릴 수 있는 게 그들의 인생이었습니다.

위험천만한 변방 요새에서 사는 게 인간의 삶인데, 변화무쌍하고 천변만화한 예기치 못한 변화에 항상 휩쓸려야 하고, 화와 재앙은 예고 없이 도둑놈처럼 날 찾아오는 삶의 무대에 선 사람들은 어떤 자세로 인생을 살아야 했을까요? 새옹의 지혜로 살아야 했겠지요. 언제 뭐가 어떻게 변할지 모르고 화가 언제 어떻게 나에게 닥쳐올지 모르니 항상 차분한 자세로 변화의 조짐을 읽어야 합니다. 사태의 뒤에 숨겨져 있거나 자라고 있는 요소를 보려고 해야죠. 늘 그런 자세로 처신해야 했을 텐데, 실제 중국인들은 그렇게 살아왔고 지금도 그렇게 살아가고 있습니다. 그런데 말이죠. 새옹이 보여준 그런 자세와 지혜는 특히 누구에게 더 필요한 자세일까요? 항상 전쟁과 부대껴야 했고 전쟁에 대한 공포와 두려움이 DNA에 내장된 중국인 그리고 중국인뿐만이 아니라 삶이라는 전쟁을 살아야 하는 우리 모두에게 필요합니다. 인간 모두에게 새옹의 지혜가 있어야 하겠지만, 저는 특히 군대의 지휘관과 장수에게 새옹의 자세가 필요하다고 생각합니다. 그렇지 않아도 새옹이 산 곳은 군인이 상주하는 지역입니다. 새옹이라는 사람에게서 군인 냄새도 많이 나고요.

어느 퇴역 군인의 이야기

새옹塞翁은 누구일까? 저는 사실 새옹이라는 사람이 단순히 그 지역에 사는 원로나 어르신이라 생각하지 않습니다. 퇴역 군인, 왕년에 군대에서 한가락 하다 예편한 군인이거나 군대와 연관되는 사람이라 생각하고 있습니다. 그렇지 않아도 집에서 말을 키우고 관리하는 것을 보니 더욱 그런 심증이 강해지는데, 말은 군대에 없으면 안 되는 국가 방위 산업의 핵심이지요. 그리고 퇴역 군인이 방위 산업에 종사하는 경우는 흔한 일입니다. 퇴역 군인 어르신으로 보이는 새옹이 보여준 자세는 특히 지휘관, 장수에게 가장 필요한 자세 아닐까요. 눈앞에 닥친 일을 보고 일희일비하며 심적 동요를 보이고 감정 기복을 드러내는 지휘관을 어느 병사가 신뢰하겠습니까. 포커페이스, 언제든 평정심을 유지하는 자세는 조직의 리더, 특히 군대의 리더에게 요구되는 덕목이 아닌가요. 그리고 지금 눈앞의 일을 통해 닥쳐올 사태가 무엇인지 보려는 자세 역시 지휘관이 꼭 갖춰야 할 자세입니다. 그렇지 않으면 적의 속임수에 속수무책으로 당하거나 끌려다닐 것이고, 상대에 비해 유리한 위치와 조건에서 싸울 수 없게 되겠죠. 손자가 말하는 그 세를 만들거나 장악한 채 싸울 수 없을 것입니다. 새옹의 지혜와 자세는 누구보다도 장수에게 필요한 것이죠.

장수가 가져야 할 자세와 덕목, 지혜를 보여준 새옹. 그런데 또 생각해보니 새옹은 말 그대로 어르신, 할아버지, 노인장이죠. 제자백가 중에서 옹翁 하면 누가 있죠? 우선 노자가 떠오를 수밖에 없습니다. 노자老子는 글자 그대로 늙은이, 할아버지가 아닐까요?《노자》는 사실 할아버지의 이야기거든요. 할아버지가 들려주는 처세의 지혜와 지침, 전략, 전술이《노자》인데, 새옹도 나이 지긋한 할아버지이고 노자도 나이 지긋한 할아버지이니 왠지 둘을 연관시켜도 좋을 듯합니다. 더구나 새옹지마라는 고사가 도가 쪽 텍스트인 《회남자淮南子》에서 나왔죠. 노자와 새옹을 엮어도 무리수가 아닐 듯싶은데, 그 새옹의 지혜라는 게 지휘관과 장수에게 요구되는 덕목이고, 새옹이 원래는 군대에서 지휘관이었을 것 같다는 생각까지 들었습니다. 그러다 보니 자연적으로 노자가 혹시 새옹처럼 군대의 일, 장수가 가져야 할 지혜나 자세와 연관되는 인물이 아닌가 생각해본 것이죠. 마침 또 《노자》를 차근차근 들여다보니 새옹지마를 연상케 하는 부분이 분명히 존재하고 있었습니다. 바로 58장에는 새옹지마와 같은 이야기가 나와 있지요. 화와 복은 붙어 있고 번갈아가며 오기 마련이다, 그러니 신중해라, 함부로 생각과 감정을 드러내고 몸을 움직이지 말라고 결론을 내립니다. 새옹지마 고사의 교훈과 흡사한 결론이지요.

> 이 때문에 반듯하면서도 남을 재단하지 않고
> 모가 나 있으면서도 남을 찌르지 않으며
> 곧바르면서도 널리 펼치지 않고
> 빛이 있어도 드러내지 않는다.

화와 복은 항상 번갈아 오고 간다, 그렇기에 일희일비하지 말고 경거망동하지 마라. 이렇게 결론을 내리는 58장은 새옹지마와 똑같은 이야기죠. 그래서 새옹지마의 논리가 《노자》에서 기원했구나 하고 확신하게 되었습니다. 그러면서 새옹의 지혜가 군사의 일과 연관되듯이 새옹의 지혜와 통찰력을 먼저 언급한 노자 역시 군사의 일과 관련되었겠구나 하고 자신했죠. 그때부터 병법으로서 《노자》를 본격적으로 공부하게 되었습니다. 그렇게 《노자》는 병법서라는 확신 아래 공부했는데, 새옹지마를 연상하게 하는

58장을 더 치밀하게 들여다보니 정말이지 병가의 논리가 강하게 드러난다는 생각이 들더군요. 화가 복이 되고 복이 화가 되고, 또 화와 복이 공존하고. 좀 어렵게 표현하자면 모순된 것끼리 서로 공존하고 또 상호 전화하는 것을 58장에서 말하고 있는데, 그것은 원래 병가의 논리입니다. 이로움이 해로움이 될 수 있고, 반대로 해로움이 이로움이 될 수 있고, 안전한 것이 위험한 것이고 위험한 것이 안전함을 주며, 어지러움은 다스림에서 나오고……. 이렇게 반대되는 것끼리 모순되는 것끼리 서로 공존하고 한쪽에서 반대 방향으로 변한다는 주장은 본래 병가의 논리고 상식이죠. 병가에서 먼저 설파한 통찰력이고 논리인데, 그것을 확인해주는 58장은 여러 가지 확신을 제게 준 셈입니다. 《노자》가 병법서가 맞구나, 아니 무조건 병법서로 읽어야 하는구나 하고요.

현상과 사태는 뒤집어질 수 있다

화는 복이 기대고 있고 복에는 화가 엎드리고 있으니 (…)
올바른 것은 다시 이상한 것이 되고 선한 것은 다시 요망한 것이 된다.

반대되는 것끼리 공존하고 또 상호 전화합니다. 반대로 변합니다. 모순 조화, 공존, 상호 전화, 전환을 58장에서 노자가 말했죠. 그것은 새옹지마의 논리인데 노자는 2장에서도 이를 언급했지요.

천하 사람들 모두가 아름다움을 아름다움으로 알지만
그것은 곧 추함일 수 있으며,

모두 선함을 선함으로 알지만 그것은 선하지 않을 수 있다.

유와 무는 서로를 낳고 어렵고 쉬움은 서로를 만들며

길고 짧은 것은 서로를 드러내고 높고 낮음은 서로를 보이게 하고

악기 소리와 목소리는 서로 조화롭고 앞과 뒤는 서로를 따르니

항상 그런 것이다.[2]

있음과 없음, 길고 짧음, 어려움과 쉬움, 이렇게 반대되는 것끼리 서로 이루어주고 만들어준답니다. 새옹지마의 고사에서도 그렇고 58장에서도 말했는데, 화와 복은 반대되는 것이지만 같이 존재하고 서로 바짝 붙어 있다지 않았습니까. 모순되는 것끼리 붙어 있는 게 세상의 진실이고 이치랍니다. 그리고 새옹지마 이야기를 보면 화가 복이 되고 복이 화가 되는데, 반대되는 것끼리 단순히 공존하는 것으로 그치는 게 아니라 한 현상과 사태는 반대 현상과 사태로 변하기도 합니다. 그것을 노자는 뒤집어지는 것[反]이라고 했습니다. 노자는 40장에서 반야자도지동야反也者道之動也, 뒤집어지는 것은 도의 움직임이라고 했습니다. 어려움에서 쉬움으로, 이로움에서 해로움으로, 화에서 복으로처럼 반대 방향으로 변하는 것이 바로 반反으로 그것이야말로 도의 모습이며 세상 이치라고 노자가 못 박았습니다. 그런 모순 조화, 공존 그리고 상호 전화, 전환의 논리는 본래 병가의 논리지요.《손자병법》과《손빈병법》에서 각각 확인할 수 있습니다.

어지러움은 다스림에서 나오고 비겁함은 용기에서 나오고 약함은 강함에서

---

2   天下皆知美為美 惡已, 皆知善 斯不善矣. 有无之相生也, 難易之相成也, 長短之相形也,
    高下之相呈也, 音聲之相和也, 先後之相隨, 恒也. - 2장

나온다.[3]

집중과 분산, 허와 실, 지름길과 우회길, 신속함과 서행은 서로 상호 전환될 수 있다. 또한 많음과 적음, 휴식과 수고도 서로 전환될 수 있다.[4]

손자가 말했죠. 돌아가는 길이 빠른 길이 될 수 있고, 험한 길이 편안한 길이 될 수 있으며, 반대로 빠른 길이 느린 길이 되고, 편안한 길이 위험한 길이 될 수 있다고. 사물과 사태를 볼 때 양면성을 보려고 해야 합니다. 장점은 단점이 되고 단점은 장점이 되듯 반대되는 것끼리 붙어 있으며 서로 반대로 변하고 전쟁터의 상황과 사태는 늘 그러하다고 했지요. 화복은 붙어 있고 화가 복으로 복이 화로 변한다는 노자의 논리는 손자가 강조한 병가의 논리에서 기원했습니다. 《손빈병법》도 사물의 전화 가능성을 늘 강조합니다. 노자가 말한 대로 반대쪽의 상황과 사태로 변한다는 것이죠. 그들 병법에 따르면 모든 현상과 사태는 변화하기 마련인데, 특히 반대 방향으로 변화하는 경우가 많지요. 그렇게 반대 방향으로 변할 수 있으니 사태의 한쪽만 보지 말고 늘 반대쪽도 보면서 준비해야 하죠.

전투 중 어느 한쪽에 유리한 상황이 있다고 그 상황과 조건이 끝까지 고정적으로 지속되나요? 아니죠. 내게 유리하고 적에게 불리한 상황이 얼마든지 나에게 불리하고 적에게 유리한 상황으로 변할 수 있습니다. 전쟁터의 생리가 원래 그렇습니다. 불리한 지형은 아군의 병사가 겁을 먹게 할 수도 있지만 결사의 의지를 다질 수 있게 하고, 행군하고 원정을 가는

---

3 亂生于治, 怯生于勇, 弱生于強. - 《손자병법》〈세勢편〉
4 積疏相當, 盈虛相當, 徑行相當, 疾徐相當. 衆寡相當, 佚勞相當. - 《손빈병법》〈적소積疏편〉

데 험하고 먼 길은 적이 방비하지 않아 결과적으로 편하고 쉬운 길이 될 수 있습니다. 반대로 편해 보이고 빠르게 갈 수 있다고 판단한 길은 적이 예상하는 길이기에 결과적으로 위험하고 느린 길이 될 수 있지요. 장수의 신중함은 우유부단함이 될 수도 있고, 용기는 성급함이 되어 적의 계략에 속게 하는 요소로 작용할 수 있습니다. 장점이 곧 단점이고 단점이 곧 장점이고, 불리한 게 이로움으로 이로운 점이 불리한 점이 됩니다. 이렇게 반대되는 것끼리 서로 공존하고 반대 방향으로 변화하는 게 전쟁터의 생리인데, 그것을 노자도 말했던 것입니다. 손자가 지혜로운 자는 이익과 손해 양쪽을 모두 보려고 한다[智者之慮 必雜於利害]고 했습니다. 노자도 마찬가지죠. 사태는 늘 양면성이 있으니 놓치지 말아야 한다고 《노자》 2장, 40장, 58장에서 연거푸 말했습니다. 손자와 손빈이 강조한 전쟁터의 상식을 노자 또한 말했고, 그것은 새옹의 지혜가 되었습니다. 이 정도면 제가 왜 병법서로서 《노자》를 공부하게 되었는지 그 이유가 될 것입니다.

제가 새옹을 뭐라고 했지요? 단순히 동네 어르신이 아니라 퇴역 군인으로 추정된다 했습니다. 그의 지혜는 단순히 오래 살아 얻어낸 지혜가 아니라 적지 않은 시간을 전쟁터에서 부대껴봤기에 얻은 것이죠. 그런 새옹과 연결되는 노자 또한 퇴역 군인의 냄새가 많이 납니다. 노자에게는 퇴역 군인의 자의식이 보이는 부분이 꽤나 많지요. 그것은 《노자》가 병가의 일을 논한 책이라는 강력한 증거가 됩니다. 다음 6강에서는 그것을 살펴보죠.

공성불거 功成不居

공을 세웠으면 떠나라

공을 세우더라도 그 공에 머물지 않으니

오직 머물지 않기 때문에 그 공이 사라지지 않는다.[1]

굳게 잡아서 가득 채우는 것은

채우기를 그만두는 것보다 못하다.

다듬어서 날카롭게 하면 길이 보전할 수 없다.

금은보옥이 방에 가득하면 지킬 수가 없고

부귀하면서도 교만하면 스스로 허물을 남기는 것이니

공을 이룬 뒤에는 자리에서 물러나는 것이 하늘의 도다.[2]

《노자》, 왕과 장수를 위한 고언

철학·사상적 담론은 수신자와 발화자 사이에서만 형성되는 것이라는 말이 있더군요. 먹물들이 그런 말을 자주 하는데요. 무슨 말인지 아시겠어요? 제 생각에는 아마 이런 말인 것 같아요. 철학이나 사상을 공부할 때 누가 누구에게 이야기하는 것인지 그것을 잘 보는 것이 중요하다, 그것을 제대로 해야 사상이고 철학이고 제대로 이해할 수 있다는 말 같아요. 가령 지금 《노자》를 공부하고 있는데, 누가 누구에게 이야기하는 것 같은지 잘 봐야 한다는 거죠. 노자와 같은 제자백가 사상가로 맹자가 있고 묵자가 있는데, 맹자 사상 같은 경우 말하는 사람은 지식인이고, 그의 말을 듣는 사람은 같은 지식인 그리고 왕입니다. 특히 지식인이죠. 묵자 사상 같은 경우는 말하는 사람은 하층민이고, 듣는 사람은 왕과 하층민입니다. 그

---

1   成功而弗居. 夫唯弗居 是以弗去. - 2장
2   持而盈之, 不若其已. 揣而銳之, 不可長葆之. 金玉盈室, 莫之守也. 貴富而驕, 自遺咎也.
     功遂身退, 天之道也. - 9장

렇게 말하는 사람과 듣는 사람이 누군지 모르면 맹자고 묵자고 제대로 파악이 안 됩니다. 그래서 사상의 수요자를 잘 보는 것이 중요합니다. 누구한테 이야기하는 것인가를 잘 봐야 하지요. 특정 철학과 사상은 특정 수요자가 있습니다. 애초에 그 수요자를 생각하고 만듭니다. 듣는 사람을 정해놓고 만들어요. 그렇기에 사상의 수요자가 누군지 잘 봐야 하지요. 그게 아주 중요합니다. 그래야 그 사상만의 특징과 철학의 문제의식이 제대로 보이거든요. 그것을 모르면 그 사상 고유의 문제의식과 중심 생각이 눈에 잘 들어오지 않습니다.

그렇다면 이렇게 사상과 철학을 이해하는 데 수신자와 수요자가 중요하다고 하는데, 노자 사상의 수요자는 누구였을까요? 앞서 말한 대로 왕과 장수입니다. 거기에 또 장수가 될 수 있는 신분의 사람들, 사士라고 해서 당대의 무사까지 노자 사상의 수요자입니다. 오늘날 같으면 국군 통수권자와 지휘관 그리고 잠재적 지휘관 후보자라고 할 수 있죠. 그런데 노자 사상의 수요자 중 왕의 비중이 큽니다. 당시는 사실 군주의 눈에 들어야 했고, 자신의 주장이 군주의 귀에 솔깃해야 재상이 되든지 장수가 되든지 하여 재사로서 뜻을 펼칠 수 있었습니다. 그런 시대였으니 많은 사상가의 잠재적 수요자 대부분은 바로 왕이었습니다. 그렇기에 사상적 수요자가 군주라는 것은 새삼스러울 게 없는 이야기지요. 특히 노자 사상은 군주를 대상으로만 하는 이야기가 많습니다. 군주만 알아야 할 내용도 많고요. 다른 사상은 군주와 지식인은 물론 인민도 알고 배우면 좋을 내용이 많지만, 노자 사상은 그렇지 않습니다. 배타적 제왕학서라고도 할 수 있는데, 왕과 장수 정도만 봤으면 좋겠다 싶은 내용이 많지요.

왕은 살벌한 궁중 사회에서 버텨야 하는데 어떻게 해야겠습니까? 잘 싸워 이겨야 하지요. 왕후와 자식, 신하 이런 권력의 경쟁자에게 절대 틈을 보이지 말고, 그들을 자기 의사대로 부릴 수 있어야 합니다. 노자 사상은 사실 전쟁터의 상황 못지않게 궁중 안 전쟁 상황을 가정하고 의견을 개진하는 부분이 적지 않습니다. 이렇게 권력 유지와 장악을 위해 왕에게 주는 조언인데 다른 지식인이나 신하가 될 사람이 읽어 좋을 것이 없죠. 《한비자》도 마찬가지인데 두 책 모두 단순히 사상의 수요자가 군주라고 하기보다는 군주만 알고 이해했으면 좋겠다 싶은 생각으로 쓴 부분이 많아요. 그리고 병법서잖아요. 병법서니까 장수 그리고 장수 후보자에게 하는 말의 비중도 높을 수밖에 없으니 군주 못지않게 장수들도 노자의 사상적 수요자임이 틀림없습니다. 공을 세웠으면 떠나라고 말하는 2장을 보면 그런 면이 특히 두드러져 보이지요. 장수를 향해 하는 말도 많습니다.

공을 세웠으면 떠나라

《노자》2장에서는 공성불거功成不居를, 9장에서는 공수신퇴功遂身退를 말했습니다. 공을 세웠으면 떠나라고 하는 노자는 그래야 공이 사라지지 않고 천수를 누릴 수 있다고 말했습니다. 제명을 누리고 불태하고 장구할 수 있다는 말인데, 노자가 말한 이 공성불거와 공수신퇴는 굉장히 유명한 말이죠. 지혜로운 교훈, 가르침으로 통하는 말입니다.

그 교훈의 역사적 사례로 범려范蠡와 장량張良이 있는데, 이 둘은 우리 동아시아에서 지혜로운 인물의 상징이죠. 둘 다 큰 공을 세웠습니다. 범려는 월왕 구천을 도와 오나라를 무너뜨려 오월쟁패에 종지부를 찍었습니다. 장량은 초한쟁패에서 맹활약하며 유방이 천하를 거머쥐게 했지요. 범려는 특히 문종과 대비되고, 장량은 한신韓信, 팽월彭越, 영포英布와 대비되어 사람들 입에 오르내리며 기억되는데, 오월쟁패가 끝나자 범려는 월왕 구천에게 은퇴를 청했습니다.

"주군께서는 노력하소서. 신은 이제 다시 월나라로 들어오지 않을 것이옵니다."

그러자 구천은 정색을 하면서 말하길, "나는 지금 그대가 무슨 말을 하는지 모르겠소."

"신이 듣기에 무릇 남의 신하가 된 사람은 주군이 걱정하면 그보다 노심초사하고 군주가 욕을 당하면 죽음으로 갚는다고 하였습니다. 예전에 주군께서 회계에서 치욕을 당했을 때 신이 차마 죽지 않은 것은 오늘을 위해서였습니다. 그리고 이제 일이 이루어졌습니다. 그러니 주군께서 치욕을 당하게 한 죄를 받고자 합니다."

그러자 구천이 말렸다. "무슨 말이냐?"

그리고 구천이 말하길, "누구라도 그대의 허물을 덮지 않고 그대의 미덕을 칭찬하지 않는 자는 과인이 월나라 땅에서 명을 마치지 못하게 할 것이오. 그대는 내 말을 들으시오. 내가 나라를 나누어 그대에게 드릴 테니 그대는 함께 돌아갑시다. 내 말을 듣지 않으면 그대는 물론 처자까지 죽이겠소."[3]

구천은 범려에게 계속 자신 밑에서 일하라고 했어요. 가족을 들먹이며 협박까지 하면서요. 하지만 범려는 뜻을 굽히지 않고 물러나겠다, 떠나겠다고 했습니다. 구천은 끝내 범려의 뜻을 꺾을 수 없었고, 승리의 여운이 남

---

3   이 고사의 해석은 공원국 선생의 《춘추전국 이야기 5 - 인간의 복수 VS 역사의 복수》(역사의 아침, 2012)를 참고했습니다.

아서인지 곱게 범려를 보내줬지요. 《사기史記》에서는 범려가 떠난 이후 제나라에 가서 사업을 일으켜 흥해 아주 많은 돈을 벌었다고 합니다. 또 그렇게 모은 재산을 사람들에게 베풀어 많은 사람들에게 칭송을 받다 못해 숭배를 받았다고 하지요. 그런데 이 범려와 같이 구천을 보좌한 사람이 있었습니다. 바로 문종文種입니다. 그는 떠나지 않았습니다. 그 문종에게 범려가 편지를 보내 이런 말을 전했지요.

"나는 새를 잡으면 활을 거두고 교활한 토끼를 잡으면 사냥개를 삶는 법입니다. 구천은 목이 길고 입이 새부리처럼 튀어나왔으니 같이 환난을 견딜수는 있으나 함께 즐거움을 누릴 수는 없는 사람이오. 선생은 어찌 떠나지 않소?"

범려의 편지를 본 문종이 아차 싶어 병을 핑계 대며 조정에 나가지 않았습니다. 떠날 채비를 한 것이지요. 그러자 마침 그때 참소로 문종을 모함한 사람이 있었습니다. 문종이 다른 마음을 먹었고 난을 일으키려 한다고요. 그러자 구천이 즉시 문종을 소환해 칼 한 자루를 내리며 이렇게 말했다지요.

"그대는 나에게 오나라를 칠 일곱 가지 방법을 알려주었소. 그중 세 가지를 써서 오나라를 멸망시켰으니 나머지 네 가지는 아직 그대에게 있소이다. 그대는 선왕을 따라가서 그 방법을 시험해보시구려."

죽은 선왕에게 가라니 한마디로 죽으라는 이야기지요. 자결을 명한 것입니다. 승리의 여운이 완전히 가셔서인지 문종은 범려처럼 곱게 보내지 않네요. 문종이 범려의 편지를 받고 떠나야겠다고 마음먹었을 때는 이미 늦었던 것이지요. 공을 세웠으면 범려처럼 떠나고 물러나야 하는데, 그러지 못했던 문종은 너무나도 허무하게 죽고 말았습니다.

병법서인《삼략》은 "무릇 높이 나는 새가 죽고 없어지고 나면 좋은 활은 창고로 들어가는 법이며, 적국이 멸망하고 나면 모책을 만들던 신하가 사라지고 마는 법이다."라고 했습니다. 문종의 행보는 아쉽지요. 그런데 이 범려와 문종이 월나라가 오나라를 집어삼키게 하여 구천을 남방의 패자로 만들었지만 월나라의 기세는 오래가지 못했습니다. 오나라를 멸망시키고 전통의 강자였던 초나라와 국경을 맞대었지만 초나라에 거듭 패한 끝에 초나라에 병합되고 말았지요. 결국 오월쟁패의 최종 승자는 초나라였습니다. 어부지리를 초나라가 취한 것이지요. 장기간 혈투를 벌인 오나라와 월나라는 결국 초나라 좋은 일만 시켜줬습니다.

춘추시대 지도에는 오월이 보이는데 전국시대에는 오월이 보이지 않습니다. 오월의 땅이 모두 초나라 것이 된 것이지요. 그 공은 사실 범려와 문종에게 있었습니다. 애초에 월나라에서 대활약한 범려와 문종 두 사람 자체가 원래 초나라 출신 관방 상인이었다고 하지요. 둘이 그러니까 초나라의 국익에 보탬이 되도록 충실하게 기능한 것입니다. 월나라를 치열하게 오나라와 싸우게 했는데, 한때는 초나라 수도 영郢을 무너뜨렸던 호적수 오나라를 결국 멸망시켰습니다. 오를 멸망시킨 월나라는 장기간 전쟁의 후유증에 시달렸고, 통치 능력 밖의 오나라 영토를 모두 삼킨 나머지 소화불량까지 걸리게 되었죠. 결국 초나라는 범려와 문종의 대활약 때문에 비실비실해진 월나라를 삼키면서 오나라까지 한 번에 먹어버린 꼴이죠.

졸저《동양의 첫 번째 철학, 손자병법》에서 말했죠. 전쟁을 생각할 때는 항상 배후에 있는 제3, 제4의 적을 의식하라, 함부로 전쟁을 획책해 남좋은 일 시키지 마라, 남들이 어부지리를 취하게 하지 마라. 그래서 손자는 신전론愼戰論을 주장했는데, 오월쟁패의 결과가 이를 제대로 보여준 셈이죠. 열국列國이 경쟁하는 체제에서 온 전력을 기울여 다른 나라와 장기적 전면전을 벌이는 게 얼마나 어리석은 짓인지 오나라와 월나라는 몸소 증명했습니다.

손자의 후계자인 노자 역시 신전론을 주장했지요. 전쟁은 상서롭지 못한 기물이며 실패한 정치 행위라고 했는데,《노자》텍스트가 만들어진 시대도 손자가 살았던 시대처럼 열국이 경쟁하는 체제였고, 또 오월쟁패와 같은 역사적 경험을 알았기에 노자도 거듭 부득이할 때만 병사를 움직이고 전쟁에는 무조건 신중하라고 했습니다. 그런데 오월쟁패의 주인공이었던 범려의 처신은 정말 현명했습니다. 노자가 말한 대로 공수신퇴와 공성불거를 하여 천수를 누렸습니다. 범려 말고도 공수신퇴와 공성불거의 도를 실천해 천수를 누린 사람이 또 있습니다. 바로 장량이지요.

토사구팽 당하지 않고
천수를 누린 장량

"처음에 신이 하비에서 일어나 황상과 유현에서 뵈었사옵니다. 폐하께서는 신의 계책을 쓰셨고 다행스럽게도 때때로 들어맞았으니 감히 감당하지 못하겠나이다." –《사기》〈유후세가留侯世家〉

유방이 천하를 차지하고 나서 논공행상할 때 장량의 공을 치하하고 식읍

3만 호를 내린다고 말하니 장량이 저렇게 답했습니다. 범려처럼 물러나겠다고 한 것이죠. 실제로 장량은 물러났습니다. 궁중 생활, 벼슬, 지위에 조금도 미련을 두지 않고 떠났지요. 향후 장량은 권력과 거리를 두고 아무 욕심 없이 살았습니다. 장량 역시 범려와 같았습니다. 결정적인 공을 세웠지만 조금도 욕심 부리지 않고 바로 떠났지요. 그래서 천수를 누렸습니다. 한신, 영포, 팽월 같은 사람들처럼 토사구팽 당하지 않았지요. 공성불거와 공수신퇴를 실천해 제명대로 살았죠. 만약 떠나지 않고 조정에 남았더라면 천수를 누릴 수 있었을까요? 한신, 영포, 팽월의 사례를 보면 아니었을 것입니다. 장량 못지않게 공을 세운 소하도 유방의 의심에 시달렸던 것을 보면 미련 없이 은퇴한 장량은 참 현명했지요.

이렇게 범려와 장량의 예는 전쟁 영웅, 퇴역 군인에게 하나의 훌륭한 모범 사례입니다. 그것을 보면 노자에게 그런 자의식이 있는 것 같아요. 앞서 말씀드린 대로 퇴역 군인의 자의식, 왕년의 장수였던 인사가 지닌 자의식이요. 그래서 단순히 장수나 지휘관에게 이기는 데 필요한 자세와 덕목을 말해주는 게 아니라 처신과 처세의 도까지 말해준 것 같지요. 전쟁이 끝난 후 이렇게 처신해야 한다, 그래야 너 자신이 장생하고 불태할 수 있다고 말이죠. 앞서 제가 새옹지마를 말하면서 새옹과 노자를 연관지었죠. 새옹 역시 퇴역 군인이 아닐까 생각하는데 노자 역시 그래 보입니다. 특히 공성불거와 공수신퇴를 말한 것을 보면요. 그런데 노자는 사실 퇴역 군인이 아닙니다. 그는 사관史官이었습니다. 말하자면 역사학자였죠.

역사학자 노자

도가는 모두 사관史官에서 나왔는데 두루 성패와 존망, 화복과 고금지도를 기록했다. 그런 후에 요점을 잡고 근본을 잡아 깨끗하게 비우는 것으로 자신을 지키고 낮추고 약하게 하여 스스로를 유지하는 것을 아는 사람들이다. 이 것이 군주의 남면지술(군주가 국가를 다스리고 관리하는 책략과 방법)이다.[4]

《노자》는 역사상의 성패, 존망, 화복, 고금지도를 기록하고 사색하며 총괄하는 것과 서로 관련이 있다. 이런 도는 군사와 관련되는 것일 뿐만 아니라 또한 정치이다.《노자》는 당시 복잡한 군사 투쟁, 정치 투쟁과 빈번한 전쟁 속에서 수많은 씨족과 국가가 멸망하거나 전복되는 역사적 경험에 대한 사색과 그것을 정리한 책이다. - 리쩌허우,《중국고대사상사론》한길사, 2005

중국에서는 노자를 사관으로 보는 시각이 강합니다. 위에 써 있는 대로 《한서漢書》〈예문지藝文志〉는 제자백가 사상의 기원을 설명하면서 도가道家가 사관에서 나왔다고 했습니다. 노자가 사관이라. 사마천司馬遷의《사기史記》만 봐도 알 수 있지요.《사기》에서는 노자가 주나라 왕실의 도서관장으로 문서 관리 책임자이자 역사가였다고 소개합니다. 왕실 도서관에서 문서를 관리하고 그것을 살피고 읽으며 세상이 돌아가고 변화하는 이치를 깨달은 노인이 있었다지요. 이 노인이 어느 날 주나라를 떠날 결심을 했나 봅니다. 주나라의 멸망을 감지하고 혼란스러운 천하를 떠나기로

---

4 道家者流 蓋出於史官, 歷記成敗 存亡 禍福 古今之道. 然後知秉要執本, 淸虛以自守, 卑弱以自持. 此君人南面之術也. -《한서》〈예문지〉

마음먹었는데, 서쪽 관문인 함곡관을 벗어나 천하를 버리고 가려던 찰나, 이 어르신을 출입국 관리 사무소의 관리 하나가 붙잡습니다. 그 관리가 간곡히 청합니다. 가르침을 달라고. 간곡히 청하는 관리에게 그 노인은 글을 남겼고, 그것이 바로《노자》가 되었다고 하는데 많이들 아는 이야기입니다.

노자가 주나라 왕실 도서관장이었다고 하는데, 열국列國의 종주국이었던 주나라 도서관에 무슨 책이 있었을까요? 국가 기밀문서 내지 역사책이 아니었을까요? 여러 나라의 역사, 열국의 흥망성쇠가 담긴 책과 문서들. 천하의 주인공이었던 유서 깊은 주나라 도서관의 책이었으니 사실상 기밀문서 내지 고급 자료와 정보였을 텐데, 노자는 그것을 관리하는 사람이었다는 것입니다. 그 사람을 역사가로 보는 것은 어쩌면 당연한 일이죠.

노자로 대표되는 도가는 모두 사관에서 나왔다고 합니다. 역사상에 존재했던 여러 나라의 성패와 존망, 화복과 고금지도를 기록했던 사람들에게서 기원했다고 하는데, 노자는 역사를 공부하고 여러 나라의 흥망성쇠를 보면서 사색하고 사유했나 봅니다. 그러면서 무엇인가 깨달았다는데, 그 깨달은 것을 풀어낸 텍스트가 바로《노자》입니다. 나라가 만들어지고 흥하고 쇠하고 망하고 그런 과정을 중심으로 역사를 살피면서 무엇인가 깨달은 게 있는 사람이 써놓은 말입니다. 흥하기 위해, 망하지 않기 위해, 강해지기 위해, 오래가는 나라가 되기 위해 지키고 견지해야 할 덕목과 자세, 원칙을 풀어놓은 것이 바로《노자》라는 이름으로 묶여 세상에 나왔다는 것이죠. 말하자면《노자》는 역사학자, 그것도 아주 오랫동안 연구한 역사학자 할아버지의 이야기라는 것이죠.

나라가 흥하고 망하고 강해지고 약해지는데 어떤 문제가 중심에 있었을까요? 당연히 군사와 전쟁 문제겠지요. 일국의 흥망성쇠와 군사력은 문명화한 지금의 시대에도 커다란 상관관계를 지니는 일인데, 역사를 공부하면서 흥망성쇠, 성패의 원리와 흐름을 공부한 이 역사학자는 자연히 용병의 원리와 군사 투쟁에 대해 고민하고 사색할 수밖에 없었을 것입니다. 노자를 주나라 왕실 도서관장으로 설명했던 《사기》만 읽어봐도 그가 왜 군사, 용병, 국방 문제에 정통할 수밖에 없는지 잘 알 수 있습니다. 리쩌허우도 말했지요. 노자는 역사학자로 당시 복잡한 군사 투쟁, 정치 투쟁과 빈번한 전쟁 속에서 수많은 씨족과 국가가 멸망하거나 전복되는 역사적 경험을 놓고 사색했고, 그것을 정리한 책이 《노자》라고요. 노자는 군사 투쟁 말고 정치 투쟁, 즉 궁중의 권력 싸움과 갈등에 관련해 조언하는 부분이 많다고 했지요. 그것 역시 역사를 살피는 이가 주목할 수밖에 없는 문제죠. 국가의 흥망성쇠를 연구하는 데 궁중 투쟁을 살피지 않을 수 있겠습니까. 역사 관련 교양물에도 흔히 등장하는 소재가 궁중 투쟁이잖아요.

자, 노자는 사관입니다. 역사학자입니다. 역사학자 할아버지가 군사 문제, 권력 싸움과 갈등을 중심으로 역사를 살폈고, 그래서 내린 결론과 깨달은 내용을 바탕으로 남긴 말이 《노자》 81장이 된 것이죠. 이게 중국에서 많이들 지지받는 《노자》에 대한 관점입니다. 한국에 제대로 소개가 되지 않은 데다 한국의 많은 도가 철학 연구자들은 절대로 수긍하지 못하겠지만, 사실상 그게 대륙 쪽 《노자》 해석의 주류죠. 저도 그를 역사학자라고 보는데, 공성불거와 공수신퇴 같은 것은 퇴역 군인이나 왕년의 장수가 아니더라도 전쟁 문제와 권력 갈등을 중심으로 역사를 살폈던 사람이라면 충분히 할 수 있는 말이지요. 이렇게 노자는 역사학자이고, 그런 역사학자의 이야기가 《노자》이기에 이 책을 쓴 사람은 퇴역 군인과 상관없는 사람일 가능성이 큽니다. 하지만 그렇다 하더라도 퇴역 군인과 예편한 왕년의 전쟁 영웅이 경청하면 좋을 이야기가 《노자》 텍스트에 많이 있다고 생각합니다. 공수신퇴와 공성불거는 그들이 반드시 명심해야 할 사항이지 않습니까? 그런데 공수신퇴와 공성불거를 실천했던 장량에 대한 이야기를 조금 더 해야 할 것 같습니다. 그래야 《노자》가 병가의 책이란 것이 더욱 명확히 들어오거든요.

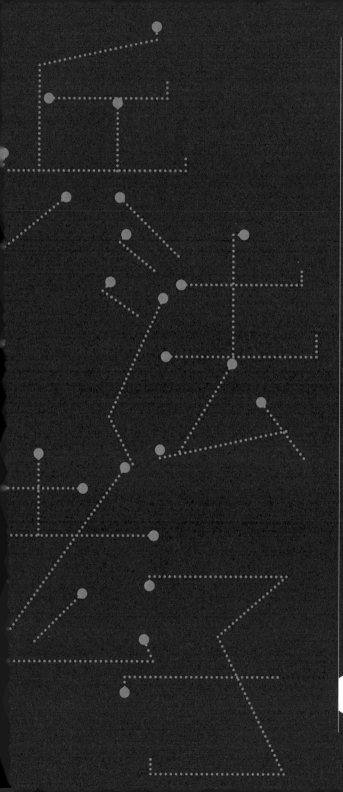

운주유악 運籌帷幄

장막 안에서 천리 바깥의 적을 꺾는다

7강

문을 나서지 않고도 천하를 알고

창문으로 내다보지 않아도 천도를 안다.

멀리 나서면 나설수록 아는 것은 점점 적어진다.

이 때문에 성인은 돌아다니지 않아도 알고

보지 않고서도 구분하고, 하지 않고서도 이룬다.'

황석공과 장량

새옹지마 고사 말고도 《노자》가 병법서가 아닐까 생각하게 한 이야기가 있습니다. 바로 장량과 황석공의 이야기입니다. 장량이 천하를 도모하기 전에 황석공에게서 병법서를 입수하는데 《사기》에 그 장면이 등장합니다. 〈유후세가留侯世家〉의 이야기인데, 그 이야기에서 이하습리圯下拾履(흙다리 아래에 신발을 줍다)라는 말이 유래하였지요.

전국시대 한韓나라 재상가의 후손인 장량이 조국 한나라를 멸망시킨 원수를 갚기 위해 진시황을 박랑사에서 척살하려다 실패하자 도망쳤습니다. 당연히 진시황의 수배령이 떨어지자 장량은 이를 피해 하비현으로 도망쳐 거기서 머물러 살았습니다. 어느 날 하비현에 있는 이교泥橋(진흙으로 만든 다리) 위를 산책하고 있을 때였는데 누런 삼베옷을 입은 노인과 마주

I   不出于戶 以知天下, 不窺于牖 以知天道. 其出也彌遠 其知彌少. 是以聖人弗行而知, 不見而名 弗爲而成. - 47장

쳤지요. 그 노인은 심술궂은 노인장이었는지 장량의 곁을 지나다가 일부러 자기 신발을 벗어 다리 아래로 떨어뜨리고는 글쎄 장량에게 그 신발을 주워오라고 시키지 뭡니까. "어이 젊은이, 신발 좀 주워다오." 장량은 어이 없었죠. 어처구니가 없었는데 나이 많이 잡순 어르신의 말이라 무시할 수 없어 꾹 참고는 다리 아래로 내려가 신발을 주워왔습니다. 그러자 노인은 한술 더 뜹니다. 발끝을 들면서 말하길, "신을 신겨다오." 장량은 여기서 한 번 더 참았습니다. 이왕 신을 주워왔으니 끝까지 도와주자고 생각해 무릎을 꿇은 채 노인의 발에 신발을 신겨주었습니다. 그런데 그게 끝이 아니었어요. 그 노인은 신발을 다시 벗어 다리 아래로 떨어뜨리고는 다시 주워오라 하고 다시 신겨달라 하면서 같은 행위를 거듭했습니다. 장량은 무슨 보살도 아니지만 계속해서 노인이 똑같이 시키는 대로 했습니다. 그러자 마지막에는 노인이 장량을 보고 허허 웃으며 자리를 뜨는데, 장량은 너무 기가 막힌 일을 당했다 느꼈는지 넋을 잃고 서서 노인을 바라보았습니다. 그때 노인이 등을 돌려 장량에게 다가와서는 말했습니다. "너 이놈, 참으로 가르칠 만하구나. 닷새 뒤 새벽, 여기서 다시 만나지." 장량은 그러겠습니다 하고 답했습니다. 기이하게 여겼지만 설마 별 일 있을까 싶어서요. 장량이 대답하자 노인은 사라졌습니다.

　　약속대로 닷새째 되는 날 새벽에 장량이 서둘러 다리에 도착합니다. 하지만 벌써 와서 기다리고 있던 노인이 화를 내며 장량을 꾸짖었습니다. "노인과 약속을 하고서 늦게 나오다니, 이게 무슨 짓이냐?" 하며 호통을 쳤죠. 그러고 돌아가는데 몇 걸음 가다가 돌아보며 말합니다. "닷새 뒤 새벽에 다시 오너라." 닷새 뒤 다시 장량은 다리를 향했습니다. 하지만 또 늦고 말았죠. 노인이 벌써 와 있는 거예요. 날이 밝아 닭이 막 울 무렵이었는데 노인은 닷새 전처럼 버럭 화를 냅니다. "또 늦게 오다니, 어찌 된 거냐?

닷새 뒤 새벽에 다시 오게."

　닷새 후 장량은 아주 작정했습니다. 오밤중에 약속 장소에 도착해 거기에서 밤을 샜습니다. 한참 뒤 장량보다 늦게 도착한 노인은 몹시 기분이 좋은 나머지 "암, 그래야지. 그러고 말고." 하더니 품속에서 책 한 권을 꺼내 장량에게 건네줍니다. 그러면서 말하길, "자네가 이 책을 읽어 통달하면 제왕帝王의 스승이 될 수도 있다네. 10년이 지나면 자네는 큰 공을 세우게 될 것인데, 13년 뒤에 제수濟水 북쪽에서 나를 만날 수 있을 것이야. 그때 자네가 곡성산穀城山 아래 누런 돌덩이[黃石] 하나를 발견하거든 나인 줄 알게." 말을 마친 노인은 아득히 멀리 사라져버렸습니다.

　여기에서 이하습리圯下拾履라는 사자성어가 만들어졌죠. 진정한 배움의 자세와 인내와 관련해 많이 나오는 성어입니다. 이하습리의 고사에 등장하는 노인이 장량에게 건네준 책은 병법서였지요. 그것을 통달하면 천하를 이끌 제왕의 스승이 될 수 있다고 하는데, 사실 책을 건넨 노인의 본명은 아무도 모릅니다. 그냥 황석공黃石公이라고 하지요. 곡성산 아래 누런 돌덩이[黃石]가 그 노인이었으니까요. 이때 노인이 전해준 병법서가 바로 《삼략》이라는 책입니다.

《삼략》과 《노자》

새옹지마처럼 이하습리에도 어떤 나이 지긋하신 어르신이 등장하는데, 그 어르신이 주신 책은 병법서입니다. 제자백가 사상가 중에서 가장 나이 많은 이가 누군지 곰곰이 생각해보니 역시 떠오르는 사람은 노자죠. 그래서 이 이야기도 제게 《노자》가 혹시 병법서가 아닐까 생각하도록 강력하게 자극했죠. 새옹지마의 고사만큼이나 자극을 주었는데, 마침 이 노인이 장량에게 주었다는 병법서인《삼략》이라는 책을 보면《노자》와 일치하는 부분이 적지 않게 있습니다. 신전론과 부드러움, 유연함에 대한 숭상과 찬미 그리고 변화에 대한 강조가 특히 그렇죠. '노자병법'에서 적지 않은 비중을 차지하는 것이《삼략》에도 나오는데 거의 같은 문장으로 보일 정도로 흡사합니다.

> 병기란 상서롭지 못한 흉기이다. 하늘의 도는 그것을 사용하는 것을 싫어한다. 그러므로 부득이한 경우에 한하여 사용해야 한다. 이것이 하늘의 도를 따르는 길이다.[2]

《삼략》중〈하략편〉에 나오는 말인데 노자가 31장에서 그랬죠. 무릇 전쟁이란 상서롭지 못한 기물이라 사람들이 그것을 싫어한다, 그 때문에 욕심이 많은 사람이라도 섣불리 거기에 거하지 않는다고.[3]《노자》31장은 손자처럼 신전론을 주장하는 노자의 전쟁관을 대표하는 장입니다. 31장에서 노자가 이런 말도 했죠. 전쟁은 군자의 기물이 아니며 전쟁은 상서롭지 못한 기물이니 부득이하게 사용할 뿐이라고요.[4] 역시 손자의 부득이용병 사상을 계승했음을 알 수 있습니다. 그런데 31장은 손자도 손자지만《삼략》의 주장과 아주 흡사하지요. 이약승강以弱勝強, 즉 약한 것이 강함을 이긴다고 노자가 말했는데《삼략》에서도 확인됩니다.

---

2 兵者不祥之器. 天道惡之. 不得已而用之. 是天道也. -《삼략》〈하략편〉
3 夫兵者, 不祥之器也. 物或惡之, 故有欲者弗居. - 31장
4 兵者非君子之器也, 兵者不祥之器也, 不得已而用之. - 31장

부드러움은 다른 사람을 받아들이는 덕이며, 딱딱함은 다른 사람을 해치는 재앙이다. 약한 사람은 사람들이 아끼고 도와주지만, 강한 사람은 사람들이 미워하여 공격하게 마련이다. 그러나 부드러움이 필요할 때에는 부드러움을 베풀고, 딱딱함이 필요할 때에는 딱딱함을 시행하고, 약함이 필요할 때는 약함을 보여주고, 강함이 필요할 때에는 강함을 써야 한다. 장수는 딱딱함과 부드러움, 강함과 약함을 적절하게 섞어가며 때와 상황에 따라 움직여야 한다.[5]

《삼략》〈상략편〉에 나오는 말인데, 약한 것이 강한 것을 이긴다고 하네요. 그런데 약한 것은 단순히 약한 것이 아니라 부드러운 것이고 유연한 것입니다. 신축적인 것이지요. 항상 조건과 상황에 맞게 최적의 움직임과 전술을 만들어내고 그대로 움직이라는 것입니다. 노자도 그러한 의미에서 약함을 강조하고 유약柔弱할 수 있어야 한다고 말했지요. 전술적 유연함이라고 하면 좋을 듯합니다. 그 전술적 유연함과 신축성은 《삼략》과 《노자》모두 강조하는 바입니다. 부드러움만이 아니라 앞서 손숙오의 처신으로 설명했던 색嗇에 대한 이야기도 《삼략》에 나옵니다.

군사를 일으키고자 하는 나라는 반드시 먼저 병사에게 커다란 은혜를 베푸는 일에 주력해야 한다. 공세를 취하고자 하는 나라는 반드시 먼저 백성을 쉬게 하며 백성들의 힘을 키우는 일에 주력해야 한다. 적은 병력으로 승리를 거두는 이과승중以寡勝衆은 평소에 두루 은혜를 베푼 덕이다. 약한 병력이

---

5   柔能制剛 弱能制強, 柔者德也, 剛者賊也. 弱者 人之所助, 強者 怨之所攻. 柔有所設, 剛有所施, 弱有所用, 強有所加. 兼此四者 而制其宜. - 《삼략》〈상략편〉

강한 병력을 이기는 이약승강以弱勝强은 백성들의 힘을 키워 민심의 지지를
받은 덕분이다.[6]

사람을 다스리고 하늘을 섬기는 데 아끼는 것보다 좋은 것이 없다.
오직 아끼기 때문에 일찌감치 준비할 수 있으니
일찌감치 준비하는 것을 두텁게 덕을 쌓는다고 한다.
두텁게 덕을 쌓으면 이기지 못할 것이 없다.
- 59장

앞서 손숙오의 고사를 들어《노자》59장의 색嗇을 설명했는데,《삼략》의
말을 들으니 더욱 명쾌하게 이해되지 않나 싶습니다. 군사력을 키우고 증
강시키고 싶으면 우선 내치에 주력해 백성을 아끼고 그들에게 베풀어 잘
살게 해주라는 것이죠. 그것이 바로 노자가 말한 색, 즉 아낌일 것입니다.
이렇게 적지 않게《삼략》에서 강조하는 것이《노자》에서도 강조되는데,
시대순으로 보면《노자》가 앞서니《노자》의 가르침이《삼략》에 계승되고
《삼략》의 저자가《노자》에게서 영향을 받은 듯싶네요.《노자》냄새가 많
이 나는《삼략》을 봐도《노자》는 역시 병법서라는 생각을 하지 않을 수
없지요. 장량이 받았다는《삼략》의 내용을 보면《노자》가 병법서라는 확
신이 섭니다.

　참 아쉬운 게 노자가 한 말과 비슷한 주장과 문장, 구절이 다른 제자
백가 문헌이나 병법서를 읽다 보면 적지 않게 나옵니다. 그러면 어떻게

6　興師之國 務先隆恩. 攻取之國 務先養民. 以寡勝眾者 恩也. 以弱勝强者 民也. -《삼략》
　　〈상략편〉

해야겠습니까? 노자가 했던 말과 비슷한 말과 문장이 다른 텍스트에서 어떻게 해석되는지 살피고 나서 다시 《노자》를 읽고 《노자》를 파고들어야 하지 않겠습니까? 그래야 《노자》를 제대로 읽을 수 있고 《노자》를 보는 지평이 넓어지죠. 한국에서는 《노자》를 공부할 때 그런 식의 독해가 거의 없었습니다. 《노자》를 그냥 외딴 섬으로 놓고 읽는 경우가 많았는데 참 아쉽죠. 《손자병법》, 《삼략》, 《여씨춘추》, 《순자》, 《관자管子》 같은 텍스트를 보면 노자가 했던 말과 흡사한 말이 적잖이 나오는데, 그 주장들 대부분이 정치적·군사적 주장이에요. 그래서 다른 텍스트와 함께 읽으면 읽을수록 《노자》에서는 병법서나 제왕학 텍스트라는 측면이 드러납니다. 《노자》만의 색깔과 《노자》만의 문제의식이 더 확연히 눈에 띄죠.

그렇게 다른 텍스트와 함께 읽을 때 더욱 분명히 드러나고 확인되는 《노자》의 모습은 한국의 학계에서 《노자》를 해석하는 주류 관점과 많이 어긋납니다. 자연에 대한 찬양, 신선이 사는 세계에 대한 동경, 불간섭주의, 억압적 정치 질서의 배제와 개체의 삶에 대한 긍정, 개인의 자유로운 삶에 대한 찬양, 문명 이전의 소박한 삶에 대한 노래, 무정부주의, 페미니즘 같은 것과 연관지어 《노자》를 읽는 게 한국의 《노자》 해석의 주류 관점이죠. 그런데 다른 텍스트와 함께 연관지어 읽을수록 저러한 관점과는 많이 다르다는 게 드러나니, 한국에서는 《노자》를 다른 텍스트와 함께 아울러 읽으려는 시도가 없었던 것 같습니다. 아니, 다른 텍스트와 함께 읽었다고 해도 자신의 해석과 모순될 여지가 있어 보이는 것을 애써 외면한 게 아닌지 참 아쉽습니다.

사실 《노자》가 아니더라도 그렇습니다. 모든 제자백가 문헌은 그것만 따로 떼어내 읽으면 절대 안 됩니다. 서로 영향을 주고받고 길항을 하면서 만들어진 사상의 세계가 제자백가인데, 제자백가 텍스트 하나하나를 외딴 섬으로 간주해놓고 공부한다니요? 말도 안 되죠. 하지만 한국은 지나치게 유가가 존숭되는 나라다 보니 공맹의 텍스트만 주로 읽는 바람에 묵가, 법가, 병가의 문헌은 배제되는 경우가 많았고,《노자》는 전통적 해석의 관성 때문에《노자》만으로 이야기하는 경우가 많았는데, 참 애석합니다. 그렇게 읽으면 사상가에 대한 제대로 된 접근이 불가능해지는데 말입니다.

장 량 의 주 특 기

다시 장량으로 돌아가보죠. 이렇게《삼략》을 건네받아 유방의 책사가 되어 한漢나라라는 통일 제국을 일궈낸 장량. 그에게는 주특기가 있습니다. 앞서《동양의 첫 번째 철학, 손자병법》이라는 책에서 〈계편〉을 설명할 때 말한 것을 떠올려보죠. 손자가 어디에서 이겨야 한다고 했지요? 묘당廟堂이라는 작전 회의소에서부터 이겨야 한다고 했습니다. 묘당에서 치밀한 전략과 전술을 짜서 이길 수 있는 계책을 마련해놓고 전장에 나가야 합니다. 전투를 벌이기 전에 묘당에서부터 이긴 다음 전장에 나가야 하는데, 손자가 말한 묘당에서의 승부와 승리를 설명할 때 누구를 예로 들었지요? 바로 한고조 유방劉邦을 예로 들었습니다. 유방이 운주유악運籌帷幄을 말했지요. 이는 손자가 말한 묘당에서의 승리와 같은 말인데, 장막 안에서의 승부 기억나시나요? 다시 한 번 설명을 드려보지요.

　　유방이 천하를 제패하고 나서 이런 말을 했다죠. 자신이 항우를 이긴 이유를 말하면서 장량의 공이 으뜸이었다고, 그렇게 장량을 칭찬했습니다. 그때 유방은 장량을 이렇게 평했습니다.

"장막 안에서 펼친 계략이 천리 바깥에 있는 전쟁터의 승리로 이어진 점에서 짐은 자방에 미칠 수 없었다."[7]

유악帷幄에서 주籌를 움직여 천리 바깥의 전쟁터에서 적을 제압하는 점에서 장자방, 즉 장량만 못했다[吾不如子房]고 하는데, 여기에서 유악은 사령탑들이 전략 회의를 하는 곳이죠. 창과 칼, 수레가 맞부딪히는 전쟁 현장이 아니라 작전 회의소입니다.《동양의 첫 번째 철학, 손자병법》에서 이미다 했던 이야기입니다. 유악은 적의 허실이 무엇이고 어디로 병력을 집중하고 어떻게 보급하고 물자를 지원해줄지 머리를 쓰며 전략·전술을 짜내는 장소죠. 마찬가지로 운주運籌는 뭐다? 바로 전략 회의입니다. 구체적인 전략과 전술을 짜내고 만드는 것입니다. 여기에서 주籌는 직역하면 산가지로 수효를 셈하는 데 쓰던 막대기로 운주는 주를 운전한다는 것이고, 여기에서 움직인다는 것은 작전 회의소에서 전략·전술을 구상한다는 것이죠. 적의 허실과 나의 허실, 들려오는 전쟁터의 상황과 정보를 모두 점검하고 헤아려 최선의 작전을 만들어내는 것, 그게 바로 운주이고 그것을 장량이 잘했습니다. 유방은 운주유악을 잘한 장량이 있었기에 자신이 천하를 거머쥘 수 있었다고 말한 것이죠. 그것을 꼭 집어 지적하며 작전 회의소의 영웅, 장량을 칭찬한 것입니다.

손자가 계計를 통해 강조한 것이 무엇입니까? 그가 왜 지知를 말했습니까? 그리고 왜 천하 통일의 주인공 유방이 운주라는 것을 말하면서 운주를 잘하는 장량이 있었기에 자신이 천하를 거머쥐었다고 말했을까요? 다시 한번 묻습니다. 전쟁에서 무엇이 중요하다? 우선 작전 회의소에서

---

7   夫運籌帷幄之中, 決勝千里之外, 吾不如子房.

상황과 정보를 장악해 거기에서부터 이겨야 한다, 현장 전투 전에 그런 작업이 제대로 되어야 한다, 현장에서 전투를 벌이는 장수와 병사의 용기와 역량과 사기도 중요하지만 작전 회의소에서 좋은 전략·전술을 짜는 게 훨씬 더 중요하다는 말이죠. 손자, 장량, 유방 모두 즉시 전투를 벌이는 게 아니라 모든 것을 계산하고 점검하며 헤아리고, 전투 전에 모든 요소를 알고 장악해야 한다고 생각했던 것입니다. 노자도 마찬가지입니다.

> 문을 나서지 않고도 천하를 알고
> 창문으로 내다보지 않아도 천도를 안다.
> 멀리 나서면 나설수록 아는 것은 점점 적어진다.
> 이 때문에 성인은 돌아다니지 않아도 알고
> 보지 않고서도 구분하고, 하지 않고서도 이룬다.

《노자》 47장은 참 기가 막히게 장막 안 승부와 준비를 표현한 것 같아요. 문을 나서지 않고도 천하를 알고 창밖을 내다보지 않아도 천도를 안다, 이상적인 작전 회의소의 모습이죠. 작전 회의소에서 지휘관으로서 장수로서 기능하는 모습을 제대로 묘사했습니다. 손자가 말한 계에 충실하고 그 계를 잘하는 군사 브레인의 모습을 시적으로 표현한 것이죠. 문을 나서지 않고도 천하를 안다는 것은 작전 회의실 안에서 전쟁 현장의 정보와 조건을 꿰고 있어야 한다는 말입니다. 그리고 창문으로 내다보지 않아도 천도를 안다는 것은 파악한 정보와 조건을 바탕으로 작전 회의실 안에서 필승의 계책을 만들어내야 한다는 것이죠. 이른바 전쟁터와 떨어진 그 공간에서 승산을 만들 수 있어야 한다는 뜻입니다. 작전 회의실에서 전쟁터 상황을 꿰고 최적의 전략과 전술을 생각해낼 수 있어야 한다는 것이

《노자》 47장의 요지입니다. 노자도 손자처럼 계와 지를 강조한 것이죠. 유방의 생각대로 장막 안에서 이겨야 한다는 것을 힘주어 말한 것인데, 특히 손자 생각을 저렇게 시적으로 표현한 것입니다. 인상 깊게 느껴져 기억하기 쉽도록요. 일일이 대원에게 보고 명령을 내리지 않고 직접 현장에서 부대끼지 않아도 작전 회의실에서 제대로 지혜를 발휘하고 묘책을 만들어내면 노자가 말한 대로 돌아다니지 않아도 알고, 보지 않아도 분명히 파악하고, 하지 않아도 절로 이루어질 것입니다. 그만큼 장막 안에서의 작업과 승부가 중요합니다. 그래서 이리 강조한 것이죠.

창문을 열지 않아도 천도를 안다고 했는데요. 천도天道 그리고 도道는 무엇일까요? 그렇지 않아도 노자는 그 도를 아주 중시하고 《노자》 1장은 도에 대한 이야기로 시작합니다. 《노자》가 병법서라면 노자가 말하는 도라는 게 군사의 일과 연관되는 게 아닐까요? 마침 손자의 영향을 받은 손빈은 도를 전쟁의 원리, 용병의 원칙, 승리로 인도하는 길이라 했습니다. 저도 노자의 도에 다분히 그런 속성이 있다고 생각합니다. 앞에서 천도를 안다는 것을 필승의 계책을 알아내고 만들어내는 것이라고 해석했지요? 저는 노자의 도를 자신을 승리로 인도해주는 용병술의 원칙이라고 생각합니다. 그런 도를 어디에서 알 수 있다? 또 어디에서 알 수 있어야 한다? 장막 안에서 알 수 있고 장막 안에서 꿰고 있어야 합니다. 진정 유능한 전쟁 전문가라면 장막 안에서 나를 승리로 인도하는 길, 도道를 장악할 수 있어야겠지요. 그래야 늘 언제 어디서 싸우더라도 위태롭지 않을 수 있습니다.

장량의 계책

유방을 도와 분할된 천하를 다시 통일한 전략가 장량. 기원전 205년 유방은 상산왕, 하남왕, 한왕, 위왕, 은왕이 차례로 투항해오자 이 여세를 몰아 초의 팽성을 집중 공략하여 함락시켰지요. 그런데 유방은 팽성을 얻자 과거를 잊고 맙니다. 방심한 나머지 주색과 재물에 탐닉할 뿐 점령지의 민심을 수습할 생각을 하지 않았습니다. 그때 들이닥친 항우의 반격! 제나라와 싸우던 항우는 팽성이 무너졌다는 소식을 듣자마자 휘하 3만 정예병을 이끌고 벼락같이 우회해 새벽에 유방을 급습했습니다. 유방의 군대는 대패하고 말았지요. 그때 유방은 겨우 자기 몸 하나만 빼서 줄행랑칩니다. 수레에서 아들을 밀쳐 떨어뜨릴 정도로 부산을 떨었는데, 초한쟁패의 묘미는 끝없는 반전이지요. 유방이 천하를 거머쥔 듯했으나 이렇게 항우가 다시 전세를 역전시켰습니다. 이때 장량이 묘계를 전달했지요.

"구강왕 영포는 초나라의 맹장입니다. 그런데 지금 항우와 틈이 벌어져 있습니다. 팽성 싸움에서 항우가 도움을 요청했지만 영포는 움직이지 않았고, 그로 인해 항우의 원한이 깊어진 상황입니다. 그리고 팽월은 항우가 분봉할 때 작위를 받지 못하여 항우에게 불만이 있는 상태입니다. 또한 전영이 항우에게 반기를 들었을 때 팽월에게 연락했고, 이로 인해 항우가 그를 토벌하려 했으나 성공하지 못했습니다. 이 두 사람은 쓸 만합니다. 그리고 대왕의 휘하에는 오직 한신만이 믿을 만한 인물입니다. 만약 이 세 사람을 함께 쓸 수 있다면 항우를 도모할 수 있을 것입니다."

이른바 하읍지모下邑之謀, 1대 1로 항우와 맞설 것이 아니라 군웅을 포섭해 압박하자는 장량의 모략이죠. 유방은 그 모략을 받아들였습니다. 장량의 계책을 그대로 받아들여 수하를 보내 영포를 설득해 항우를 배신하게 했고, 팽월에게 항우의 후방을 공격해 보급선을 무너뜨리도록 종용했습니다. 한신을 보내 위왕 위표를 치게 했고, 그 기세를 몰아 연나라, 대나라, 조나라의 북쪽과 동쪽을 모두 평정하게 했습니다. 사마천은 유방이 항우의 초나라를 쳐부수게 된 것은 영포, 팽월, 한신 이 세 영웅의 공이라고 했습니다. 사실 팽월과 영포 둘 다 자기 세력을 거느린 제후였고 당대의 걸출한 군벌이었습니다. 엄밀히 말하자면 진秦나라의 붕괴 후 군웅이 거병할 당시에 유방보다 낮은 위치가 아니었죠. 굳이 따지자면 유방은 이러한 제후들과 연합 정부를 맺고 라이벌인 항우를 잡은 뒤 이 제후들을 각개 격파한 셈인데, 모두 장량이 제시한 전략을 따른 것입니다. 장량의 활약은 이외에도 많은데, 장시간의 대치로 지친 항우와 유방이 홍구鴻溝를 경계로 휴전하고 군사를 물릴 때 항우의 뒤를 치게 한 적도 있지요. 그리고 마지막 전투에서 한신과 팽월이 미적거리자 전쟁이 끝난 후 초나라 땅을 모두 나누어주겠노라 유방이 약속하게 했습니다. 그들이 적극적으로 싸우도록 유도한 것이죠. 그리고 사면초가四面楚歌! 항우의 군사가 포위되었을 때에는 한나라 군대로 하여금 초나라 노래를 합창시켜 초나라 병사들과 항우 모두의 전의를 상실하게 했습니다.

장량의 활약은 계속되었습니다. 천하가 통일된 직후 은거에 들어가기 전에 한나라 천하를 공고히 하고 권력을 안정시킬 여러 방안과 계책을 제시했습니다. 통일 전쟁을 할 때도 그렇고 전쟁이 끝난 후에도 그렇고 장량이 제시한 전략을 보면 유방이 처음 생각했던 방향과 반대인 경우가 많았는데, 항상 장량의 생각이 옳았습니다. 유방이 잘못된 전략·전술로 싸우려 할 때마다 앞을 가로막으면서 용기 있게 자신이 생각하는 방안과 책략을 제시했습니다. 장량은 전장에 한 번도 나가보지 않았고 손에 피 한 방울 묻히지 않았지만 이렇게 최상의 전략을 짜고 틀림없는 방향을 제시해 유방의 천하를 열었던 것이지요. 손자가 말했습니다. 승리하는 군대는 이겨놓고 싸우려고 하고, 패배하는 군대는 싸움을 걸고 이기려고 한다고. 장량 덕분에 유방은 항상 이겨놓고 싸울 수 있었는데, 노자가 말한 대로 장량은 정말 문밖에 나가지 않아도 천하를 내다보고 천도를 꿰고 있던 인물이었다고 봅니다. 이렇게 장량은 전략가로서의 측면, 전쟁 후의 처신, 《삼략》의 주인공 황석공과의 일화 등 노자와 연관지어 이야기할 수 있는 게 많은 사람입니다.

장량이 이렇게 노자와 연관되는데 앞서 언급한 인물 기억나시나요? 주승이라고 주원장에게 조언했다는 인물. 주원장과 첫 대면에서 성을 높이 쌓고 왕을 칭하지 말며 식량을 널리 모으라 조언했다는 사람이요. 앞서 노자가 말한 색嗇이라는 덕목은 주승의 조언을 보면 이해할 수 있다 했죠. 주승 또한 장량처럼 책사로 주군을 보좌하며 새로운 천하를 열었지만 통일천하가 열린 후에는 은거에 들어갔습니다. 공을 세운 뒤에 물러났는데 그 역시 장량처럼 인생 행보에서 노자의 색채가 뚜렷하게 보이죠. 앞서 공성불거와 공수신퇴를 말했습니다. 그것을 실천한 인물이지요.

자,《노자》47장에서는 문을 나서지 않고도 천하를 알아야 하고 창문으로 내다보지 않아도 천도를 알아야 한다 했어요. 그래야 전쟁에서 이길 수 있고 승리자가 될 수 있다고 했죠. 손자가 말한 묘당에서의 승리 그리고 유방이 말하고 장량이 실천한 장막에서의 전쟁,《노자》47장은 이것만 기억하셔도 됩니다.

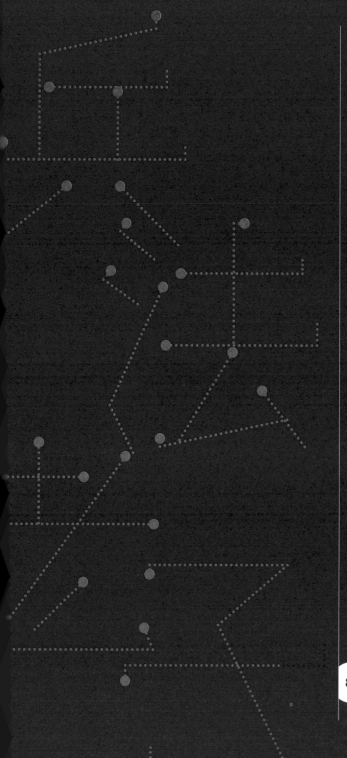

부쟁지덕 不爭之德

싸워놓고 이기는 게 아니라 이겨놓고 싸운다

8강

훌륭한 장수가 되는 사람은 무용을 중시하지 않고
싸움을 잘하는 사람은 노하지 않는다.
적을 잘 이기는 사람은 남과 다투지 않고
남을 잘 부리는 사람은 아래로 처한다.
이것을 싸우지 않는 덕이라고 하고
이것을 사람을 부린다고 하며
이것이 천고의 지극한 법칙이다.[1]

성인은 하나를 잡아 천하의 모범이 된다.
스스로 내보이지 않기 때문에 드러나고
스스로 보지 않기 때문에 밝고
스스로 자랑하지 않기 때문에 공이 있고
스스로 뽐내지 않기 때문에 뛰어나다.
무릇 다투지 않기 때문에 누구도 그와 함께 다툴 수 없다.[2]

이 때문에 백전백승하는 것은
가장 훌륭한 것 중에서도 훌륭한 것이 못 되고
싸우지 않고서도 남의 병졸을 굴복시키는 것이
가장 훌륭한 것 중에서도 훌륭한 것이다.[3]

이익이 아니면 움직이지 않고
얻는 것이 없으면 부리지 않으며
위급하지 않으면 싸우지 않는다.
군주는 분노로 군사를 일으켜서는 안 되고,
장수는 노여움으로 전투를 벌여서는 안 된다.[4]

신전론자 노자

《노자》68장과 22장에서 신전론을 말하는데, 손자가《손자병법》〈모공편〉과 〈화공편〉에서 한 이야기와 아주 비슷하지요. 너무도 흡사한 두 사상가의 말. 이렇게도 노자가 손자와 닮았는데요. 그런데 제가 앞서 노자가 사관史官이라는 말을 했습니다.《노자》가 군사의 일과 관련된 책이라는 것에 큰 증거가 되는 것이 바로 노자 사관설입니다. 문밖에 나가지 않아도 천하를 알고 창문을 열지 않아도 천도를 안다고 말했던《노자》47장의 내용은 사관으로서 노자에 대한 묘사 같기도 합니다. 앞서 말했던 대로 노

---

1 善爲士者 不武, 善戰者 不怒. 善勝敵者 不與, 善用人者 爲之下. 是謂不爭之德, 是謂用
   人, 是謂千古之極也. - 68장
2 聖人執一爲天下牧. 不自視 故章. 不自見 故明, 不自伐 故有功, 不自矜 故能長. 夫唯不
   爭 故莫能與之爭. - 22장
3 是故百戰百勝 非善之善者也, 不戰而屈人之兵 善之善者也. -《손자병법》〈모공편〉
4 非利不動, 非得不用, 非危不戰. 主不可以怒而興師, 將不可以慍而致戰. -《손자병법》
   〈화공편〉

자는 주나라 왕실 도서관장이었습니다. 도서관에서 주로 역사서를 읽고 또 읽으면서 뭔가를 깨달아갔는데, 노자가 말한 대로 문밖에 나서지 않고도 천하를 알고 창문으로 내다보지 않고도 천도를 안다는 것은 도서관장이었던 자신의 깨달음의 과정에 대한 묘사 같다는 것이죠. 역사학자로서 자신이 역사 공부를 하면서 크게 깨닫고 세상의 이치를 체득한 과정에 대한 생생한 묘사 같다는 것입니다. 47장은 정말 역사가로서 노자에 대한 이야기 같기도 한데, 노자가 사관이라는 것은 《노자》가 병법서라는 것과 전혀 충돌하지 않습니다. 외려 증거가 되는 것이죠. 《노자》에 군사와 관련된 내용이 많다는 주장에 힘을 실어주는 강력한 증거입니다.

왕실 도서관장 노자는 주로 역사서를 읽었고, 노자가 읽은 역사서에는 각 나라가 흥망성쇠하는 과정이 적혀 있는데, 그 중심에는 군사 분쟁과 전쟁 등이 있었습니다. 그런 책을 읽다 보니 전쟁과 용병의 일에 정통하게 되었고, 전쟁과 용병의 원리를 크게 깨달은 군사·용병 전문가가 나오게 되었다고 봐도 될 것 같습니다. 노자는 군사 현장에서 부대끼면서 알아내고 그것을 깨달은 것이 아니라 책과 문서를 통해 군사 전문가가 된 경우가 아닌가 합니다. 47장을 보면 그런 생각이 정말 강하게 들어요.

그런데 이런 질문을 할 수 있습니다. 실전 경험 없이 병법가가 될 수 있냐는 질문이죠. 전쟁 경험 없이 불가능한 일이 아니냐는 질문이요. 충분히 그럴 수 있는데 꼭 몸으로 부대껴보고 경험해야만 아는 것은 아니지요. 《국화와 칼》을 지은 루스 베네딕트는 일본에 한 번도 가보지 않았지만 일본을 논했고, 그가 일본을 논한 이 책은 오늘날에도 일본 관련 연구자라면 반드시 읽어야 하는 고전의 지위를 획득했습니다. 전쟁터에 가본 경험이 없지만 책과 문서를 통해 전쟁을 배워도 전쟁과 용병과 관련해 훌륭한 가르침과 밀도 있는 논의를 펼 수 있죠. 그것이 꼭 불가능한 것은 아닙니다. 나폴레옹이 발탁한 조미니라는 전략가가 그렇지요. 그는 본래 은행원이었습니다. 조미니는 현장에 참가하지 않았지만 신문 기사와 논문을 분석해 나폴레옹 전술을 해부해 논문을 써냈습니다. 나폴레옹은 그의 논문을 보고 자신의 부하들이 함께 싸우며 가르쳐도 깨닫지 못했던 원리를 이 친구가 알아냈다고 감탄하며 그를 참모로 발탁했습니다. 조미니의 사례처럼 전쟁터에 나가지 않아도 전략과 전술을 논할 수 있지요.

저는 노자가 마치 실전을 겪어본 사람 같다는 생각이 가끔 듭니다. 꼭 노자가 전쟁에 나간 사람이다, 손에 피 묻혀봤다가 아니라, 실전에서 싸워본 사람들의 정서나 의식이 《노자》 텍스트 밑바닥에 많이 깔려 있기 때문이 아닐까 싶습니다. 전쟁에 참여해보고 실전에서 부대껴본 사람들의 공통된 특징이 있습니다. 바로 신전론愼戰論입니다. 전쟁과 군사적 분쟁에 굉장히 신중한 입장을 취하는 자세, 전쟁을 경험한 이들에게 흔히 보이는 모습이죠. 대조적으로 전쟁을 겪어보지 않은 사람들에게 보이는 공통적인 특징이 있습니다. 전쟁을 겪어본 사람과 반대로 전쟁에 적극적이라는 것입니다. 동서고금을 막론하고 전쟁과 관련해 강경론자들은 전쟁터 근처도 안 가본 사람인 경우가 많죠. 반대로 전쟁을 겪었던 사람들은 대부분 신중한 자세를 보입니다. 베트남전과 걸프전을 겪은 콜린 파월 미 국무부 장관은 이라크 전쟁과 관련해 신중한 입장을 보였습니다. 반면 전쟁 참여 경력이 없는 도널드 럼스펠드 국방부 장관은 이라크 전쟁과 관련해 자신만만한 모습과 강경한 입장을 보였죠. 그런 모습을 자주 볼 수 있습니다. 전쟁을 벌이자는 매파는 대부분 전쟁 경험이 없는 자들입니다. 그런데 노자는 손자처럼 신전론자였지요. 그것은 《노자》 68장과 22장에서 잘 드러납니다.

신중해라, 섣불리 싸우지 마라, 가벼이 싸움에 응하지 마라. 노자는 정말 철저한 신전론자였습니다. 그가 전쟁에 신중하고 또 신중했던 것을 보면 실전을 잘 알고 실제 전투 현장에서 싸워봤던 사람의 목소리가 《노자》 텍스트에 반영되었다는 것을 알 수 있습니다. 보시다시피 저렇게 '노자병법'은 신전론을 강하게 깔고 있거든요. 노자 말고도 노자에 지대한 영향을 준 손자는 물론이거니와 오기와 손빈 같은 다른 병법 사상가 대부분은 상앙을 제외하면 신전론의 입장에 서 있었습니다. 그들 대부분은 실전에서 싸워본 사람들이었습니다. 전쟁이 얼마나 무섭고 참혹한 것인지 잘 아는 사람들이었기에 신전론을 펼쳤던 것이죠. 신전론을 주장했던 노자. 저는 분명히 《노자》에 실제 전투를 겪어본 사람들의 목소리가 많이 담겼다고 생각하는데, 신전론 말고도 실전에 참여해본 이들의 정서와 의식, 목소리가 보이는 부분이 많습니다.

《노자》 11장을 봅시다.

> 서른 개의 바퀴살이 하나의 바퀴통으로 모이니
> 바퀴통 속에 아무것도 없기 때문에
> 수레의 쓸모가 있다.[5]

수레에 대한 이야기가 나오는데, 전국시대 수레는 단순히 짐을 싣는 수레가 아니었습니다. 그때는 수레가 전차였습니다. 말 3마리에서 5마리 정도가 수레를 끌었는데 수레를 운전하는 이가 중간에 타고 왼쪽에는 활을 든 병사가, 오른쪽에는 창을 든 병사가 탑승했지요. 이 수레의 수가 군사력을 말해주는 지표였습니다. 전차인 수레 이야기를 하는 것만 봐도 꼭 실전에

---

5   三十輻 共一轂, 當其无 有車之用也. - 11장

참여했던 사람 같은데, 어쨌든 노자는 신전론자입니다. 전쟁에 신중하라, 함부로 타인을 공격하거나 갈등 상황을 만들어내지 말라고 주장합니다. 부쟁不爭의 정신을 강하게 역설합니다. 그런데 노자의 부쟁은 단순히 다투지 말라거나 싸우지 말라는 것이 아닙니다. 평화를 역설하기 위해 싸우지 말라고 한 게 아니죠. 신전론의 원조 손자가 평화 그 자체를 사랑해 신전론을 말했습니까? 아니잖아요. 불태不殆, 지지 않으려고 준비를 충분히 해 확률 높은 승부를 벌이고자 신전론을 주장했지요. 그것은 노자도 마찬가지입니다.

부쟁의 덕

노자는 부쟁不爭의 덕을 말했습니다. 부쟁, 함부로 싸우지 말라고 했지요. 왜냐하면 투쟁을 시작했을 때 이기기 위해서입니다. 부쟁을 위한 부쟁을 말한 것이 아닙니다. 어지간하면 전쟁하지 말아야 하지만 작정하고 전쟁을 했다면 승리하기 위해서지요. 그렇지 않아도 68장에서 말하지 않습니까. 남을 잘 이기기 위해 남을 잘 부리기 위해서는 부쟁할 줄 알아야 한다고. 그리고 진정 전쟁을 잘하는 이는 그런 부쟁의 자세, 부쟁의 덕을 가지고 있다고 하는데, 부쟁은 어디까지나 승리를 위해서입니다. 섣불리 전투를 벌이진 않지만, 싸웠다 하면 이기는 사람이 되기 위해 필요한 자세가 부쟁의 자세죠. 그 부쟁의 덕을 가지면 《노자》 22장에서 언급한 것처럼 누구도 그와 다투지 않게 된다고 합니다. 최강자가 된다는 것이죠. 그렇게 누구도 그와 다툴 생각을 못하도록, 즉 최강자가 되기 위해서는 함부로 싸움을 걸거나 섣불리 누굴 공격하지 말라는 것입니다. 신중에 신중을 기하고 함부로 움직여 내 패와 의도, 허실을 보여주지 말라, 내가 적의 허실을 꿰차고 제대로 된 전략과 전술을 짜고 최대한 조건과 상황을 유리하게 만들어놓은 후 움직여라, 그런 것이죠. 무작정 참으라거나 고개를 숙이라는 게 아니라 기다리라는 것입니다. 조건이 무르익을 때까지 기회를 엿보면서 준비하라는 것입니다. 적극적으로는 최대한 조건을 유리하게 하면서 소극적으로는 적이 빈틈을 보이고 나와 적을 둘러싼 환경이 변할 때까지 기다리면서요. 노자 철학의 부쟁은 이런 것입니다. 인내+준비죠.

부쟁은 손자도 말했습니다. 하지만 손자가 싸우지 말라고 했습니까? 손자가 평화주의자, 반전주의자입니까? 아니죠. 그러면 손자가 병법서를 썼을 리 없지요. 손자는 엄연한 패자覇者 노선을 추구하던 오왕 부차에게 발탁된 사람으로 실제 전쟁에 참여해 초나라 수도 영을 함락시키기도 했던 장수였습니다. 그는 신중하라고 했지, 싸우지 말라고는 안 했습니다. 어지간하면 전쟁을 피해야겠지만, 싸우게 된다면 꼭 이겨야 하고, 필승을 위해 모든 상황을 유리하게 만들어놓은 다음에 시작하라고 했죠. 벌모伐謀와 벌교伐交를 말하지 않았습니까? 벌모, 먼저 지혜를 겨루고 모략으로써 적의 의도를 차단하고 적을 굴복시켜라, 그리고 벌교, 외교전을 통해 상대를 고립시켜라, 그러고 나서야 싸우라고 했습니다. 전면전을 결정했을 때에도 바로 싸우는 게 아니라 계計와 지知라는 사전 작업으로 적의 허실을 장악하고 필승의 계책, 이른바 승산을 만들어놓은 후에나 움직이라고 했는데 신전론자 손자의 부쟁이란 그런 것이죠. 싸워놓고 이기는 게 아니라 이겨놓고 싸운다! 나는 이기는 싸움만 한다! 신전론자 손자가 말하는 부쟁의 실체는 이런 것입니다. 노자 역시 마찬가지입니다. 손자의 부쟁과 노자의 부쟁은 근본 목적과 문제의식이 거의 일치합니다.

전쟁은 현실이다

전국시대에 전쟁은 현실이었습니다. 도저히 피할 수 없었습니다. 싸울 때는 싸워야 하고 싸우면 반드시 이겨야 합니다. 하지만 그렇다고 섣불리 힘자랑하거나 지나친 강경 노선으로 패권을 장악하려 해서는 곤란하다, 차근차근 조건을 만들어가며 시세의 자연스러운 흐름을 타서 천하를 취하라, 이런 생각이 바로 노자가 전쟁이 현실이었던 당대에 부쟁의 정신을 통해 역설하고 싶었던 바죠. 하지만 당대에는 전쟁을 좋아하고 섣불리 국가 간의 분쟁에 나서면서 국가와 자신을 망친 인물들이 있었지요. 그랬기에 부쟁의 정신을 역사학자 노자가 말했는지도 모릅니다. 역사에 대해 고찰하고 특히 망국 군주의 사례를 고찰해보면서 크게 느꼈던 바가 있었던 것 같습니다.

전쟁을 너무 좋아해 망한 자라 하면, 오왕 부차夫差를 이야기하지 않을 수 없죠. 패자 합려闔閭의 아들 부차. 아버지 합려가 오나라를 강국으로 도약시켰고, 북방 진晉나라와 더불어 양대 패자였던 남방의 초나라를 무너뜨리기도 했는데, 그 아버지를 이어받아 왕위에 오른 군주 부차는 강성한 국력을 믿고 지나치게 전쟁을 많이 벌였습니다. 전쟁에서 많이도 이겼지만, 승리를 통해 실리를 취하기는커녕 국력과 국부만 소모시켰고 사방에 적을 만들기만 했지요. 월나라와 초나라를 패퇴시키고 제나라와 싸워 이기면서 정말 강성한 힘을 자랑해 여러 나라를 두들겨 팼지만, 그러는 동안 국력이 소진되고 전선은 사방으로 확대되었으며 적국에게 뿌리 깊은 원한을 사 결국 나라를 잃고 말았습니다. 많은 전략가들이 이구동성으로 말했습니다. 오나라가 망한 이유는 오나라가 역설적으로 너무 많이 이겼기 때문이라고. 부차뿐만이 아닙니다. 양혜왕梁惠王과 제민왕齊湣王, 이 둘 역시 너무 많은 나라에 싸움을 걸어 국가를 기울게 했지요. 제민왕은 여러 나라에 원한을 산 나머지 연합군이 결성되게 해 그들이 한꺼번에 힘을 모아 제나라를 치게 했지요. 결국 나라가 완전히 망할 뻔하다가 가까스로 나라를 보존하는 데는 성공했지만 다시는 국력을 회복하지 못했습니다.

섣불리 싸움에 나서 억지로 패자가 되려고 하면 안 됩니다. 군사의 일은 철저히 이성으로 임해야 하고 절대 노기로 군사를 일으켜서는 안 되지요. 의형제 관우關羽의 원수를 갚기 위해 이릉대전의 참사를 불러온 유비도 노자가 주문한 신전론의 반대 사례로 들 만합니다. 정말 유비는 관우를 잃자 이성을 상실했죠. 당시 촉한의 전력이 삼국 중에 가장 약했고, 익주를 취한 지 얼마 되지 않아 이질적인 세력 간의 결속과 화학적 결합이 안 된 상태였습니다. 그리고 유비에게는 애초에 제갈량諸葛亮이 짜준 전략이 있었지요. 어떻게든 오나라와 연합해 삼국 최고의 강자 위나라와의 싸움을 도모해야 하는 큰 그림을 짜주었는데, 이성을 상실한 유비는 그 전략을 망각했습니다. 무조건 오나라를 쳐서 관우의 복수를 하려는 일념뿐. 손자 말대로 전쟁은 나라의 흥망을 결정하는 대사입니다. 개인적 원한으로 시작하거나 전략과 모순된 행보를 걸으면 안 되는데, 결국 이성을 상실해 스스로 재앙을 만들어냈습니다. 이릉대전에서 육손에게 대패를 당했지요. 촉나라를 이끌어갈 미래의 인재를 모두 날려버렸습니다. 오왕 부차만큼 신전론의 중요성에 좋은 사례가 되는 인물이 되고 말았죠.

무거움은 가벼움의 근본이고
고요함은 움직임의 주인이네.
그러므로 군자는 종일 움직여도
그 무거움을 벗어나지 않고

시끄러운 여관 골목에 있더라도
초연히 편안함을 유지하네.
어찌 큰 나라의 왕으로서
천하에서 가볍게 움직이겠는가?
가벼우면 뿌리 됨을 상실하고
자주 움직이면 군주 자리를 잃게 되네.[6]

절대 함부로 움직이면 안 됩니다. 새옹지마의 새옹처럼 항상 냉정을 유지하려고 해야죠. 자주 움직이면 군주의 자리를 잃는다고 했는데, 자주 분쟁에 나서고 군사를 움직이면 나라가 망한다는 말입니다. 두려움, 특히 상실에 대한 두려움이 《노자》 텍스트에 강하게 깔려 있다고 했는데 직설적으로 말합니다. 경솔히 움직이면 임금의 자리를 잃게 된다, 즉 나라를 잃게 된다고요.

장차 움츠러들게 하려면 반드시 먼저 벌려주어라.
장차 약하게 하려면 먼저 강하게 해주어라.
장차 없애려면 반드시 먼저 높이고
장차 빼앗으려면 먼저 주어야 한다.
이것을 미묘한 데서 밝다고 하니
유약한 것이 강한 것을 이기는 법이다.
고기는 못을 벗어날 수 없으니

6 　重爲輕根, 靜爲躁君. 是以君子終日行, 不離其輜重, 雖有環觀 燕處則昭若. 若何萬乘之
　　王 而以身輕於天下. 輕則失本 躁則失君. - 26장

나라의 좋은 물건은 남에게 보여서는 안 된다.[7]

싫은 상대가 있고 굴복시키고 싶은 적이 있습니다. 바로 행동에 나서 힘을 겨룬다? 아닙니다. 기다려야 합니다. 심지어 수모를 감수하면서 상대가 원하는 것을 주면서까지요. 상대의 비위를 맞춥니다. 그러면서 상대를 기고만장하게 만들고 방심하게 하고 나 아닌 다른 사람에게도 원한을 사게 해 적을 많이 만들게 합니다. 그럴수록 나에게 유리한 상황과 조건이 만들어지겠죠. 물론 그런 모략은 앞에서 한 말처럼 남에게 보여서는 안 되고 최대한 의뭉스럽게 진행해야 합니다. 싸움 자체에 신중해야 하지만, 싸우겠다고 마음먹었다면 이렇게 기다리면서 준비해야 합니다. 적을 완전히 꺾을 수 있는 좋은 기회가 올 때까지요. 노자의 부쟁은 궁극적으로 거기까지 주문하는 것이죠. 노자는 참 많이도 인내를 주문하는데, 그가 말하는 인내는 단순히 참는 것이 아닙니다. 기회를 기다려 완벽한 기회를 만들어가려고 준비에 준비를 다하고, 노력하고 또 노력하는 것이죠. 왜냐? 그만큼 적을 이기고 강해지는 것, 대국이 되고 천하를 취하는 일은 절대 만만한 일이 아니기 때문입니다. 노자는 천하를 신기神器라고 했습니다. 신령스러운 기물인데 어찌 함부로 그것을 취하겠다고 나설 수 있겠습니까? 부쟁의 정신으로 대하며 준비하고 인내해야 합니다.

---

7   將欲翕之 必古張之. 將欲弱之 必古强之. 將欲去之 必古與之. 將欲奪之 必古予之. 是
    胃微明 柔弱勝强. 魚不可脫於淵, 國利器 不可以示人. – 36장

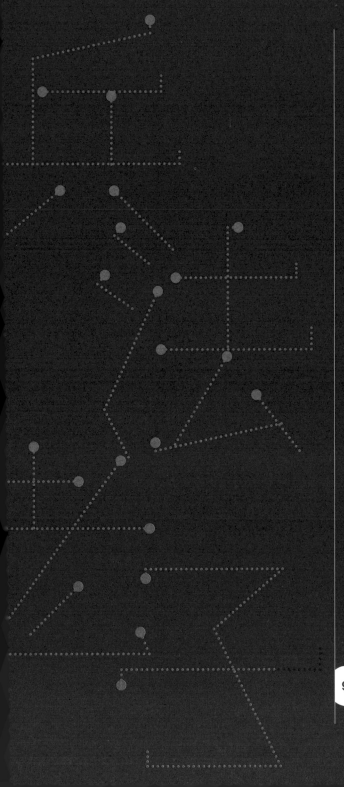

천하신기 天下神器

전쟁에서 이기면 상례로써 뒤처리를 한다

9강

장차 천하를 취하려 하는데 억지로 하려는 것

나는 그것이 불가능함을 안다.

무릇 천하는 신명스러운 그릇이니

억지로 도모할 수 있는 것이 아니네.

억지로 도모하는 자는 패할 것이고

억지로 잡으려는 자는 나라를 잃을 것이네.

사물은 앞서가는 것도 있고 뒤따라가는 것도 있으며

뜨거운 것도 있고 차가운 것도 있으며

강한 것도 있고 꺾이는 것도 있으며

길러주는 것도 있고 무너뜨리는 것도 있네.

그러므로 성인은 심함, 지나침, 사치함을 버리네.'

승리를 내세우거나 자랑하지 말라

사물에는 이런 것도 있고 저런 것도 있는데, 서로 반대되는 것이 공존하기 마련이랍니다. 이 29장을 보면 또 새옹지마 냄새가 풍기는데 여기서도 신전론을 말하고 있네요. 29, 30, 31장을 보면 연이어 신전론을 이야기하고 있습니다. 계속해 전쟁을 앞세우지 마라, 강경 노선 일변도로 패자霸者가 되려고 하지 말라고 역설하고 있지요. 그러면서도 재미있는 것은 노골적인 취천하取天下 의식을 보여준다는 것입니다. 《노자》 텍스트가 만들어진 시대적 배경이 전국시대라는 것이 보이는데, 전국시대는 춘추시대와 달리 천하 통일의 기운이 모락모락 자라나고 있던 시대지요. 춘추시대에는 통일을 이야기할 때가 절대 아니었지만, 전국시대는 사정이 달랐고 실제 많은 군주들이 통일의 꿈을 꾸었죠. 춘추시대가 통일을 이야기할 수

I 將欲取天下而爲之, 吾見其不得已. 夫天下神器也, 非可爲者也. 爲之者敗之, 執之者失之. 物或行或隨, 或熱或吹, 或强或剉, 或培或墮. 是以聖人去甚 去大 去奢. – 29장

있는 시대가 아니었던 이유는 우선 주나라 왕실의 권위가 존중받았기 때문입니다. 종주국인 주나라 왕실이 아직 살아 있었기에 천하의 주인이 되겠다고 감히 나설 자가 없었죠. 또한 여러 나라가 난립하는 상황이었습니다. 철기가 보급되어 있지 않아 생산력도 약했습니다. 사실상 석기로 농사 짓던 시대였습니다. 또한 국가 행정력도 미숙해 국민의 힘을 잘 조직해내 결집된 힘을 바탕으로 싸울 수 있는 나라도 없었습니다. 즉, 천하 통일의 후보가 될 국가 자체가 사실상 없었던 것입니다. 통일의 꿈을 꿀 역량 자체가 다들 없었지요. 하지만 전국시대에는 이야기가 달라집니다.

일단 주나라 왕실이 완전히 붕괴했습니다. 난립하던 나라들도 어느 정도 정리되었죠. 진秦, 초楚, 연燕, 제齊, 조趙, 위魏, 한韓의 전국칠웅戰國七雄, 지금 말로 하면 G7 일곱 강대국이 경쟁했습니다. 월드컵으로 치면 지역 예선이 끝나고 본선 대회의 조별 예선도 끝나 토너먼트에 돌입한 상태라고나 할까요. 그리고 그때는 한 나라 한 나라가 모두 영토 국가화를 달성해냈고, 국왕 중심의 일원화된 행정 구조와 일사불란한 정치 체제, 국민 동원 체제를 어느 정도 만들어냈습니다. 무엇보다 철기가 보급되어 생산력이 크게 신장해 전쟁에 쓸 보급 물자를 많이 비축해둘 수 있었고, 무기의 파괴력 또한 크게 높아진 시기였지요. 이렇게 전국시대는 천하 통일을 노려볼 만한 시기였고, 전국칠웅은 천하 통일을 두고 경쟁했습니다. 이런 전국시대에 만들어진 《노자》 텍스트는 노골적인 취천하 의식을 드러냅니다. 천하를 통일하자, 천하를 통일하고픈 왕과 장수는 내 말을 들어라, 그런 것이죠. 대표적으로 앞서 언급한 부쟁不爭의 자세, 부쟁의 덕이 있지요. 그런데 부쟁의 덕 말고도 천하를 얻고 싶다면 가져야 할 자세가 더 있습니다.

도道로써 군주를 보좌하는 사람은 전쟁으로 천하를 하려 하지 않는다.

전쟁은 반드시 그 대가를 치르기 마련,

군대가 머문 곳에는 가시나무만 생겨나네.

용병을 잘하는 사람은 그저 이기기만 할 따름이니

그것으로써 절대 강함을 앞세우지 않는다.

이기면서도 교만하지 않고 이기면서도 거드름 피우지 말며

이기면서도 자랑하지 않고 이기면서도 부득이하게 싸운 것이다.

이것을 이기면서도 강하지 않게 이기는 것이라고 하는데

만물은 강하면 약해진다.

그것은 도에 어긋나는 것이네.

도에 합치되지 않으면 빨리 죽을 것이다.[2]

이기고 나서 교만하면 안 된답니다. 승리를 내세우거나 자랑하면 안 되고요. 부쟁의 덕이 싸움을 벌이기 전에 가져야 할 자세라면, 승부가 종결되고 내가 승자가 된 이후에 가져야 할 자세도 있을 텐데, 30장에서는 그것을 말하고 있습니다. 바로 승리자의 자세죠. 함부로 자랑하거나 거드름 피우지 말라. 그것이 승자가 가져야 할 도道입니다. 그런 도에서 어긋나면 빨리 죽게 될 것이라고 했습니다. 적절한 사례를 들자면, 초장왕의 고사가 딱 아닐까 싶은데요. 초장왕은 당시 최강대국인 진晉나라와의 싸움에서 완승을 거두고 패자의 반열에 올랐습니다. 그런데 그는 대승하고 나서 승리를 자랑하지 않았습니다. 거드름을 피우기는커녕 부하를 시켜 상대 병

---

2 以道佐人主 不以兵强於天下. 其事好還, 師之所居 楚棘生之. 善者 果而已矣, 毋以取
강焉. 果而毋驕 果而勿矜 果而勿伐 果而毋得已居. 是謂果而不强, 物壯而老. 是謂之
不道 不道早已. - 30장

사의 시체를 묻어주라고까지 했지요. 어떤 신하가 전쟁이 끝난 후 이렇게 제의를 했는데도 말입니다.

> "주군께서는 어찌 적의 시체를 모아 산처럼 만든 전승 기념물인 경관京觀을 만들어 후세의 구경거리로 삼으려 하지 않는 것입니까?"

당시엔 그런 관행이 있었습니다. 적의 시체를 가지고 전승 기념물을 만들어 기분을 내는. 하지만 초장왕은 그런 관행을 거부했습니다.

> "그대는 듣지 못했는가? 원래 무武 자는 말이오. 과戈 자에 지止 자를 더해 만든 글자로 싸움을 멈추게 한다는 뜻이오. '무'에는 포학을 금하고, 싸움을 그치게 하고, 큰 나라를 보유하고, 천하평정의 공을 세우고, 백성을 편안케 하고, 만민을 화락하게 하고, 만물을 풍부하게 하는 등 일곱 가지 덕이 있소. 나는 일곱 가지 덕 중 단 하나도 이루지 못했소. 장차 무엇으로 후손에게 무덕武德을 보일 수 있겠소? 오직 선군의 사당에 승전을 고하면 그것으로 충분하오."

그러고는 적국 진나라 병사의 시체를 모두 땅에 묻어주라고 명했죠. 당시에는 굉장히 파격적인 조치였다지요. 춘추전국시대를 통틀어 적군의 시체를 땅에 묻어준 경우는 초장왕 때 일이 유일했습니다. 그 덕분에 초나라가 중원 열국 공동체에 편입될 수 있었습니다. 그전까지만 해도 초나라는 남방 오랑캐로 취급받았는데, 이런 큰 도량을 보인 초장왕 덕분에 사람들 인식 체계 안에 중원 열국의 구성원이 된 것이죠. 당대 사가와 후대 사가 모두 초장왕을 춘추시대 세 번째 패자로 꼽는 데는 이런 이유가 있었지요. 사실 초장왕의 파격적인 조치는 단순히 그의 도량과 아량에서 비롯된 것이 아니었죠. 정치·군사적 계산이 뒤에 있었습니다.

시체를 가지고 전승 기념탑을 만들면 당장 기분이야 좋을지 모르겠지만 적에게 적개심을 심어주고, 그것을 두고두고 가슴에 새기게 합니다. 그럼 상대는 언제든 보복을 노릴 것이고 장기적으로 내게 해가 됩니다. 군사적 부담과 정치적 부담을 가지게 하죠. 하지만 그렇게 쓸데없이 적을 자극하지 않으면 보복의 위험을 줄일뿐더러 적의 단합도 방해할 수 있습니다. 전쟁의 패전을 둘러싸고 책임 공방이 일어나게 할 수도 있지요. 강하게 적을 자극해 복수심과 적개심이 들게 하면 적의 내분을 조장할 수 없지만, 적당히 아량을 보이고 승자로서 교만한 모습을 보이지 않는다면 적국에 자중지란을 만들 수도 있습니다. 실제 당시 진나라는 필의 전투에서 대패한 후 심각한 내부 갈등으로 홍역을 치렀습니다. 초장왕의 이런 파격적인 행보는 지극히 전략적 계산 아래 나온 것으로서 국익을 위하고 군사적 실리를 도모키 위한 것이었습니다. 자, 30장을 다시 보시지요.

이긴 후에 절대 교만하지 마라.
이긴 후에 절대 거드름 피우지 마라.
이긴 후에 절대 자랑하지 마라.[3]

전쟁 후에 물교勿驕, 물긍勿矜, 물벌勿伐을 하랍니다. 그리고 부득이하게 이긴 듯이 하랍니다. 어쩔 수 없이 싸웠고 그래서 이긴 듯이 굴라는 거죠. 정말 교만하고 자랑하고 뽐내봤자 내게 득 될 것 하나 없으니까요. 전략

---

3   果而勿驕. 果而勿矜. 果而勿伐. - 30장

적으로든 군사적으로든. 전쟁에 임하기 전의 부쟁이라는 자세도 중요하지만, 이렇게 전쟁이 끝난 후의 자세도 중요합니다. 단순히 승자의 아량이 아니라, 승리의 결과가 나온 후에도 전략적·실리적 사고를 할 수 있어야 한다는 겁니다. 그래야 오늘의 승리를 내일의 승리, 국가의 안전, 내가 생각하는 궁극적 목표와 연결시킬 수 있으니까요.[4] 오늘의 승리가 내일의 승리로 연결되게 하는 게 뭐겠습니까? 바로 전략적 사고겠지요. 리더가 늘 견지해야 할 자세, 노자는 그것을 주문하는 겁니다.

상례로 뒤처리하라

무릇 전쟁은 상서롭지 못한 기물이니
사람들이 전쟁을 싫어한다.
그 때문에 욕심이 있는 사람이라도
거기에 거하지 않는다.
군자는 평소에 왼쪽을 귀하게 여기고
용병할 때는 오른쪽을 귀하게 여긴다.
그러므로 무기는 군자의 기물이 아니며
무기는 상서롭지 못한 기물이니
부득이하게 사용할 뿐이다.
날카로운 무기가 좋기는 하지만

---

4   이 부분은 사실 천하 통일을 앞둔 진秦나라에게 하는 조언 같기도 한데, 천하 통일을 한 진
    나라와 노자에 대해선 22강에서 화광동진을 논할 때 자세히 살펴보지요.

아름답게 여겨서는 안 된다.

만약 그것을 아름답게 여기면

이것은 살인을 즐거워하는 것이다.

무릇 살인을 좋아하는 사람은

천하 사람들의 뜻을 얻을 수 없다.

이 때문에 길한 일에는 왼쪽을 높이고

상사에는 오른쪽을 높인다.

그러므로 편장군은 왼쪽에 자리 잡고

상장군은 오른쪽에 자리 잡으니

상례에 따라 자리 잡는 것이다.

죽은 사람이 많으면 애통해야 하고

전쟁에서 이기면 상례로 처리한다.[5]

31장을 기존에는 노자의 신전론으로 많이 소개해왔고 그렇게 읽었습니다. 전쟁은 상서롭지 못한 기물이라 사람들이 싫어한다고 했고 살인을 즐거워하는 자는 천하 사람들의 마음을 얻을 수 없다고 했습니다. 네, 맞습니다. 여기서 그의 신전론과 부쟁 사상을 읽을 수 있지요. 그런데 저는 두 번이나 나온 상례喪禮라는 말이 31장의 핵심 같습니다. 특히 마지막 문장, '전쟁에서 이기면 상례로써 뒤처리를 한다'는 문장이 이 장의 핵심이라 생각합니다.

[5] 夫兵者, 不祥之器也. 物或惡之, 故有欲者弗居. 君子居則貴左, 用兵則貴右, 故兵者 非君子之器也. 兵者不祥之器也, 不得已而用之, 恬淡爲上, 勿美也, 若美之, 是樂殺人也. 夫樂殺人, 不可以得志于天下矣. 是以吉事上左, 喪事上右. 是以偏將軍居左, 上將軍居右. 言以喪禮居之也, 殺人衆, 以悲哀泣之. 戰勝以喪禮處之. - 31장

상례에 따라 자리 잡는다, 싸움에서 이기면 상례로 처리한다고 했는데, 그 상례라는 말을 주목해야 합니다. 31장도 역시 승리라는 결과가 나온 후에 취해야 할 자세에 대해 역설하고 있는 장인데, 쉽게 말해 전쟁 종료 후 패자를 우대하고 돌보라는 것이죠. 마치 회사가 합병했으면 합병으로 받아들인 직원이 우리 회사의 직원과 같은 능률과 열정으로 일해야 하는데, 그러려면 어떻게든 그들의 마음을 얻어야 하지 않겠습니까. 그런 것입니다. 점령군으로 행세하면서 그들의 물건을 약탈하고 성 안 기물을 때려 부수고 그들을 학대하면 어떻게 되겠습니까? 정복한 지역을 정치적으로 완전히 편입시킬 수 없죠. 그러면 절대 안 되겠죠. 애써 들인 공이 날아갈 텐데《노자》텍스트가 만들어진 전국시대에는 단순히 전쟁에서 이기는 것만이 아니라 내가 취한 지역을 제대로 소화해 영역화하는 게 중요했습니다. 그런데 정복 지역의 주민을 함부로 다루고 학대하면 소화가 제대로 되겠습니까? 탈이 나겠지요. 그러니 전쟁 이후 그들을 제대로 대우해야 하는데, 노자가 말한 상례로써 그들을 위무하라는 것은 전투가 끝난 후에도 반드시 엄수해야 할 정치·군사적 덕목이라는 것입니다. 노자는 그것을 힘주어 말한 것이죠. 진정한 승리자가 되기 위해.

제대로 소화되고 영역화되어야 재탈환을 노리는 적을 상대로 그 지역을 지킬 수 있을 것이고, 그 지역을 교두보 삼아 다시 원정을 떠나거나 정복 전쟁을 수행할 수 있습니다. 노자가 전략적으로 굉장히 중요한 지침과 원칙을 말해줬다고 생각합니다. 이렇게 이긴 후의 자세도 중요합니다. 노자가 69장에서도 그랬지요. 애자승의哀者勝矣, 애통할 줄 아는 자가 이긴다고요. 전쟁 후에 적의 군사와 백성의 희생도 슬퍼할 줄 알아야 합니다. 그런 자만이 천하를 취할 수 있다는 것이죠. 전쟁 후의 자세를 말하면서도 노골적으로 취천하 의식을 드러내는 '노자병법'은 신전론과 부쟁만

이 아니라 이렇게 패자를 우대하고 돌볼 줄 아는 자세를 요구합니다.

패자를 위무하고 돌볼 줄 알아야 한다, 적군과 적국 백성의 희생도 슬퍼할 수 있어야 한다, 다른 용병가와 병법서에서는 소홀히 한 부분인데 노자는 이렇게 강조했네요. '노자병법'만의 개성과 장점이 바로 이것이죠. 다른 병법서와 전략가가 잘 살피지 않고 경시한 부분을 짚어 보여주고 강조했다는 점, '노자병법'의 가치는 거기에 있지 않나 싶습니다. 이렇게 노자의 병법만이 보여주는 통찰과 지혜, 독특한 전략이 있습니다. 다음 강에서 소개할 이천위본이라는 전략도 그러합니다.

이천위본以賤爲本
굴욕도 감수하며 후사를 도모한다

옛날에 하나를 얻은 것은 이러했다.
하늘은 하나를 얻어 맑고, 땅은 하나를 얻어 편안하고
귀신은 하나를 얻어 신령스럽고, 계곡은 하나를 얻어 가득 차고
후왕은 하나를 얻어 천하의 주인이 되었다.

그 경계함에는
하늘이 끊임없이 맑으면 장차 찢어질까 두렵다고 하고
땅이 끊임없이 편안하면 장차 흔들릴까 두렵다고 하고
귀신이 끊임없이 신령스러우면 장차 영험하지 못할까 두렵다고 하고
골짜기가 끊임없이 가득 차면 장차 마를까 두렵다고 하고
후왕이 끊임없이 귀하고 높으면 장차 거꾸러질까 두렵다고 한다.

귀해지려 한다면 비천함을 근본으로 삼아야 하고
높아지려 한다면 낮음을 바탕으로 삼아야 하네.
이 때문에 왕은 자신을 말하네.
'고아', '부족한 사람', '덕 없는 사람'이라고.
이는 비천함을 근본으로 삼는 것이 아닌가?

따라서 자주 명예에 이르면 결국 명예가 없어지네.
그러니 옥처럼 빛나고자 하지 말고
거무튀튀한 돌처럼 되어야 한다.'

천함을 바탕으로 삼아 귀해지라

《노자》하면 소국과민小國寡民으로 유명하지만 정작 텍스트를 열어보면 천하의식, 대국의식이 보이고, 그것을 이루고 싶어 하는 강렬한 욕심이 보이죠. 이 39장도 마찬가지인데 계속 하나[一]를 이야기합니다. 그것은 통일統一과 관련됩니다. 천하를 하나로 하겠다, 하나 된 천하의 주인 자리에 내가 들어서겠다는 거죠. 이 39장도 천하를 거머쥐려는 사람에게 조언하는 장입니다. 이런 자세와 지침, 덕목을 가지라고요. 자, 여기서도 조심하고 신중하라고 합니다. 두려워할 줄 알라 하고요. 거듭해 감히 하지 말라고 합니다. 특히 감히 다투지 말라고 하면서 부쟁不爭하라, 신중해라, 항상

I   昔之得一者. 天得一以淸, 地得一以寧, 神得一以靈, 谷得一以盈, 侯王得一以爲天下正. 其致之也, 謂天无已淸 將恐裂, 謂地无已寧, 將恐發, 謂神无已靈 將恐歇, 謂谷无已盈 將恐竭, 謂侯王无已貴以高 將恐蹶. 故必貴而以賤爲本, 必高矣而以下爲基. 夫是以侯王自謂曰: 孤寡不穀. 此其賤之本與 非也. 故致數譽无譽. 是故不欲祿祿如玉, 珞珞如石. - 39장

129

조심스럽게 처신하라고 주문하는데, 노자가 말하는 신중함과 부쟁은 단순히 전쟁 상황에만 적용되는 게 아닙니다. 국가 대 국가의 갈등과 전면전, 분쟁에서만 신중하라는 게 아니죠. 매사에, 특히 정치 현장을 염두에 두고 신중하라거나 함부로 힘자랑하거나 다투지 말라는 조언이 많습니다. 그것은 퇴退(물러나다), 불선不先(앞에 서지 않는다), 하下(아래로 처하다), 부자不自(스스로 나서지 않는다)라는 말로 표현했지요. 그래야 부쟁지덕을 갖출 수 있어 내 것을 지킬 수 있고 시간이 갈수록 내가 우월한 위치에 설 수 있으며 최후의 승자가 될 수 있다는 것인데, 그러한 노자의 생각이 39장에서 잘 드러납니다.

> 귀해지려면 반드시 천함을 근본으로 삼아야 하고
> 높아지려면 반드시 낮음을 바탕으로 해야 한다.[2]

귀해지려면 천해질 수 있어야 하고, 높아지려면 반드시 낮음을 바탕으로 해야 한다, 노자다운 사적 욕망이 보이는 39장은 이천위본以賤爲本이라는 사자성어 한마디로 말할 수 있습니다. 천함을 바탕으로 삼아 귀해지라고 합니다. 귀해지려고 하면 반드시 비천함을 감수할 줄 알아야 한다고 합니다. 당장 위로 가려고 하기보다는 낮은 곳으로 갈 줄도 알아야 하고, 전략적 후퇴도 할 줄 알며, 치욕과 시련을 받아들일 수 있어야 한다는 것이죠. 그래야 어떻게 된다? 귀해질 수 있다. 그리고 높아지려면 어떻게 해야 한다? 이하위기以下爲基, 반드시 낮음을 바탕으로 해야 한다. 그래야 높아질 수 있고, 맨 위로 올라갈 수 있다는 것이지요. 여기서 왕은 자신을 고孤,

---

2   必貴 以賤爲本, 必高 以下爲基.

과寡, 불곡不穀이라고 한다고 하는데, 왕은 가장 귀하고 가장 높은 사람입니다. 그런 왕이 고, 과, 불곡을 칭한답니다. 고孤는 사고무친의 고아를 뜻하는 말이고, 과寡는 부족한 사람, 팔푼이, 덕 없는 사람을 가리키는 말입니다. 불곡不穀은 선하지 않다는 말이고요. 그런데 본인을 고, 과, 불곡이라 한다는 것은 천함을 근본으로 삼고 낮음을 바탕으로 삼는 것이죠. 이렇게 뒤로 물러나 낮은 곳에 처해 천함을 감수할 수 있어야 왕이 될 수 있답니다. 제일 높아지고 귀해진다는 거죠.

노자는 더 당부합니다. 드러내놓고 명예를 추구하면 결국 명예가 없어지니 그러지 말라고요. 드러내놓고 이름을 날리려고 하면 오히려 명예가 실추된다고 했죠. 귀해지고 높아지는 게 아니라 천해지고 낮아진답니다. 보이지 않는 곳에서 힘을 키우고 때로는 굴욕도 감수하며 조용히 일을 도모하랍니다. 그럴 수 있어야 결과적으로 높아지고 귀해질 수 있답니다. 그래서 노자는 낙낙약석硌硌若石을 주문합니다. 영롱한 보석과 옥으로 사람들에게 보이면 안 됩니다. 사람들 눈에 바로 들어오고 사람들이 탐을 내는 귀금속이 아니라 거무튀튀한 돌과 같아지라 합니다. 낙낙약석이 바로 이천위본以賤爲本이죠. 쓸모없어 보이고 눈에 띄지 않아 보이고 하찮아 보이고, 사람들에게 그렇게 비쳐야 합니다. 그런 사람만이 귀해지고 높아지고 명예를 얻을 수 있습니다. 궁극적으로 천하도 소유하게 되고요.

최강자를 추구하다

취천하取天下 의식, 대국 추구 의식도 그렇지만 최강자 추구 의식도 노자와 잘 안 어울리는 것 같죠? 하지만 노자는 최강자를 추구한 사람입니다.

취천하 의식을 가졌으니 최강자를 추구할 수밖에요. 최강자가 되어야 천하를 취할 수 있으니 하나마나한 말 같은데, 《노자》 텍스트에서 노자는 계속해서 최강에 대한 추구를 노골적으로 말하고 있고, 천하를 내 발아래 두겠다는 모습을 보이고 있지요. 앞에서 하나[一]를 이야기하지 않습니까? 전국시대 말이 될수록 통일을 하겠다, 통일된 천하의 주인공이 되겠다는 귀일歸— 관념이 대세가 되는데 노자도 마찬가집니다. 시대의 수요와 욕망을 읽어낸 노자는 귀일하겠다, 즉 통일 천하의 주인공이 되겠다는 사람에게 전략적으로 조언하고 주문합니다. 노자의 취천하 의식 그리고 최강자 추구 의식은 계속해서 언급되겠지만 여기서는 당장 이 말을 드리고 싶네요. 앞서 불태不殆와 천장지구天長地久를 말했지요? 그것 자체가 이미 강렬한 최강자 추구 의식입니다. 강한 자가 오래가나요? 오래가는 자가 강한 자인가요? 강한 자가 오래가는 게 아니라 오래가는 자가 강한 자겠지요. 그리고 가장 오래가는 자가 진실로 가장 강한 자일 것입니다. 그렇습니다. 불태와 장생, 천장지구를 말하는 《노자》는 최강자가 되라고 조언하는 책이죠.

강과 바다가 모든 골짜기의 왕이 될 수 있는 이유는
아래로 잘 처하기 때문이다.
그 때문에 모든 골짜기의 왕이 될 수 있다.
이 때문에 성인은 백성 위에 서려고 할 때 반드시 그 말을 낮추고
백성 앞에 서려고 할 때는 반드시 그 몸을 뒤로 한다.
그러므로 앞에 있더라도 백성들은 해롭다고 여기지 않고
위에 있더라도 백성은 무겁다고 여기지 않는다.
천하가 즐겨 추대하여 싫어할 줄 모르니 다투지 않기 때문이 아니던가.

그러므로 천하가 그와 다툴 수 없는 것이다.[3]

선하善下, 아래에 처하는 것을 좋아하라고 합니다. 노자는 여기서 강처럼 되라고 하고 바다처럼 되라고 하는데 겸양하고 자신을 낮추라는 것이죠. 강과 바다는 낮춤을 상징하는 자연물입니다. 그 강과 바다는 가장 낮은 곳에 위치해 있습니다. 그래서 모든 물이 흘러들어와 가장 거대해질 수 있는데, 그 강과 바다같이 낮아야 하고 낮게 됨을 좋아할 수 있어야 한답니다. 그렇게 선하할 수 있어야 왕이 되고 천하를 취할 수 있다네요. 노자가 생각하는 이상적인 성인은 그렇게 선하를 하는 사람입니다. 하지만 그 성인이 정말 아래가 좋아 그렇게 몸을 움직이는 게 아니죠. 어디까지나 전략적 행보입니다. 선하를 할 수 있어야 위에 서고, 누구도 그와 다툴 수 없는 사람이 될 수 있으니까요. 노자의 선하 의식은 다음 61장에도 드러납니다.

큰 나라는 아래로 흐르는 물이니 천하의 암컷이며 천하가 모이는 곳이다.

암컷은 항상 고요함으로 수컷을 이기니

고요하기 때문에 아래로 처할 수 있는 것이다.

큰 나라가 작은 나라 아래에 처하면 작은 나라를 취할 수 있고

작은 나라가 큰 나라 아래에 처하면 큰 나라에 용납될 수 있다.

그러므로 어떤 경우는 아래로 처하여 취할 수 있고

어떤 경우는 아래로 처하여 용납될 수 있다.

3 江海之所以能爲百谷王者 以其善下之. 是以能爲百谷王. 是以聖人之欲上民也 必以其言下之, 其欲先民也 必以其身後之. 故居前而民弗害也, 居上而民弗重也. 天下樂推而弗厭也 非以其无爭也. 故天下莫能與爭. - 66장

큰 나라가 원하는 것은 남을 끌어안아 기르는 것에 지나지 않고

작은 나라가 원하는 것은 남의 품 안으로 들어가 그를 섬기는 것에 지나지 않는다.

무릇 모두 원하는 것을 얻은 것이니 큰 나라가 마땅히 아래로 처해야 한다.[4]

아래로 처해야 마땅히 큰 나라가 되고 또 작은 나라를 취할 수 있다고 하지요. 여기서도 최강에 대한 추구 의식 그리고 취천하 의식이 잘 드러나는데, 61장에서는 선하 말고도 인상적인 게 암컷이 수컷을 이긴다, 즉 여자가 남자를 이긴다고 한 부분이죠.

암컷은 항상 고요함으로 수컷을 이기니

고요하기 때문에 아래로 처할 수 있는 것이다.

남존여비가 진리이자 상식이었던 세상에 암컷이 수컷을 이긴다고 합니다. 암컷의 특성을 배우라는 것인데 당시 사람들에게 정말 이천위본으로 들렸을 겁니다. 암컷이 수컷을 이긴다! 이렇게 상식을 공격하는 노자, 상식에 반대되는 표현으로 강한 인상을 주는 것은 《노자》 레토릭의 전형적인 특징이지요. 노자 생각에 암컷이 그냥 수컷을 이기는 게 아니죠. 고요하기 때문에, 아래로 처할 수 있기 때문에 이기는 것입니다. 《노자》가 하고 싶은 말은 정말 여자가 되라는 게 아니라, 진정 강해지고 싶다면 여성적인 특성을 갖추라는 것이죠.

---

4 大國者 下流也, 天下之牝 天下之郊也. 牝恒以靜勝牡, 爲其靜也. 故宜爲下. 大國以下
小國則取小國, 小國以下大國 則取於大國. 故或下以取, 或下而取. 故大國者不過欲兼
畜人, 小國者不過欲入事人. 夫皆得其欲, 則大者宜爲下. - 61장

노자가 말하는 성인

61장과 66장에서 노자가 말하는 성인의 모습이 잘 드러났다 생각합니다. 그가 제시하는 성인은 우리가 아는 성인, 유가적 성인하고 다르죠.《노자》전 편에 드러나는 성인은 욕망을 추구하고 야심이 많은 사람, 천하를 거머쥐려는 사람입니다. 욕심, 욕망, 능력 모두 많고 어떻게든 목표 달성을 위해 낮아지는 것도, 천해지는 것도 감수할 수 있는 사람이 노자가 말하는 성인입니다. 사전적 의미의 성인이나 우리가 흔히 아는 성인, 특히 유가에서 말하는 성인과는 다릅니다. 딱 봐도 독해 보이고, 또 무서워 보이죠.

감정을 잘 드러내지 않고 함부로 나서지 않으며 자신의 실력을 자랑하거나 의사를 표시하지 않는 자, 그러면서도 전략적 사고를 통해 조건을 만들어갈 줄 아는 자, 그것을 통해 강해지고 귀해지고 위에 설 수 있는 자, 단순히 전략적 사고만이 아니라 아래로 처하고 뒤로 물러나고 이렇게 나쁜 조건에 얼마든지 자신을 둘 수 있고 그 조건에서 인내할 줄 아는 자. 그자가 바로 노자가 말하는 성인이 아닐까 싶네요. 정말 우리가 아는 성인과 많이 다르지요. 흔히 성인 하면 우리는 유가적 성인을 많이 떠올리죠. 따뜻한 사람, 관용을 베풀고 인자한 사람, 자기 욕망과 욕심보다는 옳음을 추구하는 사람, 규범과 가치를 우선하는 사람, 자신의 몸을 죽여서라도 가치를 지키고 이루려는 사람, 도덕이나 윤리와 연관되고 강함이나 부귀에 대한 추구와는 거리가 있어 보이는 사람. 하지만 노자의 성인은 그렇지가 않습니다. 가장 오래가는 것을 추구하고 최강자를 동경하는 사람이지요. 무욕한 자? 아닙니다. 욕심과 욕망이 많은 인간입니다. 욕망을 이루고자 욕심 없는 척, 겸손한 척 연기할 수 있는 인간입니다. 욕심을 채우기 위해서는 때로 굴욕까지 감내할 줄 아는 자지요. 노자가 말하는 성인은 그렇습니다. 윤리나 도덕과 전혀 상관이 없고 인격의 완성과는 거리가 멀지만, 전략적 사고를 할 수 있고 목표를 위해 모든 것을 강구할 수 있으며 그 어떤 것도 참을 수 있는 자가 바로 노자가 말하는 성인입니다. 정말 무서운 사람이지요.

노자가 말하는 성인뿐만 아니라 그가 말하는 덕德도 우리가 흔히 알고 있는 덕과 다릅니다. 윤리와 도덕, 올바름, 정의 같은 것과 상관없습니다. 노자가 말한 부쟁지덕이 뭐였습니까? 관용의 의미가 아니었고, 타인을 이해하고 포용하는 게 아니었죠. 누가 감히 나와 맞설 생각을 하지 못할 정도로 강한 자가 되기 위해 갖추어야 할 삶의 기술과 전술적 태도, 덕목이죠. 인격의 완성자가 되고자 갖추어야 할 것, 윤리적 인간이 풍기는 매력과 상관없는 것입니다. 공자가 말했습니다. 덕불고 필유린德不孤 必有隣, 즉 덕 있는 자는 외롭지 않다고. 바람직한 관계를 만들고 그 관계를 확대해나가고 인간들 사이에 조화롭게 해주는 것. 유가에서 말하는 덕과 우리가 알고 있는 덕은 그런 것이지만, 노자가 말하는 덕은 그런 덕과 전혀 상관없습니다. 사적 욕망을 추구하게 해주는 역량, 인간 사회에 미치는 권력자의 힘 같은 것이죠. 정말 힘입니다. 마키아벨리가 《군주론》에서 군주의 자질로 강조한 비르투virtu와 유사합니다. 다시 말하면, 노자의 덕은 힘이죠. 역량이고요. 특히 정치적 파워, 내가 원하는 대로 사람을 부리고 세계를 만들어갈 수 있는 힘. 덕이라고 쓰고 힘과 역량이라고 읽는 노자의 덕이 있어야 욕망의 주체가 원하는 것을 얻을 수 있고 현실화할 수 있습니다. 노자의 덕을 우리가 흔히 하는 덕과 혼동하지 말아야 합니다.

사람을 다스리고 하늘을 섬기는 데

아끼는 것보다 좋은 것이 없다.

오직 아끼기 때문에 일찌감치 준비할 수 있으니

일찌감치 준비하는 것을 두텁게 덕을 쌓는다고 한다.

훌륭한 장수가 되는 사람은 무용을 중시하지 않고

싸움을 잘하는 사람은 노하지 않는다.

적을 잘 이기는 사람은 남과 다투지 않고

남을 잘 부리는 사람은 아래로 처한다.

이것을 싸우지 않는 덕이라고 하고

이것을 사람을 부린다고 하며 이것을 하늘과 짝한다고 한다.

앞서 손숙오의 예를 들어 설명했던 59장과 부쟁지덕을 말한 68장을 다시 가져와봤습니다. 정치를 잘한 손숙오는 나라가 역량을 쌓게 했지요. 그래서 초나라는 패자霸者가 되었습니다. 덕이 무엇인지 손숙오가 보여줬네요. 나를 패자로 만들어주는 힘, 적을 잘 이기고 남을 잘 부리게 하는 역량이죠. 그것이 있으면 하늘과 짝하는 지고지상한 존재가 될 수 있다는데, 노자의 덕은 힘입니다. 특히 정치·군사적 파워죠.

수컷을 알면서도 암컷을 지키면 천하의 계곡이 된다.

천하의 계곡이 되면 언제나 덕이 떠나지 않는다.[5]

28장에서 말하는 덕도 그런 것입니다. 수컷을 알면서도 암컷을 지킨다는

---

5   知其雄 守其雌, 爲天下溪. 爲天下溪, 恒德不離. - 28장

것은 강유를 겸비하고 유형적인 힘과 무형적인 힘을 갖춘 것을 말합니다. 겉으로 드러나는 힘에 지혜, 인내력, 모략의 사고를 모두 갖춘 것을 말하지요. 그렇게 양자를 겸비하면 천하의 계곡이 된답니다. 천하의 계곡이 되는 것은 모든 물을 포용해 세상의 주인이 된다는 것이죠. 그런 자는 언제나 덕이 떠나지 않는답니다. 언제나 강한 힘을 잃지 않는다는 것이죠.《회남자淮南子》〈도응훈道應訓〉에서 괜히 이 28장을 조양자趙襄子라는 전국시대 조나라 창업 군주의 일에 빗대 설명한 게 아니죠. 조양자는 서자 출신으로서 많은 굴욕을 당했지만 항상 참고 굴욕을 감내할 줄 알았고, 그것을 바탕으로 나라를 세운 인물입니다. 그는 '암컷'을 지켰죠. 천함을 감수하고 수모를 참아 창업 군주가 되었고 막강한 권력을 가지게 되었습니다. 이천위본을 통해 만들어낸 그의 힘과 권력, 정치적 파워, 그게 조양자의 덕이었지요. 조양자가 바로 노자가 말하는 성인의 전형적인 예가 아닐까 싶습니다. 이천위본와 이하위기로 큰 힘을 거머쥔 사람이니까요.

이번 강에서는 이천위본을 말했고 선하를 말했습니다. 그런데 선하를 말한 66장을 보면 아래로만 가는 게 아니라 뒤로도 갈 수 있어야 한다고 말합니다. 그게 바로 노자 하면 많은 사람들이 바로 떠올리는 퇴양退讓이라는 전략·전술입니다.

성인은 백성 위에 서려고 할 때 반드시 그 말을 낮추고
백성 앞에 서려고 할 때는 반드시 그 몸을 뒤로 한다.

몸을 뒤로 물리고 사태를 관망하며 훗날을 준비하는 퇴양을 말했는데, 아래로 가는 것은 어디까지나 위에 서기 위함이듯이 물러나는 것도 역시 앞으로 나아가기 위해서입니다. 노자가 말하는 퇴양은 바로 이퇴위진以退爲

進이지요. 궁극적으로 나아가기 위함입니다. 이퇴위진은 사실 이천위본보다 유명한 말인데, 실제 전쟁터에서 애용된 전술이고 싸움의 기술입니다. 이제 이퇴위진 이야기를 좀 해보지요.

이퇴위진以退爲進

나아가려면 물러날 줄 알아야 한다

11강

천하 사람들이 모두 나를 일컬어

광대하면서도 어리석은 것 같다고 하니

오직 어리석기 때문에 광대해진 것이다.

만약 광대하다고 생각했다면

자잘하게 된 지 오래되었을 것이다.

나에게는 언제나 세 가지 것이 있으니 그것을 보배로 여긴다.

첫째는 자애로움이고, 둘째는 검약이며,

셋째는 감히 천하 사람들 앞에 나서지 않는 것이다.

무릇 자애롭기 때문에 용감할 수 있고

검약하기 때문에 넉넉할 수 있으며

감히 천하 사람들 앞에 나서지 않기 때문에

높은 관리가 될 수 있다.

이제 자애로움을 버리고 용감함을 택하며

검약함을 버리고 넉넉함을 택하며

몸을 뒤로 물리는 것을 버리고 앞에 나서니

반드시 죽을 것이다.

무릇 자애로움이란 그것으로 싸움을 벌이면 이기게 되고

자애로움을 지키면 견고하게 되는 것이다.

하늘이 나라를 세우면 너는 그 자애로움으로 그 담을 세워라.'

성인의 세 가지 보배

앞서 제가 노자가 말하는 성인이 뭐라고 했죠? 도덕이나 윤리와 상관이 없는 사람이라고 했습니다. 목적을 달성하고 실리를 추구하며, 싸우면 반드시 이기고 야심을 이루는 사람이라고 했는데, 67장에서 말한 대로 싸우면 이기고 방어하면 지키는 사람이 바로 성인입니다. 67장에서는 그 성인이 가진 세 가지 보배를 말하네요. 성인만이 가진 아이템 내지는 자산이 있나 봅니다.

자애로움慈, 검약儉(원문에는 檢) 그리고 감히 천하 사람들 앞에 나서지 않는 불감위선不敢爲先, 더 줄여 불선不先. 성인은 이 세 가지를 자신의 보배로 여긴답니다. 제가 보기에는 정확히 말해 세 가지 무기 같아요. 전

I   天下皆謂我大 大而不肖, 夫唯不肖 故能大. 若肖, 久矣其細也夫. 我恒有三寶 持而寶
    之. 一曰慈, 二曰檢, 三曰不敢爲天下先. 夫慈故能勇, 檢故能廣, 不敢爲天下先 故能爲
    成器長. 今舍其慈且勇, 舍其檢且廣, 舍其後且先, 則死矣. 夫慈以戰則勝, 以守則固. 天
    將建之, 如以玆垣之. - 67장

143

쟁의 시대, 치열한 투쟁의 시대에 좋은 무기만큼 소중한 보배가 어디 있겠습니까? 그 보배가 있기에 높은 관리가 될 수 있고, 죽지 않을 수 있고, 싸움을 벌이면 이기고, 내 것을 지킬 수가 있으며, 나라를 든든히 방어할 수 있다는데 그 보배는 무기가 맞지요.

노자가 말하는 첫 번째 무기는 자애로움인데, 사전적 의미의 자애로움은 아닌 것 같습니다. 자애롭기 때문에 능히 용감할 수 있다고 하니, 관용을 베풀고 상대의 결점과 실수를 덮어주고 감싸주는 것은 아닌 듯합니다. 또 자애로움으로 싸움을 벌이면 이기고 지키면 견고하게 된다고 하니, 전쟁이나 투쟁의 장에 있는 사람이 가져야 할 덕목이겠지요. 그리고 그것은 부드러움이 강함을 이긴다 할 때의 그 부드러움 같습니다. 전략적 유연함이죠. 앞서 암컷이 수컷을 이긴다고 했고 강자가 되려면 여성적인 면이 있어야 한다고 했는데, 그 여성적인 면 같기도 하고요.

두 번째 무기는 검약입니다. 검약은 아끼는 것인데, 무엇을 아끼는 것이고 왜 아끼는 것일까요? 제가 보기에는 힘을 축적하거나 에너지로 전환될 수 있는 뭔가를 쌓아놓는 것 같습니다. 59장에서 손숙오의 이야기를 하면서 충분히 설명했지요. 손숙오가 보여주고 주승이 말한 색嗇이라 생각합니다. 아끼기 위해 아끼는 게 아니라 축적하면서 준비하는 것입니다. 최강자가 되기 위해.

마지막 세 번째 무기는 감히 나서지 않는다는 것입니다. 불감위선, 줄여서 불선不先은 곧 퇴양退讓이지요. 다른 말로 귀후貴後라고도 합니다. 노자를 귀후의 사상가라고 많이 말하는데, 퇴양과 귀후는 같은 말입니다. 즉, 노자는 귀후·퇴양의 사상가지요. 그것을 여기서 불감위선이라고 말했는데, 섣불리 일을 도모하고 앞서 나가는 게 아니라 뒤로 몸을 뺀 채 조용히 실력을 기르고 유리한 조건을 만들어가는 것입니다. 자애로움, 검약 그리고 감히 나서지 않는 불감위선은 적지 않게 서로 겹칩니다. 이 세 가지 무기를 지닌 자가 성인입니다. 이 세 가지 보배를 지니고 그것을 드러내지 않은 채 항상 움켜쥐고 잘 활용하는 사람, 그 세 가지 무기를 은밀하게 쓰면서 높은 관리가 되고 싸움에 이기고 내 것을 지키고 나라를 든든히 방어해 오래가게 하는 인물. 그런 사람이 노자가 말하는 성인이지요.

귀후와 퇴양을 실천한
당태종 이세민

퇴양을 알아야 합니다. 물러나는 것을 귀하게 여길 수 있어야 합니다. 그래야 앞서가고 승리할 수 있습니다. 퇴양의 전술, 귀후를 통한 승리 추구 전술, 그것을 이퇴위진以退爲進이라고 하지요. 물러남을 통해 앞으로 나아간다는 것은 전쟁터에서 언제든 생각해야 할 전략적 후퇴를 말하는 것이지요. 치열한 경쟁의 삶의 현장에서 인내와 수모를 감내하는 것을 말하는 것이기도 합니다.

앞서 조양자를 이야기했는데, 조양자처럼 치욕을 견디어 최후의 승자가 된 중국의 영웅이 많지요. 덩샤오핑鄧小平도 있고 유비도 있고, 이 퇴위진을 통해 영웅이 된 인물이 참 많습니다. 이퇴위진이 처세와 삶의 현장에서 쓰일 때는 이굴구신以屈求伸, 이굴위신以屈爲伸이라고도 하는데, 이굴구신과 이굴위신은 중국인에게 처세의 기본 전술이죠. 굽힐 수 있어야 하고, 굴욕을 감수할 수 있어야 합니다. 장기적 이익과 실리를 위해서요. 중국인에게는 당연한 일입니다. 삶의 철학이죠. 그런데 단순한 삶의 철학이 아니라 전쟁터에서도 널리 애용된 전술입니다. 전략적 후퇴와 퇴각으로 승리의 조건을 만들어가고, 승자가 되었을 때 이퇴위진의 전술로 이겼다고 합니다. 이 이퇴위진의 명수가 바로 당태종 이세민李世民입니다.

제왕학의 기본서이자 고전이 된《정관정요貞觀政要》의 주인공 당태종은 명군이기 전에 명장이었죠. 19세에 병력이 열세인 불리한 상황에서 승리를 이끌어 이미 명장으로 검증받은 사람입니다. 이세민은 항상 당나라 창업 전쟁의 선봉에 서 있었는데, 장군으로서 그는 적의 심리를 잘 읽어내고 패주하는 적을 악착같이 쫓는 지독함으로 유명했죠. 그의 특기는 지구전이었습니다. 물러선 다음에 적이 지치거나 불리한 조건에 빠질 때까지 무한정 기다릴 줄 아는 장수였지요. 강적과 조우하면 절대 선불리 싸움에 나서거나 적의 도발에 응하지 않습니다. 진지를 강화해 방어에 주력하며 지구전을 폅니다. 지겹도록 질질 끌면서 부하들이 나가 싸우자는 원성이 일어날 정도로 기다립니다. 그러면서 적의 약점을 찾고 적의 보급이 떨어지기를 기다리는데, 상대의 약점이 드러나거나 보급이 떨어지고 적이 수세에 몰렸다고 판단되면 조금도 망설이지 않고 공격했지요. 웅크리고 있다가 전광석화처럼 들이닥쳐 적을 패퇴시켜 승리를 쟁취했는데, 그는 정말 이퇴위진의 귀재였습니다.

무천진의 군벌이었던 아버지 이연李淵이 장안을 근거지로 건국한 당나라. 건국 초기의 가장 큰 위협은 금성金城에 본거지를 둔 설거薛擧였습니다. 본래 금성은 토번의 침입에 대비한 방어 거점이었는데, 그곳에 배치된 다수의 정예병이 설거의 부하였습니다. 그때 설거의 전력은 매우 강했는데, 설거는 아들 설인고薛仁杲를 장안으로 보내 당을 공격했습니다. 이때 이세민이 나서 설인고를 패퇴시켰지요.

고척성高撫城에 군진을 둔 이세민은 이퇴위진 전술로 맞섰습니다. 이세민 측은 상대보다 물자가 많았거든요. 반면, 멀리 원정을 나온 설인고의 군대는 군수품이 부족했습니다. 보급이 약점이었던 설인고의 군대, 그렇기에 설인고는 일찍 승부를 보려고 계속해 도발하며 싸움을 걸어왔습니다. 하지만 이세민답게 굳건히 방어에만 주력하고 상대의 도발에 응하지 않았습니다. 성채를 굳게 지킬 뿐이었지요. 부하들이 성문을 열고 나가 싸우자 했지만 계속해 부하들을 말렸습니다.

그렇게 물러나 방어에만 주력한 이세민의 군대. 시간은 두 달이나 지나갔고, 적군의 양식은 모두 떨어졌습니다. 배고픈 군대는 싸울 수 없는 법. 적군 사이에서는 동요가 일어났습니다. 상대가 시간을 끌며 전쟁이 지연되면 될수록 설인고에게 상황은 악화될 뿐이었기에 설인고는 마음만 급해졌고 어떻게든 상대와 결전을 벌여 만에 하나 있을 승리를 도모할 수밖에 없었는데, 이런 설인고의 심리를 이세민이 눈치를 챘죠. 인내심이 지독하면서도 상대의 심리를 읽는 데 아주 능한 사람이 이퇴위진의 명수, 이세민이었습니다.

그는 때가 되었다고 판단하자 부하 양실에게 군대를 주어 천수원 평야로 나가 진을 치게 했습니다. 그러자 설인고의 부하 종나후가 옳거니 하고 공격해왔지만, 이세민은 이때도 한동안 방어에만 치중하게 했습니다. 그렇게 해서 상대의 힘을 빼었다가 상대가 완전히 지쳤다는 판단이 들자 전군에게 공격 개시를 명령했습니다. 지칠 대로 지친 종나후의 병사들은 도망쳤고, 이세민은 악착같이 적군을 추격했습니다. 설인고의 본진까지 그들이 닿지 못하게 하려고 한 것인데, 어떻게든 그들을 설인고와 분리시켜 설인고를 고립시키고자 독하게 추격했지요. 결국 종나후의 군사들을 모두 추격해 붙잡았고, 그다음에 바로 설인고를 포위하자 설인고는 견디지 못하고 항복하고 말았습니다.

이퇴위진, 절대 상대의 도발에 응하지 않고 적이 지칠 때까지, 적이 약점을 드러내고 동요를 보일 때까지 기다리고 기다린 후에 적을 쳐부순 이세민. 두건덕竇建德의 군대와 승부를 겨룰 때도 이퇴위진의 작전으로 상대를 부수었습니다. 적보다 쌓아놓은 물자가 훨씬 풍부하다고 판단한 이세민은 역시나 방어에 치중하며 결전을 피했습니다. 적의 도발에 절대 응하지 않고, 나가서 싸우려는 부하들을 만류했습니다. 또 시간은 흘러 적의 식량은 동이 났고, 적은 성급히 결전을 치르고자 지속적으로 싸움을 걸었지만 이세민은 절대 응하지 않고 적이 완전히 지칠 때까지 기다렸죠. 두건덕은 안 되겠다고 판단해 퇴각을 시작하는데, 그때 이세민은 역시나 조금도 지체하지 않고 명을 내려 적을 치게 합니다. 손자가 말했지요. 이일대로以佚待勞, 편안한 상태에서 피로한 적을 기다렸다가 치고, 이포대기以飽待飢, 배불리 먹은 상태에서 배고픈 적을 기다렸다가 쳐라. 배고프고 지친 적의 군대는 이세민 군대의 상대가 될 수 없었습니다. 결국 두건덕은 설인고처럼 생포되고 말았습니다.

적을 알고 나를 알고 누가 어디에서 상대적 우위가 있는지 파악하는 능력, 상대가 지칠 때까지 또는 적 안에서 갈등과 내분이 일어날 때까지 기다리는 인내심, 때가 되었다고 판단하면 단호히 명을 내려 상대를 부수고 도망가는 적을 악착같이 추격해 섬멸하는 집요함, 이 모든 것을 갖춘 이세민은 정말 명장이었죠. 이퇴위진의 명수이자 이퇴위진의 교본이 되는 인물이었습니다.

앞서려면 뒤에 설 줄 알아야 합니다. 나아가려면 물러날 줄 알아야 하지요. 노자가 말한 퇴양, 귀후, 이퇴위진의 전술.《노자》에서는 시적으로 표현이 되었지만 분명히 병법의 요체를 말한 것이라 생각하는데, '노자병법'이 주문하는 전략과 전술은 이세민처럼 실제 역사에서 확인되는 것입니다. 이퇴위진과 이세민을 잊지 마십시오. '노자병법'의 사례입니다. 장량과 주승처럼.

지피지기
知彼知己

나의 약점을 마주하고 허점을 살핀다

12강

남을 아는 사람은 지혜롭다 할 수 있으나
자신을 아는 사람이야말로 참으로 밝다 할 수 있고,
남을 이기는 사람은 힘세다 할 수 있으나
스스로를 이기는 사람이야말로 참으로 강하다 할 수 있네.
족함을 아는 사람은 부유하고
끝까지 가는 사람은 의지가 있네.
제자리를 잃지 않는 사람은 오래갈 것이고
죽어서도 잊히지 않는 사람은 오래 살 것이다.'

전략적 사고의 시작

노자가 말하는 성인은 전략적 사고를 하는 자입니다. 이기는 데 유용한 모든 수단과 방법을 강구하려 노력하고, 목표를 달성하기 위한 조건을 만들 줄 아는 사람이지요. 그런데 전략적 사고의 시작은 무엇일까요? 역시 지피지기知彼知己입니다. 나를 알고 상대를 아는 것입니다. 거기서 전략적 사고가 시작되고, 그것에 충실해야 진정 전략적 사고를 하는 이라고 할 수 있지요.

지피지기는 졸저 《동양의 첫 번째 철학, 손자병법》에서 정말 제대로 풀어냈는데, 기억나시죠. 지기知己와 지피知彼 어느 것이 더 중요하다? 나를 아는 지기가 더 중요하다고 했습니다. 나를 객관화하고, 나의 허실을 제대로 보고, 특히 나의 약점을 분명히 간파해야 합니다. 이런 지기가 지

---

1   知人者智, 自知者明, 勝人者有力, 自勝者強. 知足者富, 強行者有志, 不失其所者久, 死而不亡者壽. - 33장

    이 장은 왕필의 통행본대로 원문을 달았습니다.

피보다 더 어렵다고 했습니다. 또 약점을 직시하는 데 그치는 게 아니라 관련 대책을 세우는 것까지 나아가야 지기라는 게 끝나는데, 이런 지기가 적을 아는 지피보다 중요하다고 했지요. 33장에서 손자처럼 지피지기를 말하는 노자. 노자 역시 지피보다 지기의 중요성을 역설했습니다.

> 남을 아는 사람은 지혜롭고, 스스로를 아는 사람은 밝다.
> 남을 이기는 사람은 힘이 있고, 스스로를 이기는 사람은 강하다.[2]

사람 인人 자는 보통 타인이라는 뜻인데, 지인知人은 상대와 적을 아는 것입니다. 지피知彼지요. 남을 아는 자는 지혜롭지만 자신을 아는 자는 밝으며, 남을 이기는 자는 힘이 있지만 자신을 이기는 사람은 강하다고 합니다. 상대를 아는 데 그치지 말고 나 자신도 알아라, 그리고 상대만 이기는 게 아니라 나 또한 이기라고 말합니다. 상대를 아는 것 못지않게 나를 아는 것도 중요하고, 상대를 이기는 것 못지않게 나를 이기는 것도 중요하다는 말 같네요. 사실 이것은 남을 아는 것보다 자신을 알아야 한다는 말이죠. 타인을 이기는 것보다 자신을 이기는 게 더 중요하다는 말이지요. 외부의 적보다 우선 나를 제대로 알고 나를 이기라는 말입니다. 특히 중요한 것은 나를 아는 것이죠. 노자가 자신을 아는 사람을 무엇이라 하고 있나요? 명明이라고 하지요. 이 명은 노자 철학에서 중요한 개념으로 강자가 되려면 반드시 갖추라고 주문하는 것이에요. 자신을 알아야 진정 밝은 사람이라고 하는 것을 보면 자신을 아는 지기를 지피보다 중시했다는 것을 알 수 있죠. 그런데 그 명明이라는 게 대체 무엇일까요? 쉽게 말해

2　知人者智, 自知者明. 勝人者有力, 自勝者强.

총명聰明함이라고 봐도 좋습니다. 영악하고 이해관계에 밝고, 노림수와 계산에 밝고, 전략적 사고에 밝고, 대국을 보는 데 밝다는 뜻입니다. 그 명明의 힘을 가진 자가 노자가 말하는 성인이지요.

> 장차 움츠러들게 하려면 반드시 먼저 벌려주어라.
> 장차 약하게 하려면 먼저 강하게 해주어라.
> 장차 없애려면 반드시 먼저 높이고
> 장차 빼앗으려면 먼저 주어야 한다.
> 이것을 미묘한 데서 밝다고 한다.

권모술수를 이야기하는 것으로 알려진 36장입니다. 노자가 말합니다. 장차 상대방을 움츠리게 하고자 한다면 반드시 펴주고, 장차 상대방을 약하게 하고자 한다면 반드시 먼저 적이 강해지게 해주라고. 또 장차 상대방을 멸망시키고자 한다면 잠시나마 흥하게 해주고, 장차 상대방의 것을 빼앗고자 한다면 잠시 내 것을 내어주라고. 그런 자세를 미명微明이라고 합니다. 정말 지독한 전략가를 묘사하는 말 같습니다. 그런 지독한 전략가의 지혜가 미명입니다. 미명은 미묘한 데에서 밝음, 미묘한 것까지 보는 밝음을 말하는데, 이를 취하려면 눈이 밝아야 합니다. 명明은 《노자》에서 몇 차례 강조됩니다.

> 항상된 이치를 아는 것이 밝음이다. 知恒曰明 – 16, 55장
> 스스로 보지 않기 때문에 밝다. 不自見故明 – 22장
> 스스로 보기 때문에 밝지 않다. 自見者不明 – 24장
> 작은 것을 볼 줄 아는 것을 밝음이라고 한다. 見小曰明 – 55장

이렇게나 많이도 명明을 강조하는 노자. 이 많은 명 중에서 가장 중요한 것은 33장에서 말하는, 스스로를 제대로 보는 명이 아닐까 합니다. 지피보다 지기가 더 중요하니까요. 이렇게 나를 제대로 보는 데 밝을 수 있어야 진정 유능한 장수이자 전략가지요.

진정한 밝음

상대를 아무리 잘 알아도 나를 모르면 밝지 못할 텐데 지피보다 지기를 잘해야 명한 사람이라는 노자. 그렇지 않아도 《노자》와 비슷한 시기에 만들어진 《여씨춘추》라는 텍스트는 지피지기와 관련해 이렇게 말합니다. 결론을 아주 분명히 내렸지요.

> 남을 이기려는 자는 반드시 먼저 스스로를 이겨야 하고
> 남을 논하려는 자는 반드시 먼저 스스로를 논해야 하며
> 남을 알려는 자는 반드시 먼저 스스로를 알아야 한다.[3]

이렇게 지피보다 지기가 훨씬 중요합니다. 나를 아는 지기에 정말 철저해야 하는데, 지기에서 가장 중요한 부분은 무엇일까요? 자신의 강점을 보고 실한 부분을 보는 게 아니라, 약점과 허점을 명확히 보는 것이겠죠. 행여나 내가 나 자신을 과대평가하고 있지 않은지, 근거 없는 자신감을 가

---

3 欲勝人者必先自勝, 欲論人者必先自論, 欲知人者必先自知. - 《여씨춘추》〈계춘기季春紀〉'선기先己'

지지 않는지 살펴봐야 할 것이고, 어떻게든 내 약점과 불안 요소를 마주하려고 해야 할 것입니다. 지기에서 가장 중요한 것은 자신과 자기 조직의 약점과 불안 요소를 직시하는 것인데, 약점과 불안 요소 중에서 저는 유사시 자신이 컨트롤할 수 있는 부분과 없는 부분을 명확히 파악하는 것이 특히 중요하다고 생각합니다. 만일 일이 터졌는데 또는 전쟁이 시작되었는데, 내가 컨트롤할 수 있다고 생각한 요소가 막상 뚜껑을 열고 보니 컨트롤이 안 되는 요소라면 어찌되겠습니까? 정말 큰일 나겠죠. 전쟁 상황에서 그런 일이 벌어진다면 정말 큰 일 날 것입니다. 상대가 그 부분을 파고든다면 패배로 직결될 것이고 참사가 벌어지겠죠. 그래서 노자는 71장에서 다음과 같이 말했나 봅니다.

> 모른다는 것을 아는 것이 가장 좋다.
> 모른다는 것을 모르는 것이 문제다.
> 그러므로 성인이 문제가 없는 것은
> 문제를 문제로 여기기 때문이니
> 이 때문에 문제가 없는 것이다.[4]

문제가 무엇인지 모른다는 것이 더 심각한 문제랍니다. 그렇기에 내가 혹시 내 문제를 모르는 것은 아닌지 늘 경각심을 가져야 하고, 어떻게든 내 문제를 찾아내 문제로 여겨야 문제가 없다네요. 그렇게 자신의 문제를 제대로 직시하려고 노력해야 노자가 말하는 명明한, 즉 밝은 사람이고 성인일 것입니다. 노자가 말하는 이러한 밝음은 단순히 장수나 왕만이 아니라

---

4   知不知尙矣. 不知不知病矣. 是以聖人之不病, 以其病病, 是以不病. - 71장

모든 조직을 이끄는 리더와 수장이 명심해야 할 바가 아닌가 합니다. 실제 지피보다 지기가 어렵다는 것은 조직을 이끄는 사람이라면 누구나 뼈저리게 실감하는 부분이죠. 조직을 이끌고 결과에 책임져야 하는 사람은 이런 말을 많이 합니다. 상대 조직이나 경쟁사의 허실을 아는 것보다 내가 이끄는 조직의 약점과 불안 요소를 보는 게 훨씬 더 힘들다고요. 그것이 안 되어 큰 시련을 겪고 일을 그르쳐 사업을 망치는 경우가 있었다고 말합니다. 스스로를 잘 아는 자지자自知者가 되고 진정으로 명明한 리더가 되는 게 참 힘든가 봅니다. 하지만 그 힘든 것을 할 수 있어야 노자가 말하는 성인이지요.

관우의 실수

《삼국지연의》에서 형주를 지키던 관우를 패망케 했던 화근은 오나라를 깔보고 오나라의 배반을 조금도 예상하지 못했다는 데 있지만, 무엇보다 후방을 다지지 못한 것에도 있죠. 정확히 말해 내부 단속을 못했습니다. 관우는 워낙에 신의를 중시하는 사람이라, 신의가 부족하거나 인품이 자신의 마음에 들지 않으면 푸대접하는 경우가 많았습니다. 관우를 배신한 미방糜芳도 그런 이유로 홀대받은 사람 중 하나였지요. 관우는 번성을 공략하면서 미방에게 군량 공급을 맡겼습니다. 미방은 홀대받던 처지라 군량을 공급하는 데 제대로 노력하지 않았습니다. 그러자 관우는 군영에서 사람들에게 다 들리도록 "돌아가면 반드시 벌을 주겠다."라고 말했습니다. 이 말을 들은 미방은 두려워 관우가 돌아오기 전에 싸우지도 않고 적에게 항복했습니다.

손무孫武와 함께 초나라 수도 영을 부순 오자서伍子胥가 말했지요. 내부에 두 마음을 품는 이가 없어야 하고, 혹시 그런 이가 없는지 살펴야 한다고요. 지기에서 그것이야말로 매우 중요한 일이 아닐까 싶어요. 내부에 틈이 벌어져 있는지, 딴 마음 먹는 사람이 없는지, 혹시 내가 내부 단속에서 허점을 보이지 않았는지 살펴야죠. 앞서 일을 벌이기 전에 컨트롤할 수 있는 것과 없는 것을 명확히 구분하고 인지할 수 있어야 한다고 했는데, 미방 같은 이가 없는지 잘 살펴야 하지요. 내부에서 이반할 수 있는 자를 알아보지 못한 자는 자지자自知者가 될 수 없죠. 명明하지 못한 어두운 자일 뿐입니다. 관우는 어리석은 리더였죠.

관우는 이외에도 장수로서 허점이 많았는데, 상대방을 깔보고 무시하고 지나치게 자극했던, '노자병법'과 여러 가지로 반대되는 지휘관이라고 생각합니다. 거짓으로 고개를 숙인 상대를 믿은 나머지 방심하고, 상대가 어리다고 무시하고, 손권을 모욕해 자극했습니다. 관우는 중국에서 관제關帝라고 추앙받고 충의와 신의의 상징으로 한국에서도 많은 이들이 좋아하지만, 지휘관으로서는 문제가 많았다고 봅니다. 어리석은 장수였죠. 여러 모로 반反노자적인 장수였습니다.

눈의 사상, 매와 같은 눈

눈이 밝아야 한다, 최대한 많은 것을 볼 수 있어야 한다, 작고 미묘한 것도 놓쳐서는 안 된다. 이런 것을 주문하는 노자 사상은 법가 사상과 닮았습니다. 눈에 초점을 둔다는 점에서 같은 사상이라 할 수 있죠. 상앙商鞅은 부국강병을 위해 인민이 농사와 군사 일만 하도록 강제해야 한다고 했는데, 이 일 말고는 정신 팔지 않도록 국가 권력이 눈 시퍼렇게 뜨고 감시해야 한다고 말했습니다. 한비자는 신하들, 특히 간신이 엉뚱한 생각을 하지 못하도록 철통같이 감시하라고 주장했지요. 감히 군주의 권위에 도전하거나 군주의 틈을 보지 못하게요.

법가, 그들이 중요하게 여긴 것은 눈입니다. 눈에 초점을 두는 사상이었죠. 눈에 초점을 둔다는 점에서 노자와 흡사한데 둘 다 병가 사상, 특히 손자의 영향을 많이 받았기에 닮은 점이 많을 수밖에 없습니다. 사상적 아버지, 사상적 스승이 같으니 흡사한 부분이 많을 수밖에요.《손자병법》은 이렇게 시작하죠. 병자국지대사 사생지지존망지도 불가불찰야兵者國之大事 死生之地存亡之道 不可不察也, 전쟁이란 나라의 큰일이고 백성의 생사가 갈리며 국가의 존망이 걸려 있으니 제대로 살펴야 한다.《손자병법》은 찰察에 대한 강조로 시작합니다. 모든 요소를 제대로 보고 관찰하고 살펴야 한다고 강조하는데, 이런《손자병법》의 영향을 법가와 노자 모두 받다 보니 눈에 초점을 두는 거지요.

반면, 유가는 귀입니다. 귀에 초점을 두었지요. 상호 존중과 예의, 겸손, 상대 말에 대한 경청을 중히 여겼습니다. 그런 사람이 군자이지요. 유가의 사상과 학문을 쉽게 말하자면 군자가 되기 위한 학문이고 군자됨을 위한 가르침의 묶음인데, 그들이 말하는 군자의 미덕에는 경청이 매우 중요합니다. 상대의 말을 공손하게 잘 들어주고 백성의 말에 위정자가 귀를 기울이라 했죠. 잘 들어주는 사람이야말로 유가에서 내세우는 이상적 인격자로서 군자지요. 오죽하면 나이 육십에는 이순耳順이라 말했겠습니까. 조문도석사가의朝聞道夕死可衣라고, 아침에 도를 들으면 저녁에 죽어도 좋다고 했습니다. 이렇게 유가는 귀에 초점을 둡니다.

한편, 묵가는 입입니다. 입에 초점을 두고 커뮤니케이션과 논쟁을 중시하지요. 논리적인 주장 전개, 말 잘하기, 합의와 조정을 추구했습니다. 《묵자》텍스트를 보면, 어떻게 자신의 주장을 제대로 전개할지, 또한 주장할 때 어떻게 명확한 근거를 내세울지, 그리고 서로 의견이 다를 때에는 어떻게 비슷한 점을 찾아 합의해나갈지와 관련된 이야기가 많습니다.《묵자》텍스트 후반부를 보면 후기 묵가의 커뮤니케이션 기술과 목적, 자기 주장의 전개에 대해 자세히 써놓았지요. 정말 그들은 입에 초점을 두었습니다.

이렇게 법가·병가와 노자는 눈, 유가는 귀, 묵가는 입을 강조했다고 정리했는데, 노자는 주문합니다. 눈이 밝아야 한다고. 특히 나를 제대로 볼 수 있는 눈의 밝음, 즉 명明이 필요하다 말합니다. 그래야 강해지고 이길 수 있다고 합니다.

전승불복 戰勝不復

어제의 길을 버리고 새로운 길을 찾는다

13강

길을 잘 가는 사람은 자취를 남기지 않고
말을 잘하는 사람은 흠을 남기지 않으며
셈을 잘하는 사람은 산가지를 쓰지 않는다.
잘 잠그는 사람은 빗장이나 자물쇠를 쓰지 않지만 열 수 없고
잘 묶는 사람은 새끼나 밧줄을 쓰지 않지만 풀 수 없다.'

반복하지도 드러내지도 말라

길을 잘 가는 사람은 자취를 남기지 않고 말을 잘하는 사람은 흠을 남기지 않는다는데, 이게 무슨 말일까요? 저는 《손자병법》에 지금 다루는 27장에 대응하는 말이 있다고 생각하는데요. 바로 앞에서 지피지기를 이야기했습니다. 지피지기는 작전 회의와 전술 회의를 시작할 때 해야 하는데, 작전 회의실에서 전술을 짜고 작전을 모의할 때 고려해야 할 것이 있습니다. 여러 가지가 있겠지만 이것만은 꼭 따져봐야 합니다. 혹시나 내가 지금 내미는 전술과 작전 카드가 예전에 내밀었던 카드가 아니었는지 반드시 생각해봐야죠. 병가에서 반복은 금물입니다. 장수와 전략가는 작전을 구상할 때 예전에 썼던 전술을 다시 쓰는 것을 피해야 합니다. 왜냐? 이미 패를 보여주고 시작하는 것과 마찬가지니까요. 나를 드러내놓

I   善行者无轍迹, 善言者无瑕谪. 善數者不以籌策. 善閉者无關楗而不可啓也. 善結者无繩 約而不可解也. - 27장

165

고 싸우고 내 움직임과 전술을 상대방이 예측 가능하게 한다면, 전쟁에서는 자살 행위입니다. 최대한 상대가 여러 가지 수를 놓고 고민하게 할 수 있어야 하지요. 그게 병가의 상식입니다. 그렇기에 반복은 절대 금물입니다. 상대방이 뻔히 아는 수와 익숙한 전술로 나서는 것은 무모한 짓이죠.

군사력을 앞세운 제국의 팽창이 어느 시점부터 주춤하게 되는데, 왜 그렇겠습니까? 상대 국가가 제국의 전술에 적응하는 때가 오기 때문입니다. 팽창하는 과정에서 여러 나라를 두들기다 보면 그 나라들이 제국 군대의 전술에 익숙해지는 때가 오는데, 그러면 제국은 위기에 직면하지요. 대표적으로 당나라가 있습니다. 중앙아시아를 정벌하고 설연타를 무너뜨리고 고구려를 정벌했지만 그것으로 끝이었죠. 토번에게 패하고 신라에게 패하면서 기세가 꺾였습니다. 그 와중에 절도사가 발호하는 등 팽창 과정 중에 생긴 모순이 제국 내부에서 자라나고 있었죠. 결국 제국은 해체의 길을 걸었습니다. 익숙한 전술, 상대방이 아는 패는 전쟁에서 금지해야 합니다. 국력과 전쟁 수행 능력 자체가 아무리 강해도 노출된 패를 가지고는 상대를 이길 수 없습니다. 그렇지 않아도 손자가 이렇게 말했습니다.

눈앞에 놓인 조건을 이용해서 승리를 병사들 앞에서 이끌어내지만 아무도 어떻게 이겼는지 모른다. 사람들은 모두 내가 승리한 결과는 알지만, 장군인 내가 승리를 만들어낸 방법은 알지 못한다. 그러므로 한번 전쟁에서 승리한 방법은 다시는 사용하면 안 되는 것이다. 그때그때의 상황[形]에 맞게 대응책을 무궁하게 해야 한다.[2]

---

2   人皆知我所以勝之形, 而莫知吾所以制勝之形. 故其戰勝不復, 而應形於無窮. -《손자병법》〈허실편〉

《손자병법》의 이야기죠. 결과만 알게 하고, 종료된 후 상황만 알게 해야 합니다. 내가 어떻게 승리의 조건을 만들어갔고, 어떤 과정을 통해 적을 꺾었는지 아무도 모르게 해야 하지요. 그것은 장수인 자신만 알아야 하고, 나 아닌 다른 사람은 결과만 알아야 합니다. 아군이든 적군이든 나 아닌 다른 사람들에게 결과와 관련되는 과정과 방법, 전술, 작전 등이 최대한 노출이 되지 않도록 어떻게든 나를 숨겨야 합니다. 노출되지 않게 해야 합니다. 항상 나를 어떻게 하라? 무無로 만들어놓아야 합니다. 나의 의도 와 감정, 전략, 전술, 준비한 카드 모두 보이지 않게 해야죠. 상대에게 유有 로 포착된 것은 다시 써먹으면 안 됩니다. 그것은 죽은 패, 무용한 전술 옵 션입니다. 손자는 그래서 전승불복戰勝不復을 말했습니다. 승리는 절대 반 복되지 않는다, 한번 전쟁터에서 승리한 방법은 다시 사용하면 안 된다는 말이죠. 상대가 알고 이미 드러나고 노출되어 유有가 된 전술 옵션은 다시 쓰면 안 된다고 했습니다. 반복해서는 이길 수 없다면서 손자는 또 응형 무궁應形無窮을 말했죠. 항상 그때그때의 상황에 맞게 무궁한 작전, 전술 옵션 등을 가지고 임해야 한다고 했습니다. 손자의 계승자인 노자도 역시 전승불복을 말했습니다. 드러나지 않게 싸워야 한다고 했고, 항상 변화된 전술로 임해야 한다고 했지요. 그러한 노자의 전쟁관은 지금 다루는 27장 에서 잘 드러났다고 봅니다.

최대한 드러나지 않게 싸우면서 적을 이기고 결과만 보이게 했다면, 전쟁 후에는 어떻게 해야 할까요? 이전에 써먹은 방식을 배제하거나 원점 에서 재검토해야 합니다. 승리 방정식은 없습니다. 승리의 기억에 절대 집 착하지 말아야 하지요. 과거는 잊고 오늘의 상황에 맞는 방법을 찾아가야 합니다. 전승불복은 손자와 노자 둘 다 공유하는 전쟁 철학입니다. 손자 말대로 결과는 알아도 과정과 방법은 모르게 하라, 상대에게 노출된 전술

옵션을 써먹으려고 하지 마라. 이것이 27장에서 하고 싶었던 말이죠. 흔적을 남기지 말라고 하지 않습니까. 흔적이 남아 상대에게 노출되었다 싶으면 그것을 포기할 줄 알아야 합니다. 선행자무철적 선언자무하적善行者無轍迹 善言者無瑕讁은 바로 그런 뜻이죠. 길을 잘 가는 사람은 자취를 남기지 않고 말을 잘하는 사람은 흠잡을 거리를 주지 않는답니다. 최대한 은밀하게 움직여 노출을 최소화한 상태에서 일을 도모해 적을 분쇄하라는 말이죠.

왕진이라는 사람은 이 부분을 행군의 원칙으로 이야기했습니다. 선행자善行者에서 행行을 군사를 움직이는 행군으로 본 것이죠. 교묘한 행군술, 적이 모르는 장소와 시간을 틈타 움직이는 행군의 방법으로 보았습니다. 그렇지 않아도 손자가 말했죠. 천 리 길을 행군하면서도 피로하지 않은 것은 적군이 없는 곳으로 행군하기 때문이고, 공격하여 반드시 빼앗을 수 있는 것은 적이 수비하지 않는 지역을 몰래 공격하기 때문이라고. 은밀한 기동을 손자는 강조했는데, 그것을 노자가 다시 말한 것이라 볼 수도 있습니다. 전승불복을 시적으로 표현한 것일 수도 있고, 또 은밀한 행군과 기동 전술을 시적으로 표현했을 수도 있습니다. 이렇게 보든 저렇게 보든 27장은 군사의 일이고 손자와 연관이 됩니다.

용병의 다섯 원칙

왕진은 《노자》 27장을 이렇게 설명했습니다.

길을 갈 때 흔적을 남기지 않는다는 것은 은밀하게 움직인다는 것이고,

말을 할 때 흠이 없다는 것은 가운데를 지킨다는 말이다.

산가지를 쓰지 않는다는 것은 전쟁하면 반드시 이긴다는 말이다.

열 수 없다는 것은 수비가 아주 견고하다는 것이고,

풀 수 없다는 것은 상대에게 어떤 단서와 실마리를 주지 않는다는 것이다.

왕진은 《노자》 27장을 훌륭한 전략가의 용병 원칙으로 보았습니다. '말할 때 흠을 남기지 않는다'를 가운데를 지키라는 말로 해석했는데, 아무래도 조심하고 또 조심해서 정보의 누출을 없게 하는 것으로 보이죠. 그렇지 않아도 노자는 5장에서 다언삭궁 불여수중多言數窮 不如守中이라고, 말이 많으면 궁해지니 가운데를 지키라고 말했습니다. 그 말입니다.

세 번째 '산가지를 쓰지 않는다'는 것은 앞서 장량의 운주유악運籌帷幄의 사례 기억나시죠? 보통 산가지로 계산하며 전술을 짜는데 산가지를 쓰지 않고도 이긴다는 말은 계산하지 않은 채로 전쟁에 임하라는 것이 아니죠. 이기는 승부만 하라, 즉 승리할 수 있는 조건을 모두 갖춰놓은 채 최대한 유리한 상황을 조성해 싸우라는 것이죠. 손자가 말한 대로 세를 내 것으로 하여, 즉 전투 환경을 최대한 내게 유리하게 만들어놓고 싸우라는 것으로 왕진은 해석했습니다. 더 이상 계산이 필요 없을 정도로 상황을 만들어놓아야 한다는 겁니다.

네 번째 '열 수 없다'는 것은 수비에서 빈틈이 없도록 하는 것이라 해석했고, 다섯 번째 '풀 수 없다'는 것은 완전한 승리를 거두어 어떤 반격의 여지나 불안의 싹이 없게 하라는 뜻으로 해석한 것 같습니다. 그렇지 않아도 《오자병법》에서 오기가 말했습니다. 장수는 전투, 전쟁이 끝난 후에도 전투를 막 시작할 때의 마음을 견지해야 한다고요. 끝난 후에도 방심하지 말고 어떻게든 확인 사살할 수 있어야 한다고 했는데, 여기에서는 장수의 그런 철두철미한 자세를 말한 게 아닌가 합니다.

왕진은 27장을 이렇게 해석했는데, 저는 그의 해석에 동감합니다. 누가 뭐래도 군사의 일을 잘 아는 사람이 훌륭한 지휘관의 모습을 서술한 것이고, 지휘관이라면 항상 명심해야 할 용병의 다섯 원칙, 즉 자취를 남기지 말라, 흠을 남기지 말라, 수비에서 틈이 없게 하라, 이기는 싸움만 하라, 적에게 어떤 반격이나 부활의 실마리를 주지 말라고 말한 것이죠. 이 다섯 원칙을 지킬 수 있어야 행군을 잘하는 장수라 할 수 있고, 말을 잘하는 장수이고, 계산을 잘하는 장수이며, 수비를 잘하는 장수이고, 상대에게 허점을 보여 틈과 빌미를 주지 않는 장수라는 것이죠.

정리하면 장수는 선행善行, 선언善言, 선수善數, 선폐善閉, 선결善結의 다섯 항목에 능해야 한답니다. 여기에서 가장 중요한 것은 역시 첫 번째 선행이겠죠. 은밀하게 움직이고 흔적을 남기지 않으면서 이동하라. 그래야 최대한 적이 모르게 군대를 기동시켜 전쟁에서 이길 수 있을 것이고, 이긴 후에도 우리가 승리한 과정을 적이 모를 것이며, 손자가 말한 대로 사람들은 모두 우리가 승리한 결과는 알아도 '승리를 가능케 한 형편[所以制勝之形]'은 알지 못할 것입니다.

원앙새와 실

승리를 병사들 앞에서 이끌어내지만 아무도 어떻게 이겼는지 모른다.
사람들은 모두 내가 승리한 결과는 알지만,
장군인 내가 승리를 만들어낸 방법은 알지 못한다.
-《손자병법》〈허실편〉

길을 잘 가는 사람은 자취를 남기지 않고
말을 잘하는 사람은 흠을 남기지 않는다.

-《노자》27장

일맥이 상통하다 못해 거의 같은 말이라고 해도 좋은 이 말들을 어떤 중국의 다른 명언으로 기억해도 좋을 것 같습니다. 이런 말이 있지요. "원앙새를 수놓아 보여주지만 바늘만은 다른 사람에게 넘겨주지 마라." 바로 이 말이요. 노자와 손자의 저 말들을 묶어 정리해주는 말 같죠. 아주 명쾌하게 말입니다. 승리한 모습과 결과, 일이 다 끝난 후의 상황은 모두가 알아도 좋지만 그것을 만들어간 과정, 승리를 만들어간 내 책략과 작전은 아무도 모르게 하라는 말이죠. 결과와 상황, 승리가 원앙새라면 과정과 책략, 작전은 바늘입니다. 원앙새는 누구든 봐도 좋고 누구에게나 보여줘도 좋습니다. 하지만 절대 보여주면 안 될 것이 있죠. 바로 바늘입니다. 승리를 만들어간 과정, 결정적으로 승리를 일궈내는 역할을 한 책략과 모략, 작전은 절대 남에게 보여주면 안 됩니다. 어떻게든 뒤로 숨겨야 합니다. 무조건 은폐하고 어떤 것을 수단으로 쓰든 나를 가려야 하지요. 전쟁이든 삶이든. 중국인들은 실제 그러합니다. 숨기고 감추고 뭔가를 가리는 데 능하죠. 그것이 기본적인 생존 철학이자 스킬인 사람들입니다. 그 뒤에 노자 그리고 손자가 있고요. 바늘과 실만이 아니라 중국인들은 원앙새도 보여주지 않는 사람들이죠.

답습이냐 분석이냐

많은 이들이 과거의 성공에 집착하고 과거의 작전과 전술을 승리 방정식으로 생각합니다. 그러면서 패망을 자초하지요. 이는 전쟁사에서 무수히 확인되고 경영 현장에서도 확인됩니다. 손자와 노자가 말한 전승불복의 메시지가 그러합니다. 승리와 성공은 분석의 대상이지 답습의 대상이 아닙니다. 영광의 기억은 연소시켜야 하지 재활용의 대상이 되면 안 되죠. 왜 그 상황에서 그 전술이 유용했는지, 무슨 요소와 원인으로 인해 그 전술이 먹힐 수 있었는지 당시 상황과 맥락 안으로 철저히 들어가 분석해야 합니다. 그래야 그대로 답습하지 않습니다. 새롭게 응용할 줄 아는 힘이 생긴다는 거죠. 그때 그 전술이 통할 수 있었던 원인과 배경에 대해 제대로 분석한다면, 다음에는 그 전술을 그대로 적용하는 게 아니라 지금 상황에 맞게 적용하고 지금 지형과 기상, 피아 간의 전력과 심리적 조건 등에 맞게 응용해 써먹을 수 있습니다. 분석에 철저해야 답습을 피하고 응용이 가능해집니다. 정말 과거의 것에 집착하지 말아야 합니다. 지금 상황에 최적화된 새로운 전술을 만들려 노력해야 하지요. 그래서 노자가 비우고 비우라, 덜어내고 덜어내라 말했나 봅니다.

> 학문을 하는 자는 날마다 더하고
> 도를 들은 사람은 날마다 덜어낸다.
> 덜어내고 또 덜어내어 무위에 이르니
> 무위하면 하지 못하는 것이 없다.
> 바야흐로 천하를 취하려 한다면
> 언제나 일이 없음으로 해야 할 것이니

만약 일이 있게 되면 천하를 취하기에는 충분하지 않다.[3]

덜어내야 합니다. 적에게 노출된 옛날의 방식과 전술에 집착하지 말고 무위無爲로 싸워야 합니다. 무위는 뒤에서 자세히 설명하겠지만 인순因循입니다. 내 주관과 꾀, 사적 의지와 과거의 경험으로 생긴 고정관념과 선입견으로 덤비는 게 아니라 제로베이스에서 모든 것을 검토하고, 현재의 조건과 상황에 철저히 순응하고, 시세를 타서 일을 처리하려는 자세입니다. 노자는 그 무위의 자세로 적과 맞서야 한답니다. 그래야 천하를 취할 수 있다고 합니다. 천하를 취하려 한다면 그렇게 덜어내고 덜어내 무위에 이를 수 있어야 합니다. 제로베이스에서 모든 것을 검토할 수 있어야 하고, 그러면서 항상 오늘의 조건, 눈앞의 상황에 맞는 최적의 전술과 작전을 만들어내려고 해야 하지요.

지금까지 27장을 가지고 설명했습니다. 원앙새를 보여줘도 바늘은 보여주지 말라고 했습니다. 은밀하게 일을 추진하고 꾸미고 적이 모르게 행군하고 기동해야 합니다. 적에게 보이지 않게 하고 적에게 노출된 것, 적에게 익숙한 것은 철저히 버리고 비워야 합니다. 그리고 그때그때 상황에 맞는 새로운 패를 들고 나와야 합니다. 이제 도가도 비상도道可道 非恒道 이야기를 해볼까 합니다. 《노자》 하면 누구나 떠올리는 구절이죠.

---

3   爲學者日益, 聞道者日損. 損之又損, 以至于无爲, 无爲而无不爲. 將欲取天下也, 恒无事, 及其有事也 又不足以取天下矣. - 48장

승불가일 勝不可一

단 하나의 승리 방정식은 없다

14강

도라고 말할 수 있다면 도라 할 수 없고

이름으로 불릴 수 있다면 영원한 이름이 될 수 없다.[1]

하나의 방식과 원칙이
도가 될 수 없다

《노자》의 시작인 도가도 비상도道可道 非恒道. 많은 사람들이 아는 말입니다. 굉장히 의미심장해 보이고 심오한 진리를 담고 있어 보이는 말이죠. 사람들이 저 구절을 이렇게들 많이 해석해왔습니다.

도는 언어로 표현될 수 있는 무언가가 아니다. 인간의 언어로 정의될 수 없다. 이렇다 저렇다 규정하는 순간 더 이상 도가 아니다. 언어는 사물을 고정하고 함부로 쪼개어 규정하는 성향이 있는데, 그런 언어로는 도와 제대로 마주할 수 없다.

종교적 진리, 절대자, 우주의 이치, 어떤 형이상학적인 절대적 진리는 절

I   道可道, 非恒道, 名可名, 非恒名. - 1장

대 인간의 언어로 표현하거나 언어를 통해 마주할 수 없다고들 많이 말하죠. 정말 고담준론의 냄새가 많이 나는데, 종교적이고 형이상학적인 맥락에서 소비되어온 말입니다. 그런데 저는 고담준론이나 종교적·형이상학적으로 해석할 말이 아니라, 어디까지나 용병의 원칙, 군사의 일에 관련된 것이라고 봅니다. 보통 사람들의 상식 내지 선입견과 많이 다르게 이것을 병가의 덕목을 말한 것으로 생각하죠. 어쨌거나 《노자》하면 사람들이 떠올리는 말이고, 책의 첫 장에 등장하는 말입니다. 《노자》를 해설해야 하는 이들이 어떻게든 설명해야 할 말일 텐데, 저 역시 예외가 아니죠. 그러면 설명해보겠습니다.

사실 이미 앞서 13강에서 좀 설명했습니다. 손자가 뭐라고 했지요? 전승불복戰勝不復, 한번 전쟁에서 승리한 방법은 다시는 사용하면 안 된다고 했지요. 그때그때의 상황[形]에 맞게 대응 전술을 무궁하게 만들어내야 한다고 했습니다. 이게 승리 방정식이다, 이것이 필승 공식이니 반드시 따라야 한다, 이런 작전이 진리이니 언제나 지키라고 하면 절대 안 된다고 했지요. 도가도 비상도는 그런 말입니다. 특정한 전투 방식, 전략, 전술에 절대 집착하거나 목매지 마라, 하나의 방식과 전술, 작전을 승리로 인도해주는 진리로 고정해 보아선 안 된다는 말이죠. 노자는 도라고 한다면 도가 될 수 없다고 했습니다. 그런데 이 도라는 것은 유형화하거나 공식화하거나 이렇다고 한정지을 수 있는 게 아니며, 그러면 도라고 할 수 없답니다. 무엇 하나를 딱 집어 도라고 절대화해서는 안 된다, 하나의 방식과 원칙은 도가 될 수 없다는 말이죠. 하나의 방식과 전술을 공식처럼 따르거나 집착하면 안 된다는 말입니다. 그 하나에 집착하면, 그 원칙은 절대로 승리로 인도하는 전술, 방법이 될 수 없다는 것이죠. 어쩌면 단순한 말이고 상식적인 말입니다. 하나의 방식을 승리의 방정식이라고 생각해

집착하지 마라, 하나의 전술을 공식으로 생각한 나머지 그것에 나를 고정시키지 말라는 것이지요. 바꾸어 말하면, 항상 변하거나 새로운 전술로 싸울 준비를 하라는 말입니다. 공식처럼 언제나 통하는 작전과 전술이란 것은 존재하지 않는다고요.

좀 의외죠? 도가도 비상도가 그런 말이라니. 어쩌면 노자 사상의 시작과 끝일지도 모르는 너무나도 심오한 우주의 근본 원리 같은데, 알고 보니 군사의 일과 관련된 것이고 어쩌면 단순한 가르침일 수도 있다니 많이 의외일지도 모릅니다.

도란 무엇인가?

첫 장부터 도를 말하면서 시작하는 《노자》. 그런데 도란 무엇일까요? 사실 이 타이밍에 도란 무엇인가를 이야기한다는 게 좀 뜬금없을지도 모르겠네요. 《노자》 하면 도이니 처음부터 이야기를 제대로 꺼냈어야 하는데 말입니다. 또 "도를 아십니까?" 하면서 사람을 붙잡는 사람들 때문에 이 질문은 적잖이 희화화되었는데, 여기에서 도가 무엇이냐는 질문을 던지니 좀 난데없이 느껴질지도 모르겠습니다. 그런데 정말 도란 무엇입니까? 노자의 도는 무엇일까요? 우선 유가에서 말하는 도를 생각하시면 안 됩니다. 공자가 말하는, 아침에 도를 들으면 저녁에 죽어도 좋다고 할 때의 그 도를 생각하시면 안 됩니다. 앞서 성인과 덕을 말할 때에도 유가에서 정의 내린 성인과 덕의 정의를 잊으라고 했는데, 사실 덕과 성인뿐만 아니라 의와 예, 인 등은 동양 정치 사상가들 누구나 보편적으로 쓰던 개념이었지요. 유가 사상가들이 독점했던 말이 아닙니다. 그러니 유가적 의미에만 우리가 붙들려 있을 이유가 없죠. 도 역시 마찬가지입니다.

유가에서 말하는 도는 항상 지향해야 할 대원칙으로 철저하게 윤리나 도덕과 연관되는 것이죠. 도덕 원칙이나 도덕적 이상이랄 수 있고, 특히 정치 공동체가 항상 견지하고 부여잡고 있어야 할 이상적 질서라고 할수 있죠. 유가의 도는 어떤 맥락에서 등장하든 윤리나 도덕과 직결되고 당위로서 인간이 추구해야 할 것입니다. 하지만 어디까지나 그것은 유가의 도일 뿐입니다. 노자가 말하는 도 개념과는 거리가 멀죠. 노자의 도는 그의 성인 개념, 덕 개념과 마찬가지로 윤리나 도덕과 상관없습니다. 노자가 말하는 도는 경쟁에서 이기게 해주는 것이며, 조직과 국가를 살아남게 해주는 것입니다. 실용적인 것이며 실리와 직결되는 것으로, 옳으니까 따르고 추구해야 할 대상이 아닙니다. 따르는 사람에게 단기적이든 장기적이든 이익을 주는 것이니 따라야 하는 것이죠. 오기와 손빈이 말했던 도도 그런 실리적이고 공리적인 것이었죠. 전쟁에서 이기게 해주고 전략을 달성하게 해주는 것이었습니다. 병가 사상가인 그들에게 도는 도덕적 질서와 거리가 먼 것이었는데, 노자도 마찬가지죠. 노자에게 도는 자신이 원하는 목표와 목적을 추구하는 데 도움을 주는 실용적 수단입니다. 철저히 도구적 성격을 가진 무엇인가라고 생각하시면 됩니다.

천자를 세우고 삼향三鄉을 설치할 때
옥을 받들고 사두마차를 앞세우더라도
가만히 앉아 이 도에 나아가느니만 못하네.
옛날에 이 도를 귀하게 여긴 까닭은 무엇인가.
구하는 것이 있으면 이 도로써 얻을 수 있고
죄가 있으면 이 도로써 면할 수 있기 때문이 아니겠는가.

그래서 도는 천하에서 가장 귀한 것이 되네.[2]

도는 좋은 것입니다. 도를 통해 구하는 것을 얻을 수 있고, 도를 통해 화를 피할 수 있죠. 왕필본 41장에서는 "오직 도를 체득한 사람만이 시작도 잘하고 마무리도 잘한다."라고 했는데 54장에서는 이리 말합니다.

> 도로써 내 몸을 닦으면 그 덕이 진짜가 되고
> 도로써 집을 다스리면 덕은 넉넉해지고 장대해지고
> 도로써 마음을 다스리면 덕은 넉넉해지고
> 도로써 나라를 다스리면 덕은 풍족해지고
> 도로써 천하를 다스리면 그 덕은 광대해진다.[3]

도를 활용하고 도를 따르면 덕을 가진다네요. 덕을 역량과 힘이라고 했는데, 도를 자기 것으로 하면 힘을 지니게 되고 그 힘이 강해진답니다. 이렇게 도는 좋은 것이죠. 자, 노자의 도라는 것은 일단 이렇게 알면 좋을 것 같습니다. 바로 진리입니다. 하지만 유가의 도처럼 궁극적으로 추구해야 할 바가 아니라 수단적으로 따르고 활용해야 할 것입니다. 따르면 내게 무엇인가 이익을 주고 명철보신明哲保身의 지혜를 주는 것입니다. 활용하면 내가 위태롭지 않은 삶을 살 수 있는 데 도움을 주고, 자기 조직을 강하게 할 수 있고, 경쟁에서 이기게 해주는 원리지요.

---

2 故立天子 置三卿, 雖有拱之璧以駟駟馬, 不若坐而進此. 古之所以貴此道者 何也. 不謂求以得, 有罪以免與, 故爲天下貴. - 62장

3 修之身 其德乃眞, 修之家 其德有餘, 修之鄕 其德乃長, 修之國 其德乃豊, 修之天下 其德乃博. - 54장

사물은 강성해지면 곧 쇠락하니

이는 도에 따르지 않기 때문이네.

도에 따르지 않으면 일찍 죽고 만다.[4]

55장을 보면 그 도라는 게 노자의 주요한 문제의식인 불태不殆, 천장지구 天長地久, 재앙을 피하는 일과 직결되는 것 같지요. 그것을 따르면 삶이라 는 전쟁터, 궁중 사회라는 전쟁터에서 자신에게 안전을 가져다주지요. 그 것을 따르면 전쟁 상황에서 내가 지지 않고 이기는 확률을 높여줍니다. 이쯤 되면 충분히 설명을 한 것 같네요. 도를 내가 강해지게 해주고 살아 남게 해주고 이기게 해주는 수단, 경쟁과 전쟁 그리고 투쟁의 장에 반드 시 따라야 할 원리와 지침이라 알고 계속 가보죠. 이러한 저의 설명이 노 자의 도를 전부 설명해준다고 보지는 않지만 상당 부분을 설명해준다고 봅니다. 특히 투쟁과 경쟁, 전쟁에서 살아남기 위한 실용적 지혜와 지침으 로서의 성격을 제외하면 노자의 도는 껍데기만 남는다고 보는데요. 노자 의 도는 나를 강하게 살아남게 도와주는 지침과 원칙입니다.

손빈의 도, 노자의 도

도를 참 많이도 언급한 사람이 있습니다. 바로 손빈입니다. 손자와 같은 가문 사람으로 제나라에서 활약했는데, 제나라 대장군 전기田忌의 참모를 지냈죠. 손빈의 도 이야기를 들어보면 노자의 도가 잘 이해가 되고, 유가

---

4   物壯卽老, 謂之不道, 不道早已. - 55장

가 아닌 다른 사상가들이 말하는 도의 의미에 대한 이해가 깊어지니 한번 들어보지요.

손빈은 도를 비중 있게 말했는데, 특히 지도知道를 자주 이야기했습니다. 손빈은 사람들이 도를 잘 모른다고 답답해하기도 했습니다. 손빈에게 도는 전쟁의 원리이자 용병의 원칙입니다. 전쟁의 객관 법칙 또는 전쟁의 객관적 원리라고도 할 수 있죠. 승리로 인도하는 요령과 전술, 지혜입니다. 그가 당신은 도를 아십니까 하고 묻는다면 그것은 전쟁에 대해 아십니까, 군대를 이끄는 법을 아십니까 하고 묻는 것입니다. 손빈에게 도를 알아야 한다는 것은 전쟁의 속성을 알고 군대 다루는 법을 알아야 한다는 것입니다. 우주적 원리, 형이상학적 진리를 아는 게 아니지요. 그가 도를 모른다고 할 때는 전쟁의 원리를 모른다고 하는 말이고요.

손빈이 말하는 도는《손빈병법》〈위왕문편〉과〈팔진편〉에 잘 드러납니다. 먼저 〈위왕문편〉에서 손빈은 전기, 제위왕과 대화하고 나서 제자들에게 이런 말을 했습니다. 기지병의 이미달어도야幾知兵矣 而未達於道也, 그들은 전쟁에 대해 아는 체하지만 (전쟁의 껍데기에 대해서만 알지) 용병술의 본질적인 문제인 도를 아는 경지에는 이르지 못한 것 같다는 말이죠. 손빈이 생각하는 도가 무엇인지 알게 하는 대목입니다. 〈팔진편〉에서는 도에 대한 다른 이야기가 나옵니다.

장수가 지혜와 계략이 부족한데도 병력을 거느리고 전쟁에 나선다면 이는 자기 과신일 뿐이다. 용기가 없으면서도 병사를 거느리고 전투에 나서는 장수는 허세를 부리는 자일 뿐이다. 용병의 원칙을 파악하지 못하고[不知道] 실전 경험도 없는 자가 병력을 이끌고 전투하려고 하는 것은 요행만을 바라는 것이다.

전차 만 대를 거느린 천자의 나라를 튼튼히 하고 왕의 영향력을 넓히며 온 백성의 생명과 재산을 안전하게 보호하려는 의지를 지닌 장수라면 반드시 전쟁의 원리를 잘 알고 있어야 한다.[5]

전쟁의 원리를 잘 안다는 것은 무엇인가. 위로는 하늘의 이치, 아래로는 땅의 이치를 알고, 안으로는 민심을 알고 밖으로는 적군의 실정을 아는 것이다.[6]

손빈은 도를 용병의 원칙과 요령, 전쟁의 원리와 속성 같은 뜻으로 말하고 있는데, 노자가 말하는 도에도 다분히 그러한 속성이 있습니다. 노자가 말하는 도의 8할은 그런 의미지요. 그런데 용병의 원칙과 요령을 도라고 했는데, 그것이 항상 같을 수는 없고 하나로 고정되어서도 안 되겠지요? 싸우는 방법과 작전, 전술은 매번 변해야 하는데, 어느 하나를 가지고 이것이 도다, 이것이 승리 방정식이라고 한정하면 안 됩니다. 그렇지 않아도 손빈은 승불가일勝不可一을 말했습니다.

이기는 데 정해진 것은 없다

우주의 법칙은 사물의 번성함이 정점에 도달하면 쇠퇴하기 마련이고 달이 차면 기울어져 그 순환이 그치지 않고 반복한다.

---

5 夫安萬乘國, 廣萬乘王, 全萬乘之民命者, 唯知道. -《손빈병법》〈팔진편〉
6 知道者, 上知天之道, 下知地之理, 內得其民之心, 外敵之情. -《손빈병법》〈팔진편〉

-《손빈병법》〈기정奇正편〉

손빈은 〈기정편〉에서 이렇게 말했는데, 매번 상황이 급변하는 게 전쟁터라는 것입니다. 새옹지마에서도 그랬죠. 변화는 항상 오기 마련이고 어떻게 사태가 변할지 모른다고. 그게 인생이고 또 전쟁터의 상황도 그렇습니다. 고정된 상황은 없습니다. 변화를 전제하고 작전과 전술을 짜야 하지요. 전쟁터의 상황은 늘 가변적이라고 전제하는 손빈은 작전 인원의 많고 적음, 작전 배치의 집중과 분산, 작전 태세의 순조로움과 그렇지 못함, 작전에 참여하는 장병의 피로와 편안함, 작전 거리의 멀고 가까움, 작전 진행의 빠름과 느림 등은 절대 고정된 것이 아니라고 했습니다. 또 새옹지마를 말할 때 언급한 것처럼 상호 전화가 수시로 일어난다고 했죠. 언제든 서로 반대 방향으로 바뀌고 변할 수 있다고 했습니다. 느린 게 빠른 게 되고, 먼 것이 가까운 것이 되고, 피로한 게 편안함이 되죠. 그러니 어떻게 해야겠습니까? 고정된 전술과 작전으로 움직이면 안 되지요. 그래서 승불가일勝不可一을 말한 것입니다. 손빈은 성인이 전쟁을 하는 방식은 고정불변하지 않고 상황에 따라 적절하게 대응하므로 아무도 어떤 방식을 채택할지 사전에 알 수 없다고 했습니다. 승리의 방법은 한 가지로 고정되어 있지 않다, 하나로 고정해선 안 된다, 그것이 바로 승불가일입니다. 노자도 58장에서 말했지요.

　화는 복이 기대고 있고
　복에는 화가 엎드리고 있으니
　누가 그 끝을 알겠는가.
　항상 지켜야 할 정해진 올바름이란 없다.

새옹지마를 언급할 때 설명했던 《노자》 58장입니다. 노자 생각에는 항상 지켜야 할 것이나 정해진 것은 없습니다. 고정되면 집니다. 변해야 합니다. 하나가 되면 지고 여러 개가 되면 이기는데, 손빈의 승불가일이 그런 것이고 노자가 말하는 도가도 비상도란 그런 것입니다. 정해진 것, 고정된 것은 승리로 인도해주는 길이 될 수 없다는 것이지요.

패턴이 아니라 전술로 싸워라

2014년에 벌어진 브라질 월드컵 때 일화입니다. 홍명보 감독이 알제리와의 경기를 러시아전 때와 똑같은 전술로 나섰다고 가혹한 비판을 받았죠. 상대가 너무도 뻔히 아는 전술로 싸워 패배를 자초했다고 많은 이들이 비판했는데, 엄밀히 말하자면 기존의 전술로 싸웠다, 노출된 전술로 싸웠다기보다는 전술 없이 싸운 것입니다. 패턴으로 싸운 것이었죠. 노출된 전술, 상대가 아는 작전은 전술과 작전이 아닙니다. 패턴에 불과할 뿐이죠. 전승불복을 말한 손자, 승불가일을 말한 손빈, 도가도 비상도를 말하고 정해진 올바름이란 없다고 선언한 노자는 그것을 말하고 싶었던 것이에요. 패턴이 아니라 전술로 싸우라고. 매번 지형 조건, 기상 조건, 군대 간의 상성, 전쟁과 승부를 둘러싼 환경이 변하면 장수는 그에 맞게 변화해 작전과 전술을 만들어내야 하지요. 그러면 상대방이 잘 아는 카드를 내미는 일은 없을 것인데, 이렇게 상대가 아는 카드인 패턴이 아니라 전술로 싸워야 하지요. 장수라면 그럴 수 있어야 합니다.

패턴이 아닌 전술로 싸워라. 전쟁터의 상식이지만 사람은 늘 익숙함에 지배받는 생물이고 편한 것을 추구하는 존재라 전술이 아닌 패턴으로 싸우고 조직을 운영하는 경우가 많습니다. 기존의 전술과 작전이 조직 사회의 룰과 관습 같은 이름으로 달라붙어 있어 떨쳐내기 어려운 경우도 많고요. 하지만 익숙함을 버릴 수 있어야 합니다. 익숙함에 매몰되면 전략적 사고라는 것은 마비되지요. 익숙한 것을 벗어던지고 불편한 것을 기꺼이 감수하려고 해야 전략적 사고가 만들어지고 키워집니다. 전쟁은 물론이고 경영 현장에서도 많은 정보와 문제가 테이블 위로 올라오는데 사람들은 자기에게 익숙한 것만 보려고 합니다. 듣고 싶은 것만 듣고, 보고 싶은 것만 보면서 과거의 성공 방식과 사례에 기대고 거기에 기초해 결정을 내리죠. 그 결정에 조직 구성원은 순순히 따라가고요. 왜냐? 역시나 익숙하고 편하니까요. 익숙함이 좁은 시야를 만들어내고 인간을 경직되게 하는데, 관료주의나 조직의 논리와 결합해 그것이 더 강해지면 그런 군대와 조직은 약해지고 패망할 수밖에요. 전략적 사고와 집단 지성이 퇴화되고 패턴으로 움직이면, 상대 또한 충분히 예측할 수 있는 팀이 되는데 어찌 이길 수 있겠습니까?

나를 이기게 해주는 길, 강해지고 지지 않게 해주는 길, 나를 승리로 인도하는 길은 결코 하나가 아니고 여럿입니다. 어제 걸었던 길 말고 다른 길이 없는지, 이 길 말고 다른 경로는 없는지 찾아봐야 하지요. 어제도 걸었던 길, 상대도 아는 길에는 어떤 함정과 복병이 도사리고 있을지 모릅니다. 불편하더라도 새로운 길, 상대가 모르는 길을 찾아보고, 특히 은밀하게 그 길로 이동해 불시에 적을 칠 수 있어야 하지 않나 싶습니다. 새로운 길, 적이 모르는 길을 찾으려는 것은 항상 명장들이 고민했던 바죠. 어제의 길을 버리고 새로운 길, 불편하고 낯선 길을 적극 찾아보려는 자세가 전략적 사고 그 자체입니다. 그리고 리더는 그것을 키워야 합니다.

손빈의 승불가일과 노자의 도가도 비상도를 이해하면 41장은 참 쉽게 해석이 되는데, 《노자》 41장에서 노자는 다음과 같이 말합니다.

> 뛰어난 선비가 도를 들으면 그것을 힘써 실천하고
> 그러저러한 선비가 도를 들으면 보존하기도 하고 버리기도 하며
> 하찮은 선비가 도를 들으면 크게 웃으니
> 저들이 웃지 않으면 도라 하기 어렵다.
> 그래서 전해오는 말에 이런 것이 있다.
> 밝은 길은 어두운 듯하고
> 나아가는 길은 물러서는 듯하며
> 평탄한 길은 울퉁불퉁한 듯하다.[7]

사람들이 비웃어야 합니다. 엉뚱하다고, 말도 안 된다고 해야 합니다. 그 정도로 내가 낸 책략이 기발하고 또 무모하고 위험해 보일 수 있어야 합니다. 그래야 상대의 허를 찌르고 상대가 예상치 못한 경로로 움직일 수 있지요. 손자는 쟁선爭先과 우직지계迂直之計를 말했습니다. 선先을 쟁爭 한다, 즉 다툰다는 것입니다. 누가 먼저 가느냐 경쟁한다는 거죠. 그 쟁선에서 이겨야 합니다. 먼저 가야 합니다. 먼저 도착해야죠. 상대보다 빨리 행군해 유리한 지형을 선점해야 합니다. 하지만 이기기 위해 평탄하고 안전한 길로 빨리 가려고 하면 화를 당할 수 있습니다. 왜냐? 적이 예측하는 이동 경로니까요. 이롭고 편한 길인 줄 알았지만 알고 보니 위험하고 해로운 길입니다. 새옹지마의 고사처럼 화복은 붙어 있으며 반대되는 것끼

---

7   上士聞道 勤能行之, 中士聞道 若存若亡, 下士聞道 大笑之, 弗笑 不足以爲道. 是以建
    言有之曰: 明道如昧, 進道如退, 夷道如纇. - 41장

리 서로 공존한다고 노자가 말했죠. 그런 양면성이 정말 여실히 드러나는 게 전쟁 시 행군의 문제입니다. 빠르고 편한 길이 결과적으로 느리고 불편할 수 있습니다. 안전하다 생각한 길이 위험한 길이 될 수 있습니다. 그러니 역으로 느리게 가고 위험한 길을 찾아 군대를 이동시킬 수 있어야 합니다. 구성원이 모두 꺼리는 길로요. 그러면 오히려 빠르고 안전하게 갈 수 있는데, 늘 그렇게 기동할 수 있도록 장수는 고민해야 하죠. 그것을 손자는 우직지계라고 했습니다. 우迂, 돌아가는 것 같지만 결과적으로 직直, 빠르게 이동시켜주는 길을 찾아야 합니다. 어려운 길로 돌아가야 편하게 갈 수 있으니 그런 우직지계를 생각해내려 장수와 집단은 노력해야 한다는 것이죠.

용병을 할 때 장수가 군주에게서 명을 받으면 군을 소집해서 병력을 갖춘 뒤 적과 대치해서 진영을 마주 세운다. 이 과정에서 군쟁, 기동해서 위치를 잡기까지의 과정만큼 어려운 것이 없다. 군쟁이 어려운 이유는 우회하는 것을 직행하는 것으로 만들고, 어려움을 이익으로 바꾸어야 하기 때문이다. 일부러 길을 우회해 적에게 이로움을 주는 듯이 해 적을 유인하고, 남보다 늦게 출발해 남보다 먼저 도착한다. 이것이 돌아감으로써 오히려 빨리 가는 법을 아는 것이다. 그러므로 군쟁은 이익이 되기도 하고 위기가 되기도 한다.[8]

손자가 말하듯 이렇게 쟁선이 어렵습니다. 빠르고 안전하게 가면서도 적보다 먼저 도착해야 하기에 어려울 수밖에 없는데, 노자가 괜히 밝은 길

---

8   孫子曰: 凡用兵之法, 將受命於君 合軍聚衆 交和而舍. 莫難於軍爭. 軍爭之難者, 以迂為直, 以患為利. 故迂其途, 而誘之以利, 後人發, 先人至, 此知迂直之計者也. 故軍爭為利 軍爭為危. -《손자병법》〈군쟁편〉

은 어두운 듯하고, 나아가는 길은 물러서는 듯하며, 평탄한 길은 울퉁불퉁한 듯하다고 한 게 아니죠. 어둡다고 생각했지만 그 길이 밝은 길일 수 있고, 나아가는 길이라 생각했지만 적에게 노출되어 아군이 죽는 길이 될 수도 있죠. 군대가 행군할 때는 편하고 빠른 길보다 어두운 길과 울퉁불퉁한 길, 물러서게 하는 길을 찾아봐야 합니다. 남들이 들으면 비웃고 무모하다고 할 정도로요. 그게 전략적 사고입니다. 편하고 안전해 보이는 길이 아니라 목적을 달성케 하는 길을 찾으려 안간힘을 써보는 게 전략적 사고지요. 그런 노력을 통해 전략적 사고를 하는 신경망이 뇌 안에 생길 것인데요. 전략적 사고를 하는 사람에게 길은 많습니다. 남들과 다른 전술 지도를 가질 수 있고요. 반대로 전략적 사고를 하지 못하면 길이 고정되는데, 그러면 패망할 수밖에요. 도가도 비상도가 던지고자 하는 궁극적인 메시지는 여러 가지 길을 찾으려고 노력하라는 것입니다. 이제 도가도 비상도에 대해 충분히 이해하셨나요? 길을 잘 찾아봐야 하죠. 방법과 전술 옵션을 다양화하고 이동 경로를 최대한 많이 찾아 고민해봐야 합니다. 어느 길이 목적을 달성케 해주는 길인지 끊임없이 고민하면서요.

소국과민 小國寡民

모든 힘을 유기적으로 뽑아내 조직화한다

15강

나라는 작고 인민은 적다.

문명의 이기가 있어도 사용하지 않게 하며

인민들로 하여금 죽음을 무겁게 해 멀리 옮겨 다니지 않게 한다.

배와 수레가 있지만 그것을 탈 일이 없고

무기가 있지만 그것을 벌여놓을 필요가 없으며

인민이 결승이라는 원시 문자를 쓰며 살게 한다.

그러면 자신의 땅에서 먹는 음식을 달게 여기고

자신이 입는 의복을 아름답게 여기며

자신이 사는 거처를 편안하게 여기며

자신의 풍속을 즐거워한다.

이웃 나라가 서로 바라볼 정도이고

닭 우는 소리와 개 짖는 소리가 서로 들릴 정도로 가깝지만

인민은 늙어 죽을 때까지 이동하지 않는다.'

노자가 말하는 병역 자원 관리법

80장은 소국과민小國寡民으로 아주 유명한 장이죠. 《노자》 하면 이것을 떠올리는 분이 많습니다. 원시 공동체에 대한 강한 향수가 드러나는 장이라며 노자가 생각하는 이상적인 사회, 공동체, 국가의 미래를 말하고 있다고 생각하지요. 하지만 80장은 철저히 군사적으로 독해해야 하는 장이고, 《노자》 텍스트가 병법서라는 강력한 증거가 되는 장이지요. 백성을 방목시키는 목가적 공동체? 아닙니다. 백성을 병역 자원으로 보고 아주 타이트하게 관리하고 사육하려는 지도자의 욕심이 보이는 장입니다. 저는 그렇게 해석하는데, 파격적인 해석이 보이더라도 잘 따라오시길 바랍니다. 아주 중요한 장이니까요.

ɪ   小國寡民. 使有什伯之器而不用, 使民重死而不遠徙. 雖有舟輿 無所乘之, 雖有甲兵 無所陳之, 使民復結繩而用之. 甘其食, 美其服, 樂其俗, 安其居. 鄰國相望, 雞犬之聲相聞, 民至老死 不相往來. - 통행본 80장

이 장은 왕필의 통행본 원문대로 적었습니다.

《노자》를 읽으면 백성을 병역 자원으로 보는 시각이 강하게 드러납니다. 사실 당대 텍스트를 읽어보면 전쟁의 시대였으니 대부분이 백성을 병역 자원으로 볼 수밖에 없었고, 그것은 새삼스러운 것이 아니지요. 공자도 그렇게 이야기했습니다. 훈련시키지 않고 백성을 전쟁에 내보내면 그들을 버리는 것이라고. 특히 법가와 병가 쪽에서는 직설적으로 백성을 병역 자원의 대상으로 보는 모습이 두드러지는데 노자도 그러합니다. 지금 다루는 이 80장에 그런 노자의 시각이 아주 진하게 드러나는데 그것은 80장 말고도 많지요.

3장만 해도 그렇습니다. 백성을 다스릴 때는 마음을 비우게 하라고 했고, 배를 채워줘 뜻을 약하게 하고 뼈를 강하게 하여 항상 백성이 무지·무욕하게 하라고 주문했습니다. 늘 그렇게 생각도 욕심도 없는 사람으로 만들라고 했는데, 왜 마음을 비우게 하고 뜻을 약하게 하며 배를 채우고 뼈를 강하게 하라고 했을까요? 철저히 백성을 병역 자원으로 봤기 때문입니다. 배는 든든하고 뼈는 튼튼하지만 생각은 없고 욕심 없이 단순하고…. 좋은 병사는 그래야 하지 않을까요? 말 많고 자기 주관이 뚜렷하면 누가 부리기 쉽겠습니까? 단순해야 하죠. 시키는 대로 하는 로봇 같아야 하죠. 그리고 뼈가 튼튼하고 배가 든든해야 기운 좀 쓰지 않겠습니까. 3장은 노자가 우민통치를 말했다고 이야기되는 장인데, 3장 외에도 《노자》에는 우민통치를 주장하는 부분이 적지 않습니다. 노자가 백성을 우愚, 어리석게 그저 순종만 하는 존재로 만들어야 한다고 주장했던 것은 분명한 사실입니다. 우민통치는 군사 문제와 직결됩니다. 인민을 철저히 병역 자원으로 보고 평소 어떻게 관리할까 하는 문제에 대한 답으로 내린 결론이 바로 우민통치였죠. 이는 지금 이야기하고자 하는 80장에서 아주 적나라하게 드러납니다.

80장을 지금까지는 이렇게 많이들 해석해왔죠. 문명 이전의 소박한 삶에 대한 희구가 가장 잘 드러난 장이라고요. 한국에서는 노자를 반문명주의자 또는 자연주의자로 생각하고 이 장을 근거로 들면서 노자를 이렇게 말하기도 했죠. 최소간섭주의, 불간섭주의 철학자라고요. 노자라는 철학자는 80장에서 아주 작은 범위에, 인민의 수가 적은 마을인지 나라인지 구분이 가지 않는 소국과민이라는 형태의 사회를 이상적 공동체로 말했습니다. 얼핏 보면 그런 것 같죠. 기가 막히게 시적으로 표현한 이 장을 보면 얼핏 목가적인 분위기가 나지요. 묘사된 사회의 분위기는 정말 평화롭습니다. 국가와 정부, 군주의 간섭과 억압이 최소화되고 배제되는 상태에서 만들어지는 소국과민의 사회, 참 좋아 보이죠? 일단 사람들이 정신적 자유를 누리며 사는 것 같아요. 인민은 최소화된 생산과 행정 단위에서 각자 자신의 본성을 억압받지 않으며 정신적 자유를 누리고 삽니다. 소박하고 자족적인 소규모 공동체 안에서 인민은 인위적 제도가 주는 억압에 고통받지 않고 자신이 누리는 삶의 양식과 방식에 만족한 채 행복하게 사는데, 이러한 소국과민의 사회는 국가와 군주가 최대한 나서지 않고 통치를 최소화해야 만들어질 수 있는 사회지요.

그런데 노자가 말한 소국과민의 사회가 정말 우리가 알고 있는 그 공동체, 그 세계였을까요? 목가적이고 평화롭고 인민이 자유로우면서도 소박하게 사는 세상, 정말 그런 사회가 소국과민의 실체이고 노자는 인민이 그런 곳에서 살기를 원했을까요? 아닙니다. 이 장은 다른 장처럼 군사 강국화를 꿈꾸는 군주에게 노자가 조언하는 장으로, 노자가 말하는 소국과민이라는 공동체는 백성을 방목하는 목가적 공동체 내지는 국가 권력이 소멸된 소규모 밴드 사회가 아닙니다. 반대로 백성이 철저히 통제되는 사회죠. 파격적인 해석이다 못해 억측이 아니냐고요? 그냥 이 80장을 있는 그대로 읽어보면 됩니다. 이 장을 끝까지 차분하게 읽어보면 무엇인가 이상하다 싶은 부분이 있을 텐데, 거기에서 출발하면 이 장을 제대로 읽을 수 있죠.

소국과민이라. 몇 안 되는, 많지 않은 사회 구성원이 아주 작은 울타리 안의 공간에서 사는 것 같습니다. 작은 범위의 공간에서 자신의 처지에 만족하고 사는 것 같지요. 그 작은 공간에서 문명 이전의 소박한 생활을 누리며 행복하게 사는데, 얼마나 그 삶이 만족스러운지 지금 자신이 사는 주거지에서 밖으로 이동할 생각 자체를 하지 않는다지요. 이웃 나라가 있지만 늙어 죽을 때까지 이웃 나라에 기웃거릴 생각을 하지 않는다고 합니다. 그런데 죽음을 무겁게 여겨 옮겨 다니지 않게 하라고 하네요.

80장을 보면 사민중사이불원사使民重死而不遠徙라는 원문이 보일 텐데, 노자는 분명 그렇게 말하고 있습니다. 이 소국과민의 80장을 보면 한문에서 보통 강제를 뜻하는 사使라는 글자를 반복해 사용하는데, 죽음을 무겁게 여기게 하고 옮겨 갈 생각을 못하게 하라고 하지요. 사민중사使民重死, 즉 죽음을 무겁게 여기게 하라. 그게 대체 무슨 말일까요? 죽는 게 무서운 줄 알게 하라는 말 같네요. 인간은 누구든 죽음을 두려워합니다. 딱히 상기시키거나 드러내놓고 협박하지 않아도 자기 목숨 중한 줄 알고 죽음을 무서워하지요. 그럼에도 불구하고 노자는 죽음의 무서움을 제대로 알게 하랍니다. 그래서 옮겨 다니지 않게 하라고 주문하고요. 죽음을 무겁게 여겨 옮겨 다니지 않게 하라고 하는 것, 행여나 다른 곳으로 가면 죽는다고 협박하는 것이 아닐까요? 그렇게 협박하며 강제하는 것 아닐까 싶은데, 죽고 싶지 않거들랑 정해진 장소에서 평생 살아라 하는 말 아닐까요? 누군가가 인민에게 주지시키는 것입니다. 인민으로 하여금 분명히 알게 하는 거지요. 이동하거나 사는 곳을 벗어나면 너, 죽는다고요. 무슨 탈영하는 것도 아닌데 이탈하면 죽는다니, 그렇게 살벌한 나라가 우리가 아는 소국과민의 사회이고 세상일까요? 네, 맞습니다. 백성을 숨도 못 쉴 정도로 통제하는 나라가 소국과민이에요. 읽다 보면 이상하잖아요. 다른 곳으로 갈 생각을 절대 하지 말라고 겁을 주지 않습니까? 이 부분 말고도 80장을 읽어보면 이상한 부분이 많습니다.

　죽음을 운운하면서 옮겨 다니지 못하게 하라는 말 뒤에는 이런 말이 나오죠. 자신의 땅에서 먹는 음식을 달게 여기고, 자신이 입는 의복을 아름답게 여기며, 자신이 사는 거처를 편안하게 여기며, 자신의 풍속을 즐거워한다. 먹는 사람 스스로가 지금 내가 먹고 있는 게 맛있다고 말하는 게 아닙니다. 그저 맛있다고 여기게 하라는 것이죠. 그렇게 종용하거나 강제하고 몰아가는 것입니다. 자신이 지금 걸친 의복을 옷 입은 사람 스스로가 아름답다, 좋다고 말하는 게 아니지요. 아름답다고 여기게 하라는 겁니다. 그리고 스스로가 지금 자신이 사는 거처를 편안하고 좋다고 직접 말하는 게 아닙니다. 편안하다고 여기게 하라는 것이죠. 내가 현재 누리는 의식주를 아름답다, 맛있다, 편안하다고 여기도록 강제하거나 세뇌하는 게 아닐까요? 소국과민의 공간에 사는 사람 스스로가 자발적으로 아름답다, 맛있다, 편안하다고 말하는 게 아닙니다. 누군가 그로 하여금 그렇다고 여기게 하라는 것이죠. 풍속도 마찬가지입니다. 자기가 사는 곳의 풍속을 스스로 좋다고 생각하고 말하는 게 아니라 그렇다고 여기게 하라는 것입니다.

　자신이 먹고 입고 사는 것, 현재의 삶에서 얻는 것을 만족하게 하고 긍정하게 하라는데, 아무리 봐도 노자가 생각하는 공간에서 사는 사람은 나 스스로가 옷과 거처, 음식이 좋다고 긍정하는 게 아니라 누군가 그렇게 긍정하게끔 시킨다는 뉘앙스가 강합니다. 강제한다는 뉘앙스가 강하죠. 정말로 자신이 먹는 음식이 맛있고 사는 거처가 좋으면 누가 시키지 않아도 긍정적으로 여길 것이고, 그런 것을 누릴 수 있는 공간과 사회에 애정을 느끼고 표현할 텐데, 앞서 노자의 말을 보면 전혀 그게 아니죠. 누가 시키고 떠미는 것 같습니다. 그들의 자발적 의사와 상관없이 억지로 애착을 가지도록 강제하는 것 같지요. 아니, 정말로 강제하는 것입니다. 텍스트에 보이는 한자 원문을 보면 틀림없습니다. 억지로 소국과민에 사는 사람으로 하여금 그렇게 인식하도록 강제하는 것입니다. 그것은 사使라는 글자에서 잘 드러나지요. 힘으로 강제하는 거지요. 누군가가 인민으로 하여금 맛있게, 즐겁게, 좋게 여기도록 사역시키고 강제하는 것입니다.

소국과민의 실체

80장의 원문을 보면 시킨다는 뜻의 사使라는 글자가 원문에 계속 등장하는데, 이는 앞서 말한 대로 강제한다는 뜻입니다. 통치 권력이 개입해 강제하는 것이죠. 분명히 인민을 사역시키는 주체가 따로 있습니다. 위에서 시키고 부리고 명령하고 강제하는 주체가 있지요. 소국과민은 그렇게 위에서 인민을 부리고 명령하는 주체가 원하는 사회입니다. 노자의 철학과 사상은 그 주체를 위한 것이지요. 그 주체는 바로 군주와 장수고요. 앞서 노자 사상의 제1 수요자는 왕이라고 했습니다. 그 왕에게 노자가 주문하는 거지요. 백성에게 저런 것들을 시키라고요. 이 80장을 보면 '스타워즈 시리즈'의 다스 시디어스나 '형사 가제트'의 클로 박사처럼 전면에 등장하지는 않지만 분명 사람들을 강제하는 주체가 있는데, 그가 바로 군주지요. 그가 행정력과 폭력으로 인민이 옮겨 다니지 않게, 정해진 구역에서만 먹고 입고 살게 강제하는 주체입니다.

여기에서 인민을 사역시키는 존재는 목숨까지 빼앗을 수 있는 힘을 가진 존재인데, 사실 그 존재는 군주입니다. 군주가 아니면 군주 휘하의 행정력과 국가 폭력의 대행자이겠죠. 소국과민이라는 것은 제왕학 지침서이자 병법서를 쓴 자가 군주에게 주문하는 것입니다. 당신의 나라를 강하게 하고 싶으면 소국과민의 나라를 만들라고 주문하는 것이죠. 정확히 말하면, 인민의 수가 적고 주거 이동의 자유가 없는 폐쇄 공동체 여럿을 나라 안에 만들고 그런 공동체들로 국가를 재편하라는 말이지요. 우리는 소국과민을 해석하면서 소小를 '작다'는 뜻의, 과寡는 '적다'는 뜻의 형용사로 해석해왔지만, 소와 과를 동사로 보아 소는 '크기를 작게 하다', 과는 '수를 적게 하다'로 바꿔 해석해보면 노자의 뜻을 제대로 이해할 수 있습니다. 목적어인 국國을 '작게 하고' 민民을 '적게 한' 공동체를 여럿 만들어 국가를 재구성하라는 말이죠. 그게 소국과민인데 좀 더 부연 설명해보겠습니다.

국가의 힘으로 나라 안의 영토를 여러 구역으로 잘게 쪼갭니다. 그러고 나서 인민을 그 안에 살게 하면서 평생 절대 이탈하거나 다른 데로 이동하지 못하게 합니다. 그게 바로 소국과민입니다. 권력이 만든 그 폐쇄적인 틀 안 울타리에서 인민이 사는데, 그들은 절대 다른 곳으로 갈 생각조차 못하고 맛없는 것을 먹어도 달게 여기고, 나쁜 옷을 입어도 좋다고 여기죠. 이런 순하다고 해야 할지 멍청하다고 해야 할지 모를, 적은 수의 인민으로 구성된 작은 사회, 이런 소국과민의 작은 사회가 모여 이루어진 국가가 바로 노자가 원한 이상적인 나라지요. 노자는 군주에게 이 소국과민을 통치 강령으로 제시했습니다. 군주를 보고 반드시 따르라고 힘주어 말했지요. 그렇게 군주에게 조언하는 노자는, 특히 소국과민에 사는 사람들이 어리석고 멍청하기를 바랐습니다. 노자는 우민통치주의자입니다. 그것도 아주 철저한.

> 옛말에 도를 행하는 사람은
> 인민을 지혜롭게 하지 않고 우매하게 한다고 하였으니
> 인민을 다스리기 어려운 것은 그 지혜 때문이다.
> 그러므로 지혜로써 나라를 다스리는 것은 나라의 해악이고
> 지혜롭지 않음으로 나라를 다스리는 것은 나라의 복덕이다.[2]

이렇게 노자는 대놓고 우민통치를 주장했죠. 통행본 3장에서도 우민통치를 주장하며 마음을 비우게 하고 배를 채워주라, 뜻을 약하게 하고 뼈를 강하게 하라고 했는데 똑같은 말입니다. 인민이 바보 같을수록 좋다는 것이죠. 기존에는 우매하게 한다는 말이 의미가 좋지 않으니 정말 바보로 만든다는 것이 아니라 쓸데없는 지혜와 잔꾀를 없애게 하고 본래의 순박한 본성으로 되돌아가게 하라는 식으로 해석해왔는데, 사실 순박하게 만드는 것이나 우매하게 하는 것이나 차이가 있는지 모르겠네요. 자의식 없고 주체적으로 생각하지 못하고 비판 정신이 없는 사람으로 만들라는 것이죠. 노자는 이렇게 백성을 우매하게 만들라고 하면서 소국과민을 통치 강령이자 이상적인 국가의 모습으로 주장했는데, 어디까지나 부국강병과 취천하를 위해서였습니다. 특히 강병을 위해서였죠. 군사력 극대화의 선결 조건으로 소국과민을 제시한 것입니다.

---

2 古曰爲道者 非以明民也 將以愚之也, 民之難治也 以其知也. 故以知知國 國之賊也, 以不知知國 國之德也. - 65장

내무반과 부대

80장을 잘 들여다보면 군대 냄새가 강하게 납니다. 무슨 부대 이야기하는 것 같고 내무반 이야기하는 듯합니다. 소국과민이라는 작은 울타리 안에 사는 사람들은 맛없는 것도 군말 없이 먹어야 하고, 허름한 옷도 군소리 없이 입어야 하며, 잠자리가 불편해도 그냥 자야 한다고 하잖아요. 그것이 싫다고 벗어나려고 하면 죽음이 기다리고 있고요. 이탈하면 죽습니다. 군대에서 탈영을 강하게 처벌하는 것이 연상되는데, 군대도 맛없는 것을 먹어도 달게 여겨야 하고 시설이 열악해도 군소리 말아야 하지요.

군대는 아무리 많이 먹어도 배고프고, 아무리 껴입어도 춥고, 때로는 사회의 감옥보다 못하게 느껴지는 곳입니다. 하지만 군소리 말아야 하는 곳이죠. 군대가 싫다고 자기 맘대로 벗어나려고 하면 강하게 처벌받습니다. 전시에는 사형이죠. 그리고 사단, 연대, 대대, 중대, 소대, 분대 순으로 굉장히 작은 단위로 병사들을 쪼개놓고 좁아터진 공간 안에 몰아넣어 격리 수용합니다. 노자의 소국과민이나 군대나 참 이렇게 흡사하네요. 소국과민은 정말 군대, 군사의 일과 연관되는 것이죠. 군주가 병역 자원인 인민을 언제든 동원할 수 있도록 상시 대기시키기 좋은 체제로 국가를 재구성하라는 말이지 않습니까. 소국과민은 전쟁을 위한 국민 총동원 체제일 수도 있습니다. 강병을 위한 체제 만들기를 위한 조언이죠. 좋게 말하면 국민의 힘을 유기적으로 최대한 뽑아내 조직화시키는 체제를 만들어야 하는데, 그 체제의 기본적 행정 단위가 바로 소국과민이죠.

관중과 상앙의 소국과민 통치

국가 통치 영역을 잘게 쪼개 행정 단위를 만들고, 그 안에 사람들을 몰아넣어 절대 이탈하지 못하게 한 채 국가가 시키는 일만 종사하게 하라. 그렇게 국력을 극대화시키고 그것을 바탕으로 강병을 일궈라. 패자가 되고 천하의 주인이 되려면 반드시 그렇게 하라. 소국과민을 기초 행정 단위로 하는 국가 행정 시스템을 정비하고 국력을 극대화하는 정책은 사실 노자가 가장 먼저 주장한 게 아닙니다. 상앙이 주장해 입법화시켰고, 또 상앙 이전에는 관중이 그랬죠. 실제로 관중은 제나라를, 상앙은 진秦나라를 작은 행정 단위 여럿으로 구성된 나라로 만들었습니다. 관중과 상앙은 군부대를 편성하는 것처럼 행정 구역을 편성했습니다. 행정 구역을 관할하는 관리를 언제든 지휘관으로 삼을 수 있도록 준비했고, 구역 안의 인민을 유사시에 부대원으로 동원할 수 있게 했습니다. 노자는 정해준 구역에서 이탈하는 사람은 죽이라고 했는데, 최초의 기획자인 관중은 격리 수용의 의미를 분명히 했죠. 그는 애초에 사민四民 구분론이라고 해서 사농공상士農工商의 거주지를 구분해 살게 한 다음에 각자의 거주 지역에서 평생 농업, 공업, 상업 일만 하게 했습니다. 근무 지역이자 거주 지역을 이탈하지 못하도록 강제했고요.

《전국책戰國策》에서 관중은 제환공에게 이렇게 말했습니다. 잘게 쪼개놓은 행정망으로 국가를 구성해놓고 군사 명령은 행정 명령에 묻어가듯이 내리라고요. 관중이 보기에 드러내놓고 제나라가 군사력을 키우고 군사 조직화를 시도하면, 다른 나라에서 의심하고 맞대응해 군사력을 키울 것이 분명했습니다. 그렇기에 별다른 군사 조직을 만들거나 손보지 않았습니다. 그 대신에 행정망과 구역을 정비하면서 계산했습니다. 그 행정 단위가 언제든 바로 군대로 변신할 수 있도록 정비했죠. 각 행정 단위의 농민이 농한기에 함께 군사 훈련을 받고 하나의 부대로 움직일 수 있게 했습니다. 그리고 군사 명령을 내릴 때는 행정 명령에 슬쩍 끼워, 즉 행정 명령으로 위장해 내리라고 했습니다. 이는 애초에 행정망을 준군사 조직으로 짰기에 가능했던 일이죠. 관중은 그렇게 해서 제나라의 군사력을 남몰래 극대화시켰습니다. 이렇게 국력 신장과 군사력 극대화를 위해 주장된 것이 바로 소국과민이었습니다.

상앙도 마찬가지였죠. 상앙의 법치를 보면 땅에서 일하는 농민은 국가로부터 강한 보호와 통제를 모두 받습니다. 땅을 어떻게든 나누어주어 일할 터전을 마련해줍니다. 사유 재산도 보호해주고요. 공평한 기준으로 조세를 부과했고, 부지런히 일해 생산을 많이 한 인민에게는 혜택을 주었습니다. 그리고 다른 나라와 달리 국내의 귀족과 세력가가 절대로 농민을 사적으로 수탈하거나 괴롭히는 일이 없도록 법으로 엄금했습니다. 하지만 보호만 한 것이 아니라 강하게 통제하고 가혹하게 관리했죠. 거주지 이탈을 엄금했고 연좌제로 그들을 묶어버렸습니다. 일반 농민 5인을 하나의 오伍로, 10가구를 하나의 십什으로 하는 십오제什伍制로 그들을 묶어놓은 다음 서로 감시하게 하고, 이탈하는 이가 나오면 연대 책임을 지게 했습니다. 이렇게 연좌제를 실시해 범법 행위와 일탈을 막았습니다. 같은 구역 안에 이웃이 지은 죄를 고발할 때는 상을 주었고, 범법 행위를 저지르거나 도망갔을 때 고발하지 않으면 연대 책임을 물어 강하게 처벌했죠. 이렇게 국가 폭력의 힘으로 농민을 통제하고 토지에 눌러 앉혀 농사에만 주력하게 했습니다. 이렇게 상앙은 소국과민 노선에 철저했지요.

관중과 상앙이 시도한 소국과민의 정책을 보면 역시나 군대 냄새가 정말 많이 나네요. 쪼개고 쪼개어 작은 공간 안에 사람들을 집어넣고, 억지로 먹고 마시고 입고 자는 환경에 순응하게 하고, 강하게 연대 책임을 묶고, 특히 이탈을 가혹하게 처벌하고. 이렇게 군대 냄새 잔뜩 나는 관중과 상앙이 기획한 작은 행정 단위 소국과민. 여기에서 꼭 기억해야 할 것은 그들의 노선과 정책 기조는 어디까지나 국력의 극대화, 부국강병을 위한 것이었죠. 대국이 되고, 패자霸者가 되고, 취천하取天下의 꿈을 이루기위한 것이었는데 소국과민이라는, 나라를 작게 백성을 적게 하라는 국가 정비 노선과 정책 기조는 궁극적으로는 큰 나라와 많은 국민을 위한 것이었습니다. 역설적으로요. 많은 인구를 가진 덩치 큰 나라를 만들기 위한 것이었지요.

땅은 넓히고 사람은 늘려라

광토중민廣土衆民,《맹자》에 나오는 말이죠. 당대에 지배 계층 모두가 추구하는 노선이라고 했죠. 광토廣土 토지를 넓히고, 중민衆民 인민을 늘린다. 광토중민과 소국과민을 대개 상이한 정치 노선으로 많이 이야기합니다. 그러면서 노자를 반문명주의자이며 소박한 원시적 공동체를 지향한 사람이라 말하고요. 당대 유일하게 독자 노선을 걸은 사상가라고 말하기도 하고요. 하지만 그것은 틀린 생각이죠. 광토중민과 소국과민은 반대되거나 상이한 게 아닙니다. 소국과민을 주장한 이들이 누굽니까? 그들이 실제로 일구어낸 정치적 성과는 무엇일까요? 춘추시대 첫 번째 패자 제환공을 만들어낸 관중이 주창했고, 통일 제국 진나라의 아버지 상앙이 이어받았던 소국과민 노선이 과연 광토중민과 반대되는 것이었을까요? 그들은 실제로 광토중민을 중심에서 일군 사람들입니다.

소국과민은 정확히 광토중민을 위한 것이었지요. 나라의 체급을 크게 키우기 위한 사전 작업이었고, 그 광토중민을 위해 전제해야 할 국가 정비의 기초 작업이었습니다. 그 노선을 노자가 이어받았는데, 역시나 노자답게 시적으로 표현했을 뿐 반문명주의나 원시적 자연 공동체를 주장한 게 아닙니다. 다른 사상가들이 주장한 것을 노자는 운문으로 리라이팅한 부분이 굉장히 많을 뿐이죠. 시적으로 표현하고 운문의 형식으로 다시 썼다고 해서 그 안에 담긴 진의를 보지 못하거나 왜곡하면 안 되죠. 소국과민은 문명 이전의 삶에 대한 향수와는 상관없습니다. 철저히 광토중민을 위한 것이고 제국을 지향하겠다는 야심이 보이는 장입니다. 군사 강국의 꿈이 담겨 있고요. 그렇기에 《노자》가 병법서라는 증거로 단적으로 내밀 수 있는 장이지요. 노자가 꾸는 군사 강국의 꿈, 그것을 위한 병역 자원의 관리와 확보 문제는 80장에서만 다루어진 게 아니라 여러 군데서 드러나는데 계속 이야기해보겠습니다.

절성기지 絶聖棄智

사사로움을 적게 하고 욕심을 없앤다

16강

성스러움을 끊고 지혜를 버리면 인민의 이익이 백배가 될 것이다.

인을 끊고 의를 버리면 인민이 다시 효도하고 자애할 것이다.

기교를 끊고 이익을 버리면 도적이 사라질 것이다.

이 세 가지 말은 본받기에는 충분하지 않다.

그 때문에 인민을 귀속시켜야 할 곳이 있으니

소박함을 드러내고 통나무를 껴안게 할 것이며

사사로움을 적게 하고 욕심을 없애는 것이네.'

우민통치를 지향한 노자

절성기지絕聖棄智, 성스러움을 끊고 지혜를 버려라.《노자》19장은 우민통치로 많이 소개되는 장인데, 결론은 마지막 문장에서 보이는 대로 소사과욕少私寡欲이죠. 소少와 과寡를 여기에서도 소국과민처럼 형용사가 아닌 동사로 해석해야 하는데, 소사少私 사사로움을 적게, 과욕寡欲 욕심을 없애게 하라는 게 이 19장의 결론입니다. 어떻게든 배우는 것과 멀어지게 하고 꾀와 지혜를 가지지 못하게 하라는 것인데, 그리하면 민리民利가 백배가 된다고 합니다. 국력이 아주 강해진다는 말 같은데요. 여기서 절인기의絕仁棄義를 말했습니다. 인과 의도 버리라고 하네요. 인과 의, 유가에서 강조하는 바인데 배움과 멀리하게 하라는 말로 보이죠. 그리고 절교기리絕巧棄利, 기교를 끊고 이익을 버리라고도 합니다. 교묘한 생각을 못하게,

---

I   絕聖棄智, 民利百倍. 絕仁棄義, 民復孝慈. 絕巧棄利, 盜賊无有. 此三言也 以爲文未足, 故令之有所屬. 見素抱樸 少私寡欲. - 19장

이익을 탐하는 마음이 없도록 순박하게 또는 멍청하게 하라는 말인데, 우민통치를 지향하는 노자가 어떻게 인민을 우愚하게 만들어 좋은 병역 자원으로 관리할지 논하고 있네요. 소사과욕, 사사로움을 적게 하고 욕심을 없애야 하죠. 소국과민이라는 일종의 행정 구역 안에 사는 인민을 철저히 그 상태로 만들어야 합니다. 그래야 그 안에서 도망가거나 요령 피우지 않고 국가가 시키는 일을 열심히 하며, 농한기에 훈련을 열심히 받아 전쟁 나면 국가의 병역 자원으로 충실히 기능하게 되겠죠. 이렇게 절성기지와 소사과욕만 봐도 노자는 우민통치를 지향한 사람입니다.

> 옛말에 도를 행하는 사람은
> 인민을 지혜롭게 하지 않고 우매하게 한다고 하였으니
> 인민을 다스리기 어려운 것은 그 지혜 때문이다.
> 그러므로 지혜로써 나라를 다스리는 것은 나라의 해악이고
> 지혜롭지 않음으로 나라를 다스리는 것은 나라의 복덕이다.[2]

도를 잘 행하는 사람은 백성을 지혜롭게 하지 않고 우매하게 하는데, 비이명민非以明民 백성들이 밝아지게 하면 안 된다네요.《노자》22, 33, 36, 56장 등 많은 장에서 군주에게 명明, 즉 밝아야 한다고 했습니다. 군주 자신은 명明해야 하지만 인민이 명하게 하면 안 되고, 우愚 즉 멍청하게 만듭니다. 이렇게 인민을 어리석게 만들어야 한다고 아주 직설적으로 주장합니다. 그래야 백성들이 고분고분하고 다루기 쉽고 국가가 시키는 일

---

2 古曰爲道者 非以明民也 將以愚之也, 民之難治也 以其知也. 故以知知國 國之賊也, 以
   不知知國 國之德也. - 65장

을 열심히 하게 돼 국력 극대화에 유리하지 않겠습니까? 노자 생각이 그랬습니다. 전형적인 국가주의자죠. 인민을 로봇이나 기계처럼 만들라고 주문한 것인데 정말 무서운 사람입니다. 하지만 기존에는 노자의 우민통치를 애써 외면하든가 좋게 해석하기만 했죠.

노자가 우민을 주장한 것은 사실이나 노자가 말하는 이 우민은 현대적 의미의 우민이 아니다. 노자가 말하는 우민은 이렇게 이해되어야 하는데, 그가 말한 우민은 무지몽매한 대중이 아니라 순수하고 소박한 심성을 지닌 선한 사람으로서 사람들이 순수하고 소박한 그런 타고난 본성대로 살기를 노자가 소망했고, 그의 우민은 이렇게 우리가 아는 우민통치와 다른 것이다.[3]

이런 식으로 말들 많이 했죠. 노자가 우민통치를 말할 수밖에 없었던 시대적 배경까지 고려해 우호적으로 봐야 한다고 했습니다.

노자가 활동했던 전국시대에는 얕은꾀와 잡다한 지식으로 입신출세를 꾀하는 자들이 득실거렸다. 실제로 그러한 것을 통해 출세하는 자들이 등장하였다. 대표적인 예가 제후국 사이의 합종연횡책을 주도했던 장의와 소진이다. 그들은 자신의 교묘한 꾀와 잡박한 지식으로 무장하고 세 치 혀를 놀려 뭇 제후들을 좌지우지하였다. 이에 세상 사람들은 모두가 그러한 지모를 닦는 데 힘쓰게 되었다. 그 결과 꾀와 꾀가 부딪치고 혀와 혀가 꼬이면서 더욱 혼란스럽고 어지럽게 되었다. 노자는 그러한 세태가 싫었던 것이다.[4]

---

3   이석명,《백서노자》(청계출판사, 2003)
4   이석명,《백서노자》(청계출판사, 2003)

당시에 소진과 장의를 종횡가라고 했지요. 세 치 혀로 천하를 들었다 놓았다 했던 외교의 달인이지요. 잔꾀와 교묘한 언사, 천박하고 얕은 책모, 모략의 사고만 발전시켜 사람들을 기만하며 천하를 들었다 놓았다 했던 협잡꾼이 많았는데 노자는 그들을 보기 싫어했다. 너도 나도 협잡꾼과 같은 종횡가가 되려는 세태에 환멸을 느꼈다는 이유로 노자가 사람들이 순박해져야 하는 의미로 우민愚民을 주장했다? 아닙니다, 절대 아닙니다. 그는 억압적 의미의 우민통치를 지향했고, 그가 지향하는 우민도 군사의 일, 강병을 위한 것이었습니다. 왜냐? 백성이 어리석어야 국력, 특히 군사적 힘을 키울 수 있기 때문이죠. 병법서《노자》는 우수한 병역 자원을 확충하고자 우민통치를 하라고 한 것입니다.

어리석은 농민을 부려
명장이 된 척계광

오기, 백기와 더불어 중국사에서 톱을 다투는 명장으로 명나라의 척계광戚継光이 있습니다. 그의 생각을 보면 노자가 말한 우민통치를 이해할 수 있습니다. 왜 우민통치가 군사의 일과 연관되고 강한 군사력을 위해 필요한 일인지 알 수 있죠.[5]

　　최고의 병사 자원은 시골에서 자라 노성하고 진실한 사람이다. 검게 그을려

---

[5]　척계광과 관련해 2013년에 발간된 전쟁사 전문가 임용한 선생의 저서《명장, 그들은 이기는 싸움만 한다》(위즈덤하우스, 2014)를 참고했습니다.

투박하고 건강하며 괴롭고 고생스러움을 잘 견디며 손과 얼굴, 피부와 근육이 단단하고 실팍하며 흙으로 빚어놓은 것처럼 질박한 빛이 나는 사람이 최고다.

척계광은 항상 시골 벽지에서 병사를 모집했죠. 이유는 간단합니다. 시골 출신이 말 잘 듣고 우직하고 훈련을 잘 따르며 임무에 충실하다고 생각했기 때문입니다. 반대로 도시 출신과 소위 먹물 출신 병사를 아주 싫어했습니다. 그들은 영악하고 이해관계에 민감하며 조직을 위한 헌신과 희생을 당최 할 줄 모르고, 눈치는 또 굉장히 빠르지만 겁이 많은 데다가 지휘관과 조직의 목표를 따르려 하지 않고 제멋대로 전황을 판단해 움직이기 때문입니다. 도망을 잘 가는데 혼자 가는 게 아니라 동료를 끌고 도망가고, 선동을 잘하며 거짓 소문도 잘 내고 정말 득이 되기는커녕 조직에 해가 되는 군사였습니다. 도시 출신 그리고 먹물 출신 병사들이 그런 경우가 많았다는데 절대 병역 자원으로 써서는 안 된다고 했습니다. 척계광은 전투 경험이 없어도 우직하고 순박해 지휘관의 말을 믿고 훈련과 전투를 따라올 사람이 필요하다고 판단해 시골과 광산촌을 자신이 직접 다니면서 병력을 모았고 그들을 훈련시키고 조직해 싸웠습니다. 처음에 절강성에 부임했을 때는 왜구에게 처참히 패한 나머지 군자금을 지원해주는 절강성 부호의 신망과 지지를 잃었고, 결국 절강성 전체를 날릴 뻔했습니다. 안 되겠다 싶어 시골과 농촌 지역으로 갔지요. 소사과욕한 이들이 거기에 있다고 판단해 그곳에서 병사를 모집하고, 그들을 차근차근 훈련시켜 반격을 도모했습니다. 결국 우직한 군사들과 함께 왜구를 막아내며 절강성을 지켜내 역대급 명장이 되었지요.

척계광이 《기효신서紀效新書》에서 도시 출신과 먹물 출신은 안 된다고 단정했으며, 실제 그들을 배제하고 농민이나 광부 출신 병사와 함께 싸워 불패의 군대가 되었죠. 그런데 척계광의 인간관을 편견이라고 말하기 어려운 게, 그는 무수히 많은 병사를 관찰해왔고 실패를 통해 배웠기 때문입니다. 정말 많은 사람을 겪었던 척계광은 도시 출신과 먹물 출신 병사에 대해 치가 떨리도록 싫어했습니다. 약아빠지기만 했고 가르쳐준 것을 쉽사리 받아들이려 하지 않아 도저히 그들을 데리고는 싸우지 못한다는 결론을 내린 것이죠.

이런 척계광의 인성론과 인간관을 보면 노자가 왜 우민통치를 말했으며, 백성의 머리는 비우되 배는 가득 채우고 뼈는 단단하게 하라고 했는지 알 수 있을 것 같습니다. 힘 좋고 단순, 무식, 순박해 말 잘 듣는 우민이 훌륭한 병역 자원이 되니 어찌해야겠습니까? 우민이 많아지게 해야죠. 특히 우농愚農, 즉 어리석은 농민이 많으면 많을수록 좋은 만큼 그들의 수를 최대한 확보해야 하죠. 이동을 막아 세상물정에 어둡게 하고, 농사 외에는 다른 일을 못하게 하고, 글을 배우거나 책을 읽지 못하게 하고요. 글을 배우고 책을 읽으면 그리고 여기저기 돌아다니면 노자 생각에는 허파에 바람밖에 안 들어갈 텐데, 그러면 양질의 병역 자원이 사라지는 것이죠. 그러니 최대한 못 배우게 해야 합니다.

노자의 반反상현주의

능력 있는 자를 높이지 않아서 백성이 공명을 다투지 않도록 하고
얻기 어려운 재물을 귀히 여기지 않아 백성이 도둑질하지 않게 하며
욕심낼 만한 것을 보지 않아 백성이 문란함에 빠지지 않게 한다.

이 때문에 성인이 다스릴 때는 마음을 비우게 하고 배를 채우며

뜻을 약하게 하고 뼈를 강하게 하며 항상 백성이 무지무욕하게 한다.

무릇 지혜로운 자가 감히 나서거나 행위를 하지 못하게 하면

다스려지지 않는 것이 없을 것이다.[6]

《노자》 3장은 무지무욕無知無欲 장이라고 불립니다. 노자가 말하는 우민통치의 절정이 여기에서 드러납니다. 마음을 비우게 하라죠. 뜻을 약하게 하랍니다. 머리를 비우라는 것입니다. 어리석게 하라는 거죠. 그냥 바보를 만들라는 것입니다. 단순한 것만 보고 듣고 행하게 하랍니다. 그 대신에 배를 채우며 뼈를 강하게 하랍니다. 국가에서 원하는 대로 농사만 열심히 지으면 곡물이 많이 산출되어 배가 채워지고 노동을 통해 뼈가 단단해질 텐데, 그렇게 배가 차고 뼈가 튼튼한 우직한 농민, 즉 어리석은 농민이 많으면 많을수록 좋습니다. 이는 노자의 주장이고, 그전에 관중과 상앙이 한 주장인데 사실 당대에 많은 나라들이 추구했죠. 그런데 그런 우민이 많아지게 하려면 꼭 해야 할 것이 있습니다. 바로 반상현주의反上賢主義의 관철입니다.

반상현주의란 무엇이냐? 앞에서 불상현不上賢을 말하지 않습니까? 능력 있는 자를 높이 사지 말라고 하는데, 학식이 많다고 대접하면 안 된다는 것입니다. 외려 배제해야 한다는 것이죠. 장사 수완이 좋아 상업으로 돈 버는 이들까지도요. 그래야 백성이 항상 우민으로 존재할 것입니다. 현자와 학식 있는 자가 대접받고 상인이 떼돈을 버는데, 그들을 보고 농민

6 不上賢 使民不爭, 不貴難得之貨 使民不爲盜, 不見可欲 使心不亂. 是以聖人之治也 虛其心 實其腹, 弱其志 強其骨 恒使民无知无欲也. 使夫知者不敢弗爲而已 則无不治矣. — 3장

들이 부러워하면 우민통치는 행해질 수 없습니다. 그런 자를 대접하기는 커녕 아예 설치지 못하도록 막아야 하는데, 그것이 바로 노자의 반상현주의입니다.

백성의 이동도 막아야 하고 농사만 짓고 군사 훈련만 받도록 국가 폭력으로 강제해야 하지만, 그것 말고도 해야 할 것이 사상, 언론, 문화, 상업의 탄압입니다. 그런 반상현주의는 사실 노자 이전의 국가주의자였던 상앙이 강력히 주장했지요. 농민들 허파에 바람 들어갈 일이 없게 하라는 것입니다. 장사 수완이 좋아 큰돈을 쉽게 번다면, 그리고 글과 학문을 배워 부귀영화를 누린다면, 누가 우직하게 지정된 농토에 붙어 농사지을 것이고, 죽거나 다칠 수 있는 훈련과 전쟁에 임하겠습니까? 농민들이 구획된 행정 구역의 농토에서 농사짓고 농한기에는 훈련도 받아 예비 병역 자원이 되어야 하는데, 장사한다고 농사는 안 짓고 글공부 해야겠다고 농토를 버리면 국가 생산력이 저하되고 양질의 병역 자원도 날아가는 것이죠. 그러면 부국강병은 날 샌 이야기가 되고 맙니다. 그러니 학문을 배운 이, 학문을 통해 유세하는 이를 대우하지 말고, 사람들이 장사할 생각을 못하게 해야 한답니다. 그러려면 문화와 사상을 탄압하고 상인에게 가혹한 세금 폭탄을 내려야 하지요. 그래야 국가가 원하는 자원으로서만 백성이 존재한다고 상앙이 말했는데, 그런 상앙의 반상현주의가 노자에게 계승되었습니다. 앞서 3장에서 말한 대로 능력자라 대우하지 말고 백성이 공명심을 절대 가지지 말게 할 것이며 무지무욕하게 하라는데, 그게 바로 노자의 반상현주의죠. 상앙의 반상현주의를 계승해서 그렇습니다.

법가의 반상현주의

상앙은 인민이 농사지을 의욕을 저하시키는 요소를 제거하라고 했습니다. 비곡물 재화의 생산자 모두를 억압하라고 했는데, 우선 중농억상重農抑商을 주장하며 상인을 공격했습니다. 상앙이 보기에 당시 농사짓는 일이 제일 고되고 국력 신장에 중요하지만, 농민이 농사에서 얻는 이익은 상인이나 수공업자보다 턱없이 적었습니다. 머리를 영악하게 굴려 자신들보다 쉽게 많은 것을 누리는 상인을 본다면, 농민들이 농사지을 맛이 뚝 떨어질 것이고 결국 국력은 약해질 것이라 생각한 상앙은 상업을 억압하는 제도와 법을 만들어 밀어붙였죠. 관세와 상품세를 무겁게 해 수공업과 상업을 억압하라고 말했습니다. 상앙은 상인과 공인에 대한 세금 폭탄만으로는 부족하다고 생각해 지식인과 유세객까지 포괄해 공격했습니다. 비곡물 재화 생산자 모두를 겨냥했지요.

사상과 학술, 문화까지 억압했는데, 지식인 역시 인민이 농사에 마음 붙이지 못하게 하는 방해 요소라고 보았던 것입니다. 지식인은 힘써 농사 짓지 않고 전쟁에 나서지도 않으며 국가가 원하는 일에 종사하지 않는데도 문자 해독 능력과 지식, 세 치 혀로 높은 신분과 명예, 이익을 누립니다. 그들을 보면 농민들이 농사지을 마음이 없어져 쟁기와 농토를 버려둔 채 책만 끼고 살 것이고, 결과적으로 국력이 약해질 것이라 본 것이죠. 상인도 싫어했지만 지식인과 유세객을 훨씬 더 싫어했는데, 심지어 기생충이라고까지 했습니다. 국가의 암적 요소니 그들을 아주 박멸하자고 했죠.

지금 나라를 위하는 자는 많으나 요체를 알고 있는 자가 없고, 조정에는 정치를 말하나 분분할 뿐이다. 이 같은 이유로 군주는 여러 주장에 휘둘리고 관리는 여러 말에 혼란되고 인민은 게을러져 농사를 짓지 않게 된다. (중략) 그러므로 나라 안의 인민은 다 풍조에 동화되어 변설을 좋아하고 배우는 것을 좋아해 상인을 섬기고 기술을 익히고 농업을 회피한다. -《상군서》〈농전農戰편〉

나라 안의 인민이 모두 변하여 변론하기를 좋아하고, 유가의 학설 배우기를 즐기며, 장사를 하고 수공업에 종사하면서 농사와 전쟁은 회피한다. 이와 같으면 나라의 멸망은 멀지 않다. 중략 농사짓는 사람은 적은데 유세하여 먹고 사는 사람은 많기 때문에 그 나라는 가난해지고 위험에 빠진다. 지금 명충·황충·청충 등의 해충은 봄에 생겨나 가을에 죽는데도, 한번 나타나면 인민은 여러 해 동안 굶주린다. -《상군서》〈농전편〉

백 사람이 농사짓고 한 사람이 한가히 사는 나라는 온 천하에서 왕 노릇 하고, 열 사람이 농사짓고 한 사람이 한가히 사는 나라는 강성하게 되며, 절반이 농사짓고 절반이 한가히 사는 나라는 위험에 빠진다. 그러므로 나라를 다스리는 사람은 인민이 농사짓기를 바란다. -《상군서》〈농전편〉

농민을 소사과욕한 상태로 두지 못하게 하는 존재나 꾀를 내어 먹고사는 비곡물 재화 생산자 모두를 억압하라고 한 상앙의 반상현주의. 노자는 그것을 계승했지요. 노자는 백성이 공명을 다투지 않게 하라, 마음을 비우고 뜻을 약하게 하라, 지혜롭다는 이유로 무엇을 하게 하지 말라, 지혜로운 자를 대접하지 말라고 했는데 정확히 상앙의 반상현주의를 계승한 것입니다. 어떻게든 우민愚民하게 해야 합니다. 소사과욕한, 즉 우매한 농민이 많아지게 해야 합니다. 그래야 국가가 강해집니다. 노자를 보면 독할 정도로 우민통치를 주장했다는 생각이 들지만, 때로는 절박하다 싶을 정도로 주장했다는 생각도 듭니다. 그것은 그만큼 노자 사상의 수요자가 절박했다는 거죠.

정착민을 늘려야 한다

어떻게든 비곡물 재화 생산자 수를 줄여야 한다고 말했던 상앙과 그에 동조한 노자. 정신노동 종사자를 어떻게든 줄이고 육체노동 종사자 수를 늘려야 한다고 그들은 주장했습니다. 그런데 말이죠. 노자가 상앙처럼 상업, 공업 그리고 정신노동자를 배제하고 농민만 중시했다, 상앙처럼 비농민 대 농민의 구도로 나눈 다음 농민만 우선시했다고만 볼 것은 아닙니다. 비농민 대 농민으로만 볼 게 아니라, 정착민 대 비정착민으로도 볼 수 있어야 합니다. 아니, 그래야만이 노자와 상앙의 주장이 더 명백히 이해되죠. 단순히 말하면, 그들은 정착민 수에 집착했기에 소국과민과 우민통치, 반상현주의를 주장했던 것입니다. 농민은 단순히 농사짓는 사람이 아니라 정착민이었으니 그렇게도 그들을 중시했던 거지요. 우민통치와 반상현주의 모두 정착민을 어떻게든 악착같이 확보하려는 정치적 수단이었습니다. 단순히 상인, 공인, 먹물을 때려잡자는 게 아니었죠.

정착민이 있으면 여러 가지가 좋습니다. 우선 곡물 생산력이 높아지고, 노는 토지가 없어집니다. 그렇지 않아도 손자가 이렇게 말하지 않았습니까.

병법에서 첫째는 토지의 면적, 둘째는 양식, 셋째는 병력의 수, 넷째는 전력

219

의 우열, 다섯째는 승리라 할 수 있다. 국토에서 토지의 면적이 결정되고, 토지의 면적이 식량의 양을 결정하고, 식량의 양은 병력의 수과 무기의 수량을 결정하며, 병력과 무기의 수량은 전력의 우월을 결정하고, 전력의 우위는 승리를 결정한다.[7]

생산력이 높아지고 토지가 개간되고 땅에 붙어사는 정착민이 많으면 이런 이점이 있는데, 개간되는 토지가 많아지고 생산력이 신장되어 궁극적으로 군사력까지 강해집니다. 그런데 단순히 정착민이 많아지면 생산력과 곡물 생산량, 군사력이 신장되는 것 말고도 좋은 게 있는데, 그것은 통치자가 계산이 가능해진다는 것이죠. 통치자에게 이게 정말 중요한 문제입니다. 정착민이 농민이고 농민이 정착민이니 토지에 발붙이고 사는 사람이 많으면 나라 안에 인구가 얼마나 되는지 가늠이 되고, 대략 올해 곡물이 얼마나 생산되어 세금을 얼마만큼 거둘 수 있을지, 즉 국가 예산을 어느 정도 확보할 수 있을지를 계산할 수 있습니다. 그뿐 아니라 유사시에 얼마나 병력을 동원할 수 있을지도 계산이 가능하지요. 이렇게 농민이 많으면 여러 가지가 계산이 되는데, 농민과 달리 비곡물 재화 생산자는 똑부러지는 계산이 가능한 존재가 아니죠. 그들은 정착과 거리가 멉니다. 대표적으로 상인은 이문이 남는다 싶으면 우주 밖으로도 나갈 사람이죠. 그리고 지식인과 정신노동 종사자, 문화 예술 종사자도 마찬가지입니다. 자신의 능력을 사줄 사람이 있으면 언제든 국경을 넘을 수 있습니다. 이런 그들의 수가 많아지면 정착민 수가 줄어듭니다. 그러면 단순히 생산

---

7 兵法, 一曰度, 二曰量, 三曰數, 四曰稱, 五曰勝. 地生度, 度生量, 量生數, 數生稱, 稱生勝. -《손자병법》〈形形편〉

력과 군사력이 줄어드는 문제 이전에 통치자가 국가 행정을 꾸리는 데 계산이 안 되는 것이지요.

그렇기에 상앙과 노자가 말하는 반상현주의, 우민통치, 소국과민을 그렇게 나쁘게만 볼 일은 아닙니다. 국가의 존망이 달린 정착민 확보를 위한 일이었으니까요. 사실 당시는 정착민 확보 경쟁이 치열하던 시기였습니다. 정착민을 얼마나 확보하느냐, 그들을 얼마나 통제, 관리, 보호해 생산 의지를 북돋느냐가 정말 중요한 시대였지요.

사람들이 배를 곯는 것은 곡식과 세금을 취하는 것이 많기 때문이다.[8]

백성들이 두려워할 것을 두려워하지 않으면 큰 두려움이 닥칠 것이다. 백성들의 기거함을 방해하지 말고 그 삶을 억누르지 말라. 오직 억누르지 않기 때문에 백성들이 싫어하지 않는 것이다.[9]

《노자》를 보면 소국과민, 우민통치, 격리 수용만 말한 게 아니라 백성에 대한 지나친 혹사와 쥐어짜기도 반대했지요. 왜냐? 그들을 너무 가혹하게 다루면 어떻게 되겠습니까? 역시나 정착민 수가 줄어들어 결과적으로 국력과 군사력 모두 날아가지 않겠습니까? 그러니 함부로 쥐어짜지 말라, 폭정으로 못살게 굴지 말라고 주장한 것이죠. 소국과민을 먼저 말한 관중과 상앙도 마찬가지로 그들 나름대로 정착민을 보호하려고 애를 많이 썼

---

8 民之飢, 以其上食稅之多, 是以飢. - 75장
   이 장은 왕필의 통행본 원문대로 적었습니다.
9 民不畏威, 則大威至. 無狎其所居, 無厭其所生. 夫唯不厭, 是以不厭. - 72장
   이 장은 왕필의 통행본 원문대로 적었습니다.

습니다. 생업 기반을 마련해주고, 공평하게 조세를 걷으려 법과 제도를 정비하고, 귀족이 함부로 그들을 자신의 사적인 일에 동원한다든가 백성의 재산을 갈취하지 못하게 했습니다. 정착민 수가 줄어들면 나라가 망하니까요. 어려운 말로 표현하면 국가 권력 자원, 국가 권력 요소가 사라지는 것이니까요.

바람 들게 하지 마라

다섯 가지 좋은 빛깔은 눈을 멀게 하고
말 달리고 사냥하는 것은 마음을 미치게 하고
얻기 어려운 재물은 행동을 그르친다.
다섯 가지 좋은 맛은 입맛을 잃게 하고
다섯 가지 좋은 소리는 귀를 멀게 한다.
이 때문에 성인이 다스릴 때는
배를 위하지 눈을 위하지 않는다.
그러므로 저것을 버리고 이것을 취한다.[10]

《노자》 12장에서도 반상현주의가 보이는데 반문화, 반예술주의까지 보이는 것 같지요. 상업, 정신문화와 학술에 종사하는 사람의 수가 늘어나 그들이 너무 많은 것을 누리고, 그들이 만든 것이 너무나도 귀한 사회적 재

---

10 五色使人目明, 馳騁田臘使人心發狂, 難得之貨使人之行妨. 五味使人之口爽, 五音使人之耳聾. 是以聲人之治也, 爲腹不爲目. 故去彼取此. - 12장

화와 자원이 되면 나라는 강해질 수 없습니다. 그럴듯한 말과 논설, 눈과 귀에 즐거운 예술과 음악 등 눈과 귀를 현혹시켜 인민에게 바람이 들게 하는 것은 모두 버리고 치워야 한답니다. 정착민 수 확보를 위해, 부국강병을 위해, 군대 안에서도 저런 것을 엄금해야 하죠. 병사들 마음이 싱숭생숭해지면 어떻게 힘든 훈련을 소화하고 죽기로 싸우려 하겠습니까?

이렇게 소국과민의 80장부터 연속해 여러 장을 살펴봤는데, 이제 좀 이해가 가실 것이라고 봅니다. 부국강병을 위해, 양질의 병역 자원 마련을 위해, 정착민 수 확보를 위해 노자가 아주 많은 주장을 했다는 것을요. 역시《노자》는 군사의 일에 관련된 병법서이고 제왕학이죠. 소국과민, 우민 통치, 반상현주의, 정착민 확보. 자, 이제 여기까지 오신 분들은 노자에 대해 어느 정도 윤곽을 잡지 않았을까 생각합니다.

천지불인 天地不仁

사사로운 정에 휘말리지 말고 늘 냉정하라

17강

천지는 어질지 않으니 만물을 짚강아지처럼 여기고
성인은 어질지 않으니 백성을 짚강아지처럼 여긴다.[1]

유가와 노자가 서로 달리 본 하늘

앞서 노자의 반상현주의 이야기할 때 보면 단순히 노자의 관점이 아니라 유가와 대조되는 노자의 관점도 보일 것입니다. 반상현주의, 학술·문화의 억압을 주장하는 노자와 달리 유가는 학술과 문화를 사랑하고 그 종사자를 극진히 대접하라고 주장합니다. 그리고 인민을 단순히 사역의 대상이 아닌 교화의 대상으로 보는데, 정신노동자를 싫어하고 인민을 사역의 대상으로 보는 노자나 법가·병가보다는 유가 사상이 훨씬 좋은 사상 같고 우월한 통치 철학 같지요. 인간을 믿고 학문과 사상의 발전을 주장하니까요. 그런데 텍스트의 내적 원리를 유심히 살펴보면, 또 동아시아 역사를 살펴보면 꼭 그렇지만도 않습니다.

유가는 유가 이외의 다른 사상을 이단으로 치부하고 공격한 경우가 많았습니다. 인민을 교화의 대상이라고 보았지만, 지나치게 관료와 지식

I 天地不仁, 以萬物爲芻狗, 聖人不仁, 以百姓爲芻狗. - 5장

인을 옹호하고 정신노동자 독재 사회를 유지하려고 하다 보니 육체노동자를 착취의 대상으로 전락하게 했습니다. 반면, 정신노동자를 싫어하고 인민을 사역과 동원의 대상으로 본 사상가들이 오히려 육체노동자를 유가 측 사람들보다 훨씬 보호하려고 애를 많이 쓰기도 하고 그랬지요. 특히 법가 사상가들이 그렇습니다. 그들이 인민을 더 많이 챙겼고 실제로 잘살게 해주려 했던 사람들입니다. 어느 정도 그들이 살 만해야 인구도 불어나고 동원도 사역도 할 수 있는 것이고, 국가 생산력이 유지·증대가 되니 부국강병을 추구하는 법가로서는 어쩌면 그것이 당연할 수밖에 없습니다. 반면, 정신적 가치를 우선시하고 부국강병에 관심이 없는 유가는 인민의 삶을 어떻게 현실적으로 보호할 것이며 그들이 일할 맛 나게 하고 노동할 동기를 가지게 해야 할지 잘 살피지 못했습니다. 애민과 민본주의를 말했지만 공허한 수사에 그치는 경우가 많았지요. 결국 백성은 유가적 통치 아래 생존의 기반을 잃고 죽어나는 경우도 많았고요.

유가 이야기를 좀 더 해볼까요. 지금 다루는 천지불인天地不仁의 5장은 노자가 유가를 겨냥한 듯한 장이기 때문입니다. 5장을 붙잡고 사유해보면 노자와 유가 사상이 극명하게 대조가 되는데 천지불인, 하늘과 땅이 어질지 않다, 유가 측 입장에서는 절대 수용할 수 없는 말이죠. 공자와 맹자 사상을 보면 하늘에 대한 믿음이 있습니다. 도덕적인 하늘을 전제하고 사상을 펼치죠. 도덕적인 하늘이 있답니다. 윤리적으로 살라, 착하게 살라는 사명을 인간에게 주고 그런 자세로 살려는 사람 뒤에 서는 하늘. 도덕을 행하는 주체가 반드시 복을 받도록 힘을 써주지는 못하지만 도덕의 근거이자 윤리적 가치의 원천으로 존재하는 하늘. 사람이 착하게 윤리적으로 살아야 하는 이유로 제시되는 하늘을 유가는 말하지요. 도덕천道德天은 그들 사상의 중심부에 있는 것입니다.

하늘이 나에게 덕을 부여해주었다.[2]

마음을 다하는 자는 본성을 알 것이고, 본성을 아는 자는 하늘을 알 것이다.[3]

내게 덕을 준 하늘, 내 안의 마음을 다하고 내 마음 안의 착한 본성을 다하게 되면 만나게 되는 하늘을 말하네요. 이런 도덕천에 대한 믿음은 맹자가 더 강합니다. 인간의 성선의 근거로 하늘을 말하면서, 군주가 하늘이 내려준 착한 마음을 가지고 정치를 하면 천명을 받아 천하의 주인공이 될 수 있다 말했지요. 그렇게 유가는 도덕적인 하늘을 전제합니다. 하지만 노자와 장자는 아닙니다. 그들이 보기에 하늘과 땅은 무심합니다. 도덕과 상관없고 가치와 상관없습니다. 봄이 가면 여름이 오고 여름이 가면 가을, 가을이 가면 겨울이 오듯, 이렇게 그 자체적인 원리대로 돌아가고 그 자신의 객관적 법칙대로 움직이는 대상일 뿐입니다. 자연을 많이 들먹이고 찬미하면서 배우자고 하는데, 자연에게서 종교적 관념과 도덕적 감정을 가져서 그러는 게 아닙니다. 자연을 통해 자신들이 말하는 도道를 그럴듯하게 설명하거나 잘 이해시켜 주기 위해, 아니면 자연에게서 보이는 법칙과 질서를 내가 배워 살아남고 이기기 위해 자연을 들먹이는 거지요.

하늘은 길고 땅은 오래간다.
하늘과 땅이 길고 오래갈 수 있는 것은
스스로 삶을 도모하지 않기 때문이니

2　天生德於予. -《논어》〈술이편〉
3　盡其心者, 知其性也, 知其性則, 知天矣. -《맹자》〈진심상편〉

그 때문에 장생할 수 있다.

이 때문에 성인은 자신을 뒤로 물리면서도

자신이 앞에 있게 되고

자신을 밖으로 내몰면서도 자신을 보존하게 되니

사사로움이 없기 때문이 아니겠는가.

그러므로 결국 그 사사로움을 이길 수 있다.

– 7장

지극히 선한 것은 마치 물과 같다.

물을 만물을 잘 이롭게 하면서도 다투지 않으며

뭇사람이 싫어하는 곳에 자리를 잡는다.

그러므로 도에 가깝다.[4]

말을 적게 하고 자연에 따른다.

회오리바람도 아침나절을 넘기지 못하고

폭우도 한나절을 가지 않으니

누가 이렇게 한 것인가.

하늘과 땅도 오래가지 못하는데

하물며 사람이겠는가.[5]

노자는 하늘을 天보다는 天地라고 말하고 자연이라 말하기도 하는데, 종

---

4 上善若水. 水善利萬物而不爭, 處衆人之所惡. 故幾於道. – 통행본 8장
5 希言自然. 飄風不終朝, 暴雨不終日, 孰爲此. 天地而弗能久, 又況於人乎. – 23장

교적 감정을 가지고 천지를 대한다거나 그것이 도덕과 윤리의 원천이나 근거라 보지 않았지요. 도라는 것을 설명해주려고 끌어왔거나 자연에게서 보이는 균형이나 내적인 질서를 배워 내가 오래 살고 강해지고자 하늘과 땅, 자연을 말하고 찬미한 것입니다. 어디까지나 실용적 목적을 위해서였지 자연에게서 어떤 도덕적·종교적 관념을 느끼거나 가졌던 게 아니죠. 장자도 마찬가지입니다. 유가의 도덕적·종교적 천天을 거부했지요. 무한 변화하는 것, 기가 흩어지고 모이면서 무한히 변화하는 게 자연입니다. 그 자연 세계는 그 나름의 질서와 원리대로 움직이고 변화하는데, 장자는 그 자연의 질서나 변화의 원리서 도덕적·윤리적 의미를 찾아내고자 하지 않았죠. 자연自然은 말 그대로 스스로[自] 그러한[然] 것일 뿐, 늘 그렇게 스스로 그러해 무심히 변화해가고 순환하는 존재가 바로 자연입니다. 장자에게는 그냥 그 자체로서의 질서와 원리대로 변화하는 게 자연이고 인간도 그 변화하는 자연의 일부였습니다. 인간이라고 자연 내에서 특별한 위치를 가진다고 보지 않았지요.

사람을 포함한 모든 존재는 신이 창조한 것도, 어떤 본체에서 생겨난 것도 아니고 저절로 그렇게 생성되었을 뿐입니다. 그렇게 스스로 생성된 것은 스스로 변화하지요. 일체 존재가 스스로 생성되고 스스로 변화하는 끝없는 흐름, 이것이 다름 아닌 장자가 보는 자연인데, 그는 이를 도道와 명命이라는 말로 표현했죠. 그 '스스로'라는 말이 중요합니다. 자연은 늘 스스로 합니다. 스스로 생겨나고 스스로 변화하고 스스로 순환하는 존재입니다.

장자가 하늘을 그렇게 보는데, 그것은 어떤 신의 의지나 섭리나 인과적 사고를 모두 거부하는 거죠. 그냥 저절로 생겨 저절로 변화하는 것인데 거기에서 무슨 신의 뜻이니 도덕이니 이야기를 하겠습니까. 장자가 말했습니다. 변화에는 동정심이 없다고. 노자가 말한 천지불인과 같은 이야기죠. 가만히 있는 하늘과 자연을 가지고 도덕이니 윤리니 그런 말을 하지 말라고 한 것입니다.

불인한 천지처럼 무심해야 한다

앞에서 동정심이 없고 무심한 하늘은 도덕과 상관없는 존재라고 분명히 했는데요. 이는 공맹의 성선론을 부정하는 것이기도 합니다. 하늘이 덕을 주었고 내 안의 착한 마음의 근거가 도덕적인 하늘이다, 그게 바로 공맹식 성선론의 기본 전제인데, 하늘이 불인不仁하고 동정심이 없다고 하는 것은 유가와 선을 그은 것이죠. 명확히 입장을 달리한 것입니다. 하늘도 선하지 않고 도덕과 상관없는 가치중립적 존재인데, 어떤 존재가 내게 착한 본성을 주고 도덕적으로 살라는 사명을 줄 수 있다는 말입니까? 네, 둘 다 성악설입니다. 천지불인을 말하면서 노자는 성악설을 명확히 한 것이죠. 노자는 천지만이 아니라 성인도 역시 불인하다지요. 성인이 불인하다는 것은 사사로운 정 따위는 없다는 것인데 항상 냉정하라는 말이죠. 온정이나 동정심 따위에 휘말리지 말고 늘 침착, 차분, 냉정하라는 것으로 사실 지휘관에게 요구하는 덕목 같지요.

지휘관은 늘 냉정해야 합니다. 그래야 전략적 사고를 제대로 할 수 있지요. 승리라는 목적을 위해 전략적 합리주의를 견지해야 하기에 온정과 감정에 휘말리면 절대 안 됩니다. 불인한 천지처럼 무심해야 합니다. 사람들을 짚으로 만든 강아지 취급하는 하늘처럼요. 군주와 장수도 마찬가지입니다. 백성과 병사를 짚강아지처럼 여길 수 있어야 하죠. 부국강병을 위해, 눈앞의 승리를 위해 소모품으로도 쓸 수 있어야 이기는 장수가 될 수 있습니다. 천지불인의 5장은 그렇게도 해석이 가능합니다. 장수는 불인해야 한다는 말로요.

노자와 장자 모두 하늘과 자연에 어떤 종교적 경외심과 도덕적 감정을 품지 않습니다. 그들은 인간에 대해 낙관적 기대가 없다는 점도 일치하는데, 그것도 유가와 대조되지요. 성악설을 주장하다 보니 인간을 비관한 것으로 알려진 순자도 사실 알고 보면 인간에 대한 낙관적 믿음으로 가득한데, 노자와 장자는 그런 게 조금도 없습니다.

사람이 신의가 없다면

공자께서 말씀하시길,
"사람이 되어 신의가 없다면
그가 무엇을 할 수 있는지 모르겠다.
큰 수레에 끌채가 없고
작은 수레에 멍에가 없다면
그 무엇으로 가겠는가?"[6]

사람이 믿음이 없으면 그가 어찌 가可 할 수 있겠는가, 사람은 항상 신의가 있어야 한다고 공자가 말했습니다. 그 나름대로 인간을 믿고 낙관한 공자

---

6 孔子曰: 人而無信, 不知其可也. 大車無輗, 小車無軏, 其何以行之哉. −《논어》〈위정爲政편〉

는 열심히 배우고 가르치면 신의를 가진 사람이 많아질 수 있다고 생각한 것 같습니다. 하지만 노자는 그런 것 따위 모릅니다. 인간에 대한 기대? 그런 게 있기는커녕 불신하지요. 그러니 항상 영악해야 하고 계산에 밝아야 한답니다. 나를 잘 숨겨야 하고, 나만큼이나 자신을 숨기려는 타인을 섣불리 믿으면 안 된답니다. 항상 상대를 의심하고 모략적 사고에 밝아야 한답니다.

노자가 보기에 세상은 힘자랑하고 모략적 사고에 밝은 이로만 가득 차 있으며 그들이 언제 내 것을 빼앗아갈지 모르는 공간일 뿐입니다. 궁중 사회, 전쟁터를 배경으로 만들어진 사상이다 보니 성악설 중에서도 극단적인 위치에 있나 봅니다. 노자는 사람을 믿지 않습니다. 궁중 사회에서 권력을 두고 경쟁하는 사람을, 그리고 전쟁터의 적을 어찌 믿을 수 있겠습니까?

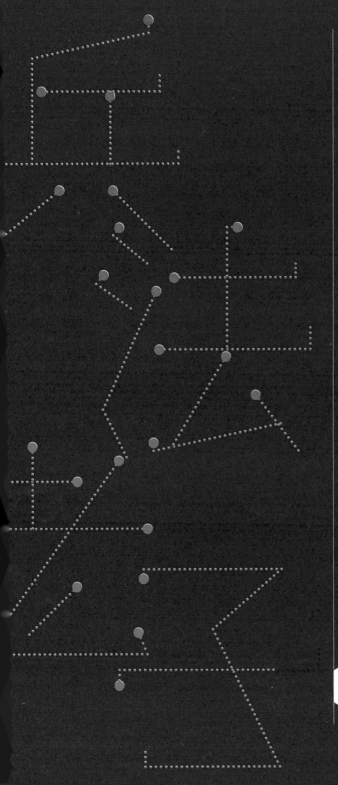

미언불신美言不信
무조건 속여야 이길 수 있다

18강

믿음직한 말은 아름답지 않고
아름다운 말은 믿음직하지 않다.
아는 사람은 박식하지 않고
박식한 사람은 알지 못한다.
선한 사람은 많지 않고
대다수는 선하지 않다.¹

대다수의 인간은 선하지 않다

공자가 아들에게 그랬죠. 왜 시를 공부하지 않느냐고요. 또 제자들에게 그 랬습니다. 너희들은 어찌하여 시를 공부하지 않느냐고요. 시를 공부하면 감흥을 나타낼 수 있으며, 사물을 잘 살펴볼 수 있고, 무리와 어울릴 수 있 으며, 원망할 수 있고, 멀리는 임금을 섬길 수 있으며, 새와 짐승, 풀과 나 무의 이름도 많이 알 수 있노라고. 시를 통해 언사를 유려하게 표현할 수 있습니다. 공자는 유려한 언어 형식을 통해 나의 희로애락을 표현하고 인 간관계의 장에서도 그럴 수 있어야 한다고 했습니다. 공자는 이런 말도 했죠. 흥어시 입어예 성어악興於詩 立於禮 成於樂, 시에서 감흥을 받아 일 어나고 예라는 형식에 서며 음악에서 이룬다고. 시를 사랑한 공자는 미언 美言주의자입니다.

반면, 노자는 말합니다. 미언을 믿을 수 없다며 절대 믿지 말라네요.

ɪ 信言不美, 美言不信. 知者不博, 博者不多. 善者不多, 多者不善. - 81장

공자는 미언주의자였지만 노자는 아니었지요. 인간에 대한 불신 때문입니다. 그래서 미언을 경계했지요. 다자불선多者不善, 대다수의 인간은 선하지 않다고도 했지요. 인간에 대한 신뢰나 세상에 대한 낙관은 없고 인간 세상을 오로지 투쟁의 장으로 보는 노자는 당연히 남의 말을 쉽게 믿으면 안 된다고 할 수밖에 없었습니다. 특히 남의 말을 쉽게 믿거나 그것을 토대로 함부로 판단하면 안 되는 곳이 어디지요? 바로 궁중 사회 그리고 전쟁터일 것입니다.

> 전쟁은 속임수다. 잘할 수 있는데도 못하는 체하고, 병사를 사용하는데도 사용하지 않을 것처럼 하며, 가까운 곳에서 싸워야 하는데도 먼 곳에서 싸우는 체하며, 먼 곳에서 싸워야 하는데도 가까운 곳에서 싸우는 체한다.[2]

손자가 한 말인데, 사기와 협잡이 칭찬받는 유일한 분야가 바로 전쟁이죠. 속고 속이고 갖은 기만술이 난무합니다. 거짓 정보를 흘리고 상대에게 사자를 보내 판단을 흐리기도 합니다. 그렇지 않아도 〈행군편〉에서 손자는 이런 말도 했습니다.

> 적이 멀리 있으면서 작은 부대로 싸움을 거는 것은 우리를 유인하려는 음모가 있는 것이다.
> 말을 낮추면서도 준비를 더 하는 것은 진격해 치려는 음모가 있는 것이다.
> 말을 강하게 하면서 강공을 하려는 것은 후퇴하려는 음모가 있는 것이다.

---

2   兵者, 詭道也, 故能而示之不能, 用而示之不用, 近而示之遠, 遠而示之近. -《손자병법》〈계계편〉

적이 약속도 없이 갑자기 강화를 청하는 것은 음모가 있는 것이다.
반쯤 나왔다가 반쯤 후퇴하는 것은 유인의 음모가 있는 것이다.[3]

어떻게든 속여야 합니다. 기를 쓰고 속여야 하죠. 그래야 이길 수 있습니다. 그런데 속임수는 단순히 이기기 위한 수단만은 아닙니다. 속임수는 비용, 출혈, 희생을 줄여주지요. 목적을 효과적으로 달성하게 해줍니다. 속임수라는 것은 그래서 전략적 사고지요. 전략적 사고가 무엇일까요? 목적을 달성하기 위해 모든 수단을 강구해야 할 텐데, 가능하면 적은 비용과 희생, 부담을 치르며 목적을 달성하게 하는 수단과 방법을 찾아내려 고민하는 것입니다. 최대 효율의 수단을 생각해봐야죠. 그런 고민과 사고가 바로 전략적 사고입니다. 병법서에서 속임수와 기만책을 많이 주문하는데, 이는 단순히 속이기 위한 속임수, 이기기 위한 속임수가 아닙니다. 어떻게든 효율을 높이는 전략적 사고의 능력을 키우라는 주문이죠. 속이는 것 자체에 매몰되라는 것이 아닙니다. 이 속임수라는 것은 중국의 병법서에서 거듭 강조됩니다. 모든 병법서가 상대의 속임수를 경계하라고 말하지요. 보시다시피 노자도 마찬가지입니다.

상앙의 속임수

다시 또 상앙 이야기를 하게 되었네요. 속임수로 이긴 사례에 상앙의 예

3   遠而挑戰者, 欲人之進也. 辭卑而益備者 進也. 辭強而進驅者 退也. 無約而請和者 謀
     也. 半進半退者 誘也. -《손자병법》〈행군편〉

가 있습니다. 상앙이 변법으로 한참 진秦나라를 부강하게 만들며 출세가
도를 달릴 때쯤이었습니다. 그때 진나라와 위나라가 전쟁을 하게 되었는
데, 상앙이 장수로 진나라 군을 이끌고 나갑니다. 위나라 측의 상대는 공
자 앙卬. 과거 상앙은 위나라 대부 공숙좌의 식객 노릇을 했었는데, 공자
앙과 서로 친한 사이였죠. 그것을 믿고 상앙이 계책을 꾸몄습니다. 공자
앙에게 서신을 보냈죠. 《여씨춘추》〈무의無義편〉을 보면 당시 상앙이 편지
에 쓴 대화가 실려 있습니다.

> "제가 이곳으로 흘러들어 귀한 자리를 욕심 낸 것은 모두 공자 덕분이었습
> 니다. 지금 진은 저를 장수로 명했고, 위는 공자로 하여금 그 소임을 맡겼습
> 니다만, 어찌 차마 서로 어울려 싸우겠습니까? 공자께서는 귀국의 군주에게
> 말씀을 올리고 저는 저대로 저희 군주에게 말씀을 올려 쌍방이 함께 군대를
> 파하게 하시지요."

공자 앙은 철석같이 이 말을 믿었습니다. 그래서 군대를 거두었지요. 그리
고 상앙도 군대를 거두었습니다. 그때 상앙이 또 사람을 보내 공자 앙에
게 말을 전했습니다.

> "돌아가면 우리는 다시 볼 날이 없을 것입니다. 바라건대 공과 함께 앉아 작
> 별 인사나 나누고 싶습니다."

공자 앙은 이 말도 철석같이 믿었습니다. 주변 사람들의 만류도 무릅쓰고
상앙이 기다리는 곳에 가서 함께 술을 마셨죠. 이미 상앙이 군막 뒤에 병
사들을 숨겨놓은 상황. 병사들은 술을 마시던 공자 앙을 덮쳐 사로잡았습

니다. 그리고 바로 지휘관 없는 위나라 군을 공격했습니다. 상앙은 이런 인간이었죠. 피도 눈물도 없고 수단, 방법 가리지 않는 사람. 이때 위나라 군은 대패를 당하고 말았는데, 상앙이 비겁했지만 전쟁은 원래 그런 것이라고 해도 할 말이 없죠. 그런데 앞서 제가 노자를 사관이라고 했지요. 역사학자 할아버지 노자, 그 노자가 말하는 미언불신美言不信 뒤에는 이런 역사적 경험이 있습니다. 모략과 계책을 통해 상대를 속여 이기고, 거기에 속아 패하고 나라를 잃은 역사적 경험과 기억이 '노자병법'의 배후에 있는 것이죠.

어떻게든 속이고 기만해야 하는데, 때로는 속이기 위해 상대방이 원하는 것을 줄 수도 있어야 하고 거짓 패배도 할 수 있어야 합니다. 방심하고 나를 얕보게 만들어야 하죠. 고구려 군대가 거짓 패배로 수나라 군대를 격퇴한 살수 대첩은 그 거짓 패배에서 시작된 것이라 해도 과언이 아닙니다.

고구려 군대의 거짓 패배

수양제의 대군이 고구려를 침략했을 때 을지문덕은 전면전을 벌이지 않고 소소한 싸움만 걸었습니다. 싸움에서 늘 패했지요. 하지만 소소한 싸움에 불과했고 위장된 패배였죠. 그렇게 위장된 패배를 하면서 계속 퇴각했는데, 수나라 군사는 상대의 거짓 패배에 속아 평양성 근처까지 가게 됩니다. 고구려 군의 패배는 전략적 퇴각이었고 후퇴였습니다. 수나라 군대는 하루에 일곱 번 싸워 일곱 번이나 이기는 전과를 거둘 정도로 연전연승하면서 평양성 근처까지 이르게 됩니다. 애초에 요동과 만주에 있는 고구려 성을 함락시키지 않은 채 상대의 수도로 향한 것이었는데, 평양으로 진공하기 전에 수나라 군 내부에서 평양으로 직공할지 말지 격론이 일었지요. 평양 직공을 주장하던 우중문에 맞서 우문술이 맞섰지만, 그 역시 연출된 상대의 패배에 속아 마음을 바꾸었다죠. 정말 고구려 군대가 우스워 보였나 봅니다. 69장에서 노자가 적을 가벼이 보는 것보다 더 큰 재앙은 없다고 했는데, 이렇게 고구려 군은 거짓 패배로 자신들을 가벼이 보게 했습니다.

평양성까지 계속해 산발적인 교전을 벌이며 가는 바람에 군대는 지쳤고 전선은 너무 길어졌습니다. 더구나 후방에 고구려 군과 무너뜨리지 못한 성이 떡하니 버티고 있던 상황인데, 후방에 적이 있고 전선이 길어지니 상대의 유격전이나 기습전에 노출되었습니다. 언제 어디서 고구려 군이 어떻게 나타나 공격할지 모르는 상황에서 계속 간헐적으로 닥치는 고구려 군의 히트 앤드 런에 당했지요. 계속 치고 빠지는 고구려 군대, 반면 지쳐가는 수나라 군대. 더 큰 문제는 보급이었습니다. 30만 대군이 무리한 행군으로 평양까지 간 상황. 식량을 실어 나르는 양도糧道가 위태위태했는데, 길게 늘어진 전선은 군대의 생명선인 보급선이 되지 못했습니다. 그뿐 아닙니다. 수나라 육군에 보급품을 전달해줘야 할 수나라 수군의 내호아 부대가 평양성 공성전에서 크게 패하는 사건도 있었습니다. 육군과 합류하라는 명령을 어기고 공명심에 평양성을 공격하다가 크게 패해 육군에게 전달해줄 보급품까지 날려버렸죠. 이렇게 된 상황에서 수나라 군대는 갈수록 극심한 피로와 배고픔과 싸워야 했고, 결국 완전히 늪에 빠졌습니다. 고구려 군대는 기가 막히게 상대를 유도해 최악의 상황에 몰아넣었죠. 정말 상대를 잘 속였습니다.

장차 움츠러들게 하려면 반드시 먼저 벌려주어라.

장차 약하게 하려면 먼저 강하게 해주어라.

장차 없애려면 반드시 먼저 높이고

장차 빼앗으려면 먼저 주어야 한다.

이것을 미묘한 데서 밝다고 하니

유약한 것이 강한 것을 이기는 법이다.

고기는 못을 벗어날 수 없으니

나라의 좋은 물건은 남에게 보여서는 안 된다.[4]

병가에서 강조하는 대로 속여서 이겼는데, 고구려 군대는 특히 이 노자의 조언을 충실히 따른 게 아닌가 싶습니다. 고구려 군대는 계속해 수나라 군대에게 승리를 주었습니다. 그래서 나를 무시하게 만들고 무리한 공격을 하게 하고 전선이 위태로울 정도로 길게 늘어지게 만들었죠. 고구려의 거짓 패배는 장차 그들을 약하게 만들고 패하게 만들려는 책략이었죠. 노자 말대로 고구려가 보여준 것처럼 상대에게 먼저 줄 수 있어야 합니다. 일부러 내 것을 주고 거짓 승리를 상대에게 안겨주어야 더욱 상대를 잘 속일 수 있지요.

4 將欲翕之, 必古張之. 將欲弱之, 必古強之. 將欲去之 必古與之. 將欲奪之 必古予之. 是
   胃微明, 柔弱勝强. 魚不可脫於淵, 國利器 不可以示人. - 36장

초장왕의 문구정

속임수 하면 저는 꼭 이 사례를 들고 싶더라고요. 속임수로 패권을 성취하고 군사적 목표를 일군 초장왕 이야기입니다. 손숙오가 보좌했다던 초장왕, 춘추시대 2대 패자 초장왕은 대규모 군사 작전을 벌여 육혼융이라는 이민족을 정벌한 후 주나라 경내에서 열병식을 했습니다. 그때 주나라 천자는 왕손만을 보내 초나라 군대를 위무했는데 초장왕이 대뜸 이렇게 물었지요. "구정이 얼마나 크고 무겁소이까?"

구정九鼎은 주나라 왕실의 권위를 상징하는 아홉 발 달린 거대한 구리 솥입니다. 춘추시대만 하더라도 주나라 왕실의 권위는 무시하지 못할 것이었기에 구정에 대해 제후들은 감히 입에 올리지도 못했죠. 하지만 남방의 웅략가 초장왕은 주나라 왕실을 무서워하지 않았습니다. 그때 왕손만이 이렇게 답했습니다. "천자의 권위란 덕에 있는 것이지 구정에 있는 것이 아닙니다." 그러자 초장왕이 거드름을 피우면서 말하길, "구정을 믿지 마십시오. 우리 초나라 군사의 창날만 녹여도 구정을 만들 수 있소이다."

여기에서 문구정問九鼎, 구정의 무게를 물어본다는 말이 만들어졌지요. 한마디로 천하를 넘본다는 뜻인데, 실제 초장왕의 패기와 실력은 북쪽 나라들을 떨게 하기에 충분했습니다. 언젠가 황하 너머 북쪽 나라들을 손봐줄 것이라고들 생각했죠. 그렇지 않아도 두예라는 학자는 초장왕이 구정의 의미를 물은 것은 주나라를 핍박하여 천하를 얻기 위해서라고 했죠.

하지만 초장왕은 황하를 넘지 않았습니다. 북쪽으로 가지 않고 동쪽으로 향했죠. 장강과 회하를 따라 동쪽을 공략했고, 중원의 남쪽을 완전히 초나라의 강역으로 만들고자 움직였습니다. 특히 장강을 따라 동진하면서 구리 광산을 수중에 넣었습니다. 구리가 있어야 청동을 만들 수 있는데, 고대에는 구리 합금인 청동은 정말 금이었지요. 썩지 않아 오래 보관할 수 있고, 언제든 다시 녹여도 다른 물건을 만들어낼 수 있어 낭비도 없고요. 녹슬지 않으니 청동 솥을 만들어 장거리 군사 작전도 가능해졌습니다. 북쪽으로 갈 것처럼 말해놓고 동쪽으로 간 초장왕. 한마디 말로 모든 천하 사람들을 속이고 알짜배기 땅을 접수했습니다. 동쪽 진출이라는 야심을 숨기고 말이죠.

자, 정말이지 속여야 합니다. 내 생각과 의도를 숨긴 채 사람들을 속여 승리하고 커다란 비용 소모 없이 목적을 달성해야 합니다. 그런데 어떻게든 속이고 숨기려면 우선은 다른 것을 떠나 말을 좀 줄여야겠지요. 말은 할수록 노출됩니다. 내 패와 의도가 드러나고 상대를 속일 수 없게 됩니다. 그래서인지 노자는 다언삭궁多言數窮을 말했지요. 속이려면 우선 다언삭궁부터 명심해야 한다, 노자 생각은 그러했나 봅니다.

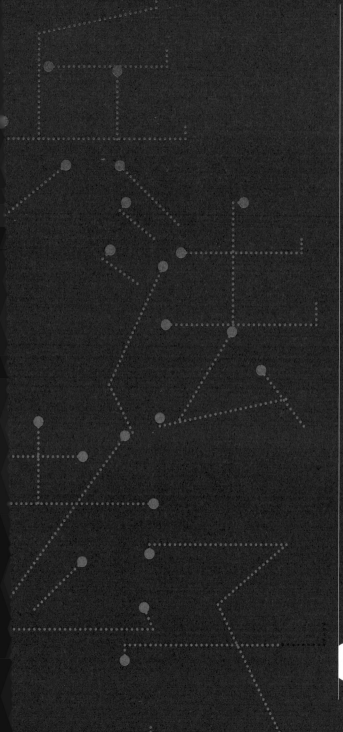

다언삭궁 多言數窮

감추고 또 감추어라

말이 많으면 자주 궁해진다.
가운데 자리를 지키는 것만 못하다.'

말이 많으면 궁해진다

말이 많으면 자주 궁해진답니다. 그리고 말을 많이 하느니 수중守中, 즉 가운데를 지키고 거기에 서 있는 것만 못하다고 합니다. 말을 줄이라는 것 같기도 하고, 가만히 있으면 중간이라도 간다는 이야기 같기도 하죠?

불여수중不如守中은 잠깐 미뤄두고 일단 다언삭궁多言數窮부터 이야기해보겠습니다. 다언삭궁, 말이 많으면 궁해진다. 위기를 자초하고 화를 불러온다는 말이죠. 그래서 말을 아껴야 하는데 누가 말을 아끼라는 것일까요? 앞에서 노자 사상의 수요자가 누구라고 했지요? 왕과 장수라고 했습니다. 왕은 당연히 말을 아껴야 하죠. 왜냐? 신하에게 자신의 속을 내비치면 의중을 파악당하고 신하에게 틈을 주기에 말을 아껴야 합니다. 노자만큼이나 손자 영향을 많이 받은 한비자가 자주 강조했습니다. 말을 통해 너무 많이 자신을 노출시키면 안 된다고요. 전쟁터만큼 살벌한 곳이 궁중

I   多言數窮, 不如守中. - 5장

인데, 말이 많으면 신하와의 싸움에서 주도권을 뺏기죠. 왕뿐만 아니라 장수도 다언삭궁해야 합니다.

> 모략은 기밀을 유지하는 것에서 성공하고 새어나가는 것에서 실패한다. 따라서 군대의 일은 기밀 유지보다 더 중요한 것이 없다. 한 사람의 일이 두 사람에게 새어나가지 않아야 하고, 다음날 실행될 일이 오늘 새어나가지 않아야 한다. 그것을 세밀하게 추진하여 조그마한 틈에서도 드러나지 않도록 신중해야 한다. -《병경백자兵經百字》〈비秘편〉

> 일할 시점에 기밀을 유지할 수 있으면 말하는 사이에 새어나올까 두려워해야 하고, 말할 때 기밀을 유지할 수 있으면 용모에서 드러날까 두려워해야 하며, 용모에서 기밀을 유지할 수 있으면 낯빛에서 드러날까 두려워해야 하고, 행동할 때는 그 실마리를 숨기고 사람을 등용할 때는 그 입을 막아야 한다. -《병경백자》〈비편〉

명말 청초를 산 계훤揭暄이라는 사람이 전래의 병법을 100개의 키워드로 체계화한 《병경백자兵經百字》라는 책이 있습니다. 〈비秘편〉에서 계훤은 저렇게 말했는데 장수 역시 말이 많으면 안 되죠. 정보가 새어나가고 자신이 공격하려는 곳이나 약점, 군부대의 이동 방향을 적이 알게 되면 전쟁에서 이길 수 있겠습니까. 《병경백자》에서 말한 것처럼 은밀히 계획을 세우고 움직여야죠. 내부의 계획이 노출되면 집니다. 최대한 정보 유출을 막아야 합니다. 내가 상황을 판단하고 선택을 내리는 근거를 적이 모르게 해야 하지요. 그러니 장수의 말이 많아서 도움이 될 게 없습니다. 군주의 경우도 그렇습니다. 말이 많다 보면 신하와 상대할 때 틈을 줄 수 있지요.

다언삭궁은 어떻게든 노출을 피하고 나를 은폐시켜 남에게 틈을 주지 말고 나를 모르게 하라는 말입니다.《손자병법》에서 말한 것이 기억나실 겁니다. 손자는 늘 나를 무無하게 하라고 했지요.

> 그 입을 열고 그 일을 이루게 한다면
> 죽을 때까지 구제할 수 없다.
> 작은 것을 보는 것을 눈이 밝다고 하고
> 부드러움을 지키는 것을 강하다고 한다.
> 빛을 사용하되 그 밝음으로 되돌아가
> 몸에 재앙을 남기지 않을 것이니
> 이것을 감추고 또 감춘다고 한다.[2]

저는 52장이 다언삭궁을 잘 설명해준다고 보는데, 입을 연 채 일을 도모하면 죽을 때까지 구제할 수 없고 일을 이루기는커녕 화를 당한다고 합니다. 어떻게든 내부 사정, 나의 생각과 의도, 감정 모두 가려야 합니다. 그러려면 말조심해야죠. 말조심만 했어도 살 수 있었는데 말조심 못해 죽은 거물이 많습니다. 대표적으로 한신이 있습니다.

---

2 開其兌 濟其事, 終身不救. 見小曰明, 守柔曰強. 用其光, 復歸其明, 無遺身殃, 是爲習常. – 52장
52장 원문은 왕필본으로 했습니다.

한신의 다다익선

초한쟁패가 끝난 후 한신은 한나라를 세운 공이 다 자기에게 있다는 말을 수없이 하고 다녔습니다. 그뿐만 아니라 다른 공신을 모두 자신의 아래로 보고 무시하기 일쑤였죠. 그러다 보니 궁지에 빠졌을 때 자신을 변호해줄 이가 아무도 없었는데, 다다익선이란 발언도 하는 게 아니었습니다.

유방과 한신이 술을 마시다가 유방이 말했습니다. "경이 보기에 내가 직접 전투 현장에 나간다면 나는 몇 명을 거느릴 수 있을 것 같소?" 한신은 "폐하는 십만입니다."라고 답했습니다. 유방이 다시 물었죠. "경은 어떻소?" 그러자 한신이 말했습니다. "저는 다다익선입니다." 많으면 많을수록 좋다는 거죠. 그러자 유방이 "그러면 경은 왜 짐에게 사로잡혀 있는가?"라고 물었습니다. 그때 한신이 답하길 "폐하는 군사를 쓰는 데는 신보다 못하지만 장수를 쓰는 일은 신이 따라가지 못하잖습니까?"라고 답했습니다. 얼핏 유방에 대한 칭찬 같지만 유방을 적지 않게 자극한 말이었죠. 자기가 병사를 부리는 데는 유방보다 낫잖습니까? 이처럼 한신은 말조심을 하지 않아 유방 속을 뒤집어놓는 일이 많았습니다. 그래서 유방은 늘 한신을 제거할 생각을 했습니다. 결국 토사구팽의 사례가 되고 말았죠.

전쟁 영웅은 늘 권력자에게 견제의 대상입니다. 제명에 못 죽는 경우가 너무 많지요. 그러니 더더욱 틈을 보여선 안 되고 말조심해야 합니다. 유방은 창업 군주치고 가혹하게 토사구팽을 한 인물이 아닙니다. 그렇기에 한신이 다다익선 같은 소리 하지 말고 다언삭궁을 명심했더라면 천수를 누릴 수 있었을지도 모릅니다. 앞서 《노자》 텍스트에 퇴역 군인으로서의 자의식이 보인다고 했지요. 그래서 공수신퇴와 공성불거를 이야기했다고 했는데, 다언삭궁이라는 말 역시 그런 자의식이 엿보이는 말이 아닐까 싶네요. 왕년의 공적은 모두 잊고 항상 입단속 잘하고 살라는 말 같습니다.

한신과 달리 입단속 잘하고 항상 감정과 마음을 숨겨 천수를 누린, 천수를 누리다 못해 나라를 얻은 사람이 있습니다. 바로 사마의司馬懿죠. 사마의는 다언삭궁이 얼마나 중요한지 아는 사람이었습니다. 권력자가 자신을 견제하고 의심하고 많은 사람이 그의 적이었지만, 그는 그 살벌한 위나라 궁중에서 살아남았고, 결국 사마씨의 진晉나라를 사실상 만들어냈습니다. 다언삭궁은 다른 말로 신언수구愼言守口라고도 하는데, 말은 신중히 하고 입은 다물고 있으라는 신언수구의 자세는 특히 궁중 사회의 파워 게임에서 필요하지요. 사마의는 유비만큼은 아니지만 노자의 색채가 강한 캐릭터인데, 그는 다언삭궁과 신언수구에 충실한 사람이었습니다. 성공할수록 목소리를 낮추고 빛을 발할수록 꼬리를 감추는 인물이었던 사마의. 그는 대사를 이룰 때까지 항상 몸조심, 말조심하고 모든 것을 감추었는데, 노자가 말했던 덕목을 제대로 실천한 사람이었죠. 고평릉의 변[高平陵之變]을 일으켜 대권을 장악할 때까지 모든 것을 감추고 철저히 숨긴 사마의의 이야기는 뒤에서 제대로 해보지요.

중용 대 중용

다언삭궁 뒤에 이어지는 말이 재미있습니다. 아니, 의미심장한 말인데 알듯 말듯 아리송해 보입니다. 불여수중不如守中, 즉 중中을 지키는 것만 못하다고 합니다. 말이 많아 궁해지는 사태를 스스로 초래하니 중中을 붙잡고 있는 것이 낫다는 거죠. 수중守中, 즉 중中을 부여잡는다는 게 과연 무슨 뜻일까요? 흔히 중中 하면 유가에서 말하는 중용中庸이 생각나는데 그 뜻일까요? 《손자병법》에서는 두 개의 중용을 비교해 설명했는데, 그 중용을 이야기해보지요.

중용 하면 일단 사서四書 가운데 하나인 《중용》이 떠오를 것입니다. 또 《중용》이전에 그냥 이런 처세술이 떠오를 것입니다. 한쪽으로 치우치지 말라, 극단으로 가지 말고 중간을 유지하면서 적당한 선에서 일을 처리하거나 그렇게 사람을 대하라 같은 게 떠오를 것입니다. 유가의 중용은 사실 거기에서 크게 벗어나지 않습니다. 어떤 도덕 원칙, 도덕 규범을 항상 매사 똑같은 방식으로 실행하고 고집하면 안 된다, 그때그때 시간과 장소에 맞게 유연하게 실행하라, 적당한 선과 정도에서 실천하라. 유가의 중용은 이런 것이죠. 도덕적으로 윤리적으로 살아야 하는데, 도덕 원칙과 윤리적 덕목을 매번 같은 방식으로 적용하지 말고 상황에 맞도록 융통성 있게 실행하고 실천하라는 말이죠. 유가의 중용이 내세우는 것은 매사에 적절함을 찾는 융통성 또는 유연함일 텐데, 그것도 참 중요하지만 절대 잊으면 안 되는 것은 어쨌거나 중용은 도덕, 윤리와 관련되었다는 것이죠. 유가의 중용은 도덕 규범의 실천과 인간의 윤리적 완성을 위한 덕목입니다. 다만 도덕과 윤리 규범을 상황에 맞도록 유연하게 실행하고 실천하면서 윤리적 완성을 일구라는 것이죠.

노자가 말하는 중과 중용, 그리고 현실 중국인의 중과 중용은 이런 유가의 중용과 다릅니다. 도덕, 윤리와 상관없이 철저히 실용적입니다. 막강한 실용 정신이 지배하는 중국, 중국인에게 유가의 중용은 별 매력이 없습니다. 그들이 추구하는 중용은 이런 것입니다. 좋은 자리나 길목에 서라, 그래야 많은 조건과 요소를 잘 살피고 아우를 수 있으니까. 노자와 현실 중국인이 추구하는 중과 중용은 가운데라고 해도 틀린 것은 아닙니다.

한쪽으로 치우치지 말라는 것은 유가와 같아요. 가운데 서라, 한쪽으로 치우치지 말라는 것은 가운데가 많은 것을 아우르는 자리이기 때문이죠. 너무 치우치면 시야가 제한되잖아요. 많은 것을 파악하고 헤아려 실리를 도모하는 좋은 방법을 찾을 수 있는 최대한 좋은 목에 서 있으라는 것이죠. 그 자리는 그곳이 '윤리적'이라서가 아니라 '유리하니까' 차지하라는 것입니다. 불여수중이라는 말은 그런 것인데, 다언삭궁과 불여수중을 같이 묶어 해석해보면 이런 것입니다. 말을 줄여라, 말로써 자신을 노출시키지 마라, 노출을 최소화한 채 관찰하기 좋은 자리에 서라. 다언삭궁 불여수중은 내가 타인에게 관찰되는 것을 최소화하고 나 아닌 다른 것을 관찰하는 것을 최대화하라는 것이죠. 그래야 지지 않을 수 있으니. 유가의 중용이 아닌 노자의 중용이 현실의 중국인에게는 훨씬 더 애용되는 덕목이죠.

> 전쟁의 형세와 밀접하게 관계되는 것이 기機가 되고, 사태가 전환하거나 변화하는 곳이 기가 되며, 사물에서 매우 중요하고 절실한 곳이 기가 되고, 시기가 교묘하게 일치하는 곳이 기가 된다. 눈에 맞닥뜨려 있는 곳이 곧 기가 되면, 눈을 움직이는 곳은 기가 아닌 것이고, 상황을 틈탈 수 있는 것이 기가 될 때 그 상황을 놓쳐버리면, 기가 없어지는 것이다. 일을 도모할 때 깊고 크게 해야 하고, 계책을 감출 때는 은밀하게 해야 한다. 알아차린 상황에서 결정하고, 결정을 내린 것에서 이로움을 취해야 한다. -《병경백자》〈기機편〉

좋은 길목에 자리 잡은 후에 무엇을 해야 할지는 《병경백자》에 실린 〈기機편〉에서 알 수 있을 것 같네요. 사태가 어떻게 진행될지, 지금 보이는 현상이 어떤 일의 전조일지, 그런 변화의 기미를 읽어내야겠지요. 일의 기미를 읽어보려 하고 사태의 기미를 파악하려 한다는 것은 세勢를 읽는다는 말과 다를 바 없는데,《손자병법》에서 강조한 그 세에서 노자도 자유롭지 않습니다. 좋은 길목에 서서 세를 봐야 합니다. 상황과 조건이 현재 어떠하고 앞으로 어떻게 변해갈지 읽어내야죠.

나를 숨기고 말을 아낀 채
조용히 관망하라

노자의 중中을 허정虛靜 또는 정靜으로 해석하는 경우도 많습니다. 제가 말한 중국인의 중용, 노자의 중용과 다르지 않습니다. 허정과 정도 나를 은폐한 채 많은 것을 관찰하고 파악하라는 의미거든요. 허하게 있어라, 고요하게 있어라, 숨죽인 채 없는 듯 있어라, 라는 뜻이죠. 노자가 다른 장에서 이 허虛와 정靜을 많이 강조하는데, 실리를 도모하고자 나를 숨긴 채 차분히 상황을 냉정하게 관찰하라는 맥락에서 이야기했지요. 수중守中의 중中을 이 정靜으로 봐도 좋습니다. 둘의 음이 비슷한데 고대 중국에서는 음이 비슷하면 뜻이 통하는 경우가 많았지요. 둘 다 고요히 내 몸을 숨긴 채 사태를 관망하라는 뜻으로 봐도 좋습니다.

똑같이 손자의 사상적 제자이고, 비록 이란성이지만 노자와 사상적 쌍둥이라고 할 수 있는 사상가 한비자도 정과 허정을 말했습니다. 한비자는 군주에게 정치 전면에 나서지 말고 고요한 자세로 관망하라고 권했지요. 존재감이 없어 보일수록 좋다고 했습니다.

군주는 허정의 자세로 아무 일도 하지 않으면서 캄캄한 어둠 속에서 신하의 허물을 알아차린다. 보고도 못 본 척하고 들어도 못 들은 척하며 알고도 알지 못하는 척 위장한다. 그리고 가슴속에 간직해둔 신하의 말과 실지의 결과를 비교 검토하여 그것이 일치하는가를 살핀다.

이런 군주의 정치 방식을 한비자는 정퇴靜退라고 했는데, 다언삭궁 불여수중과 같은 말입니다. 말을 최대한 아낀 채 조용히 관망하고 그것을 통해 신하를 다루고 그들과 전쟁에서 이겨야 하지요. 다시 말해 한비자는 자기의 재능과 힘을 표면에 나타내지 말고 좋아하고 미워하는 바를 드러내지 말라는 정퇴를 군주의 도로 보았고, 이 정퇴를 보배로 삼을 줄 알아야 한다고 했습니다. 노자가 말한 불여수중의 정치, 한비자가 말한 정퇴의 정치를 잘한 군주가 있습니다. 대표적인 사람이 초장왕과 손권이죠. 특히 초장왕은 이 책에서 많이도 등장하는데, 그는 노자가 말하는 성인입니다.

정퇴의 정치를 꾀한
초장왕과 손권

초장왕은 즉위하여 정사를 맡으면서 삼 년이 되도록 어떤 명령도 내리지 않았습니다. 그가 즉위할 즈음 초나라 내부는 너무 어지러웠지요. 봉지에 할거한 귀족들이 왕권을 위협하고 귀족끼리 권력 다툼도 심해 정국은 어지럽고 나라가 혼란했습니다. 초장왕은 그런 정국을 수습하기는커녕 조금도 국정을 돌보지 않고 밤낮 없이 놀았지요. 어떠한 명도 내리지 않고요. 아니, 딱 하나 이런 명령을 내렸습니다. "감히 내게 간하는 자가 있으면 살려두지 않겠다."

어느 날 오거伍擧가 들어와 간하려 했는데, 초장왕이 으레 그러하듯이 궁녀를 끼고 술을 먹고 있었나 봅니다. 그때 오거가 왕에게 수수께끼를 냈지요. "이야기를 듣자니 어떤 새가 남쪽 언덕에 앉아 있습니다. 삼 년 동안 날개 치지 않고 날지도 않고 울지도 않으며 묵묵히 소리가 없습니다. 이것이 무슨 이름의 새일까요?" 초장왕이 답하기를 "삼 년 동안 날개 치지 않은 것은 장차 날개를 크게 펼치려는 것이다. 날지도 않고 울지도 않는 것은 사람들의 동태를 관찰하려는 것이다. 비록 날지 않더라도 한번 날면 반드시 하늘을 지르고, 비록 울지 않더라도 한번 울면 사람을 놀라게 할 것이다. 자네는 그만두어라. 그대의 뜻은 알았으니."

그런 일이 있은 지 수개월이 지났는데도 왕은 여전히 놀고먹었습니다. 그러자 대부 소종蘇從이 들어와 간하자 왕은 화를 냈죠. "내 분명히 간하는 이는 살려두지 않겠다고 했는데 그 명령을 듣지 못한 것인가?" 소종이 답했습니다. "제 한 몸을 죽여 주군을 깨우칠 수 있다면 이것은 신이 원하는 것이옵니다." 그러자 초장왕은 술판을 접고 정사를 돌보기 시작했습니다. 군주의 일을 시작하면서 죽인 자가 백 명, 새로 등용한 자가 백 명이라고 합니다.

좌우에 궁녀를 끼고 질펀하게 놀던 초장왕은 대체 그동안 무엇을 했던 것일까요? 마냥 놀았던 것 같지는 않은데 말입니다. 초장왕의 수수께끼 풀이 안에 답이 있지요. 새가 날지도 울지도 않는 것은 신하들의 동태를 관찰하기 위함이었다고 하지 않습니까? 왕은 정사를 돌보지 않고 주색에 빠져 살 때 단순히 놀기만 한 것이 아니라 늘 무엇인가 살폈던 것입니다. 어떤 신하가 충신이고 간신인지, 누가 국정의 난맥상을 만들고 있는지, 누가 쓸 만하고 믿고 일을 맡길 수 있을지 남몰래 관찰하고 있었던 것이죠. 그랬기에 실제 국정을 시작하자마자 사람들을 단호하게 쳐내고 또 파격적으로 등용할 수 있었습니다.

초장왕은 즉위할 때 자신의 권력 기반이 얼마나 허약하고 초나라 정국이 얼마나 어지러운지 잘 알고 있었습니다. 자신의 아버지가 여러 거물 귀족에게 신임을 받지 못했고 자신은 왕이 되자마자 납치까지 당했습니다. 그때 왕은 누구를 믿어야 할지, 누가 내 편이 될지, 어떤 신하가 충심이 있는지 몰랐지요. 왕권을 다잡기 위해 어떤 일을 우선해야 하고, 누구에게 일을 시켜 국정을 풀어가야 하며, 어디서부터 손대야 할지는 즉위 시에는 파악하기 힘들었습니다. 그래서 그가 택한 방법이 바로 정퇴였습니다. 놀고먹는 척하면서 관찰했습니다. 피아를 식별하고 사람을 알아볼 수 있을 때까지, 권력을 어떻게 공고히 해나갈지 계산이 설 때까지 초장왕은 고요히 물러나 있었던 것이죠. 3년 동안 그냥 논 게 아니라 기다리고 준비한 것입니다. 3년이 지나 민심도 파악되고 피아도 구분되고 계산이 섰다는 생각이 들자 득달같이 행동에 들어갔죠. 간신배를 쓸어내고 쓸 만한 인재를 한꺼번에 기용했습니다. 파격적이었지만 너무나도 전광석화 같은 행보였기에 아무도 저항하지 못했습니다. 한비자가 늘 주장했던 정퇴의 정치가 무엇인지 초장왕은 제대로 보여줬습니다.

정퇴의 정치를 한 사람이 또 있습니다. 《삼국지연의》에 등장하는 오나라의 손권孫權. 젊은 나이에 왕위에 오른 손권은 국정을 직접 챙기지 않았습니다. 가장 능력 있는 신하를 대도독에 앉혀 전권을 맡기고 자신은 뒷전에 물러나 있었죠. 자신이 정말 나서야겠다 싶을 때만 개입해서 결정만 내리고 나머지 일은 신하들이 알아서 하게 했습니다. 군사의 일만 해도 그렇습니다. 주유, 여몽, 육손에게 군권을 일임했습니다. 신하들에게 모든 권한을 맡기고 한 발 뒤로 물러서 있었지요. 하지만 그도 초장왕처럼 늘 살피고 있었습니다. 그는 마치 암실에서 밖을 바라보듯 신하의 능력과 장단점을 예리하게 관찰했죠. 그러면서 시간이 되자 국사를 스스로 챙기기 시작했는데, 어린 나이에 즉위했음에도 신하들에게 휘둘리기는커녕 서서히 권력을 장악해나간 영명한 군주였습니다. 노년에 추해져 악평을 많이 들었다지만, 손권은 조조와 잘 싸워 오나라를 지켜낸 인물로 당대에는 영웅이었지요. 초장왕처럼 불안하게 시작했지만 정퇴의 정치가 무엇인지 손권도 제대로 보여줬습니다.

> 밝은 군주는 위에서 하는 일이 없음에도 여러 신하들은 아래에서 그 의향을 알 수가 없어 겁내고 두려워한다. 밝은 군주의 도는 신하 가운데 지혜로운 자로 하여금 그 지혜를 모두 짜내게 한다. (중략) 공이 있으면 군주가 그 현명함을 차지하게 되고, 허물이 있으면 신하가 그 죄를 책임지게 된다. 그러므로 군주의 명예는 언제까지나 손상되는 법이 없다.[3]

노자가 말했고, 초장왕과 손권이 보여준 정퇴의 정치를 한비자는 지속적으로 강조했습니다. 동動이 아닌 정靜, 진進이 아닌 퇴退, 고요하고 물러나야 합니다. 그래야 신하들을 장악하고 권력을 널리 행사할 수 있습니다. 그리고 천하를 움켜쥘 수 있습니다.

> 무거움은 가벼움의 근본이고 고요함은 움직임의 주인이네.
> 그러므로 군자는 종일 움직여도 그 무거움을 벗어나지 않고
> 시끄러운 여관 골목에 있더라도 초연히 편안함을 유지하네.
> 어찌 큰 나라의 왕으로서 천하에서 가볍게 처신하겠는가.

---

3 明君無爲於上, 群臣悚懼乎下. 明君之道, 使智者盡其慮. (중략) 有功則君有其賢, 有過則臣任其罪. 故君不窮於名. - 《한비자》〈주도主道편〉

가벼우면 뿌리를 상실하고 자주 움직이는 군주 자리를 빼앗기네.[4]

무겁고 고요하고 물러서 있을 줄 알아야 합니다. 그것이 세상과 싸우는 기본적인 도이며 자세입니다.

重爲輕根, 靜爲躁君. 是以君子終日行 不離其輜重, 雖有環館 燕處則昭若. 若何萬乘之
王 而以身輕於天下. 輕則失本 躁則失君. - 26장

도항무명 道恒無名
나의 모든 것을 남이 모르게 한다

20강

옛날에 도를 잘 행한 사람은 미묘하고 그윽이 통달했으니
깊고 깊어 형용할 수 없었다.
오직 형용할 수 없었기 때문에 억지로 그를 형용하니
머뭇거림은 마치 겨울에 강을 건너는 것 같고
망설임은 마치 사방의 이웃을 두려워하는 것 같다.
엄숙하기는 마치 손님이 된 듯하고
넉넉하기는 마치 얼음이 녹는 듯하며,
질박하고 두텁기는 마치 통나무와 같고
흐릿하기는 마치 탁한 물과 같으며
휑하기는 마치 골짜기와 같다고 한다.
혼탁하면서도 움직여서 서서히 맑아지며
편안해하면서도 움직여서 서서히 살아나니
이런 도를 간직한 사람은 채워짐을 원하지 않는다.
오직 채워짐을 원하지 않기 때문에
자신을 가리고 완전히 이루어지지 않는다.'

도는 항상 이름을
붙일 수 없는 존재

1강 금옥만당에서 말했던 것처럼 '노자병법'을 지배하는 정서인 세상에 대한 두려움이 《노자》 15장에도 잔뜩 깔려 있습니다. 두려운 세상에서 살 아남으려면 또는 지지 않으려면 그에 필요한 자세가 있습니다. 앞서 말한 정퇴停退도 있고, 아래로 내려갈 줄 아는 선하先下도 있고, 천함을 감수하 는 자세도 있는데, 그중 가장 필요한 자세는 바로 무無입니다. 미묘해야 합니다. 보이지 않아야 하고 형용하기 힘들어야 합니다. 15장에서 말한 대 로 기약탁其若濁, 나를 탁한 물처럼 만들어야 합니다. 최대한 흐릿하게 해 야죠. 그래서 앞서 말한 다언삭궁多言數窮의 자세가 필요합니다. 무無해야 이길 수 있고 지지 않을 수 있지요. 돌부처 이창호가 그러했는데, 그는 감

I   古之善爲道者, 微妙玄達, 深不可志. 夫唯不可志, 故強爲之容曰, 豫呵其若冬涉水, 猶
     呵其若畏四鄰. 嚴呵其若客, 渙呵其若凌澤, 敦呵其若樸, 湷呵其若濁, 曠呵其若浴. 濁
     而情之徐清, 安以重之 徐生, 葆此道者, 不欲盈. 夫唯不欲盈, 是以能敝而不成. - 15장

정 기복이 전혀 안 보이는 사람이었고 항상 고요함으로 이기는 사람이었죠. 바둑의 신이 그러하였습니다. 항상 무無했습니다.

열네 살의 나이에 KBS 바둑왕전에서 스승 조훈현을 꺾고 타이틀을 차지한 이창호. 그 후 조훈현이 가지고 있던 전관왕 타이틀을 쟁취하며 한국 바둑의 1인자로 등극하는데, 한국만이 아니라 세계도 휩쓸어버렸죠. 일본과 중국의 기사들은 이창호를 집중 연구하며 계속 도전하지만 아무도 이창호의 아성에 흠집을 낼 수 없었습니다. 그의 별명이 뭡니까? 돌부처지요. 항상 정상의 자리를 지키는 그를 보고 세계는 돌부처라고 했습니다. 얼굴에 표정 변화가 없습니다. 얼굴에 아무것도 보이지 않습니다. 어떻게 공격하든 흔들든 미동도 하지 않습니다. 항상 고요히 또 냉철히 반상만을 내려다볼 뿐입니다. 이창호와 바둑을 두면 벽을 앞에 둔 것 같다고 하는데, 이창호처럼 남들에게 드러나 보이지 않으면 단단한 벽이 될 수 있습니다. 그 벽은 항상 나를 지켜줄 것입니다. 이창호의 바둑 실력보다 그의 무無함을 많은 이들이 존경하고 찬양했는데, 항상 감정을 드러내지 않고 자신의 속을 알 수 없게 했던 돌부처 같은 그의 무無에서 진정한 강자의 모습을 볼 수 있습니다. 무無해야 이길 수 있습니다.《노자》는 어쩌면 무에 대한 찬가가 아닐까 싶은데, 사실 무에 대한 찬가는 노자보다 손자가 먼저 불렀습니다.

> 병법의 극치는 나를 무형으로 만드는 것이다.
> 무형이 되면 깊이 숨은 간첩도 엿볼 수가 없고
> 아무리 지혜로운 자라도 계책을 낼 수 없다.[2]

---

2   形兵之極, 至于無形. 無形 則深間不能窺, 智者不能謀. -《손자병법》〈허실虛實편〉

《손자병법》에서 무한 찬양되는 무無라는 덕목. 이를 실천하려면 보이는 게 없게 해야 합니다. 불투명하게 해야 합니다. 나의 작전과 의도, 내가 가려는 방향과 이동 경로 모두 보이지 않게 해야 하지요. 그렇게 보이지 않아야 속일 수 있고 이길 수 있고, 또 이길 때 최소한의 비용으로 효율적으로 이길 수 있습니다.《손자병법》에는 또 이런 말도 나옵니다.

> 미묘하구나, 미묘하여 형태 없음에 이르렀구나.
>
> 신비롭구나, 신비하여 소리 없음에 이르렀구나.
>
> 이렇게 해야 적의 사명司命이 될 수 있구나.[3]

무無해야 강해지고 이기니 나를 최대한 무로 만들어야 하지요. 상대는 어떻게 해야겠습니까? 최대한 유有하게 만들어야죠. 사실《손자병법》은 유무有無라는 키워드로 설명이 가능해요. 그 정도로 무와 유가 아주 중요합니다. 나를 어떻게든 최대한 가리고 상대방을 어떻게든 드러나게 해야죠. 얼마나 상대적으로 나를 숨기고 적을 드러나게 하는가, 거기에서 승패가 갈린다는 게 손자 생각이었습니다. 그래서 거듭 무를 강조했는데, 찬양한다는 느낌까지 줄 정도입니다. 실로 그렇습니다.《손자병법》은 무에 대한 찬가입니다. 정말 그의 병법은 간단할지 몰라요. 노자도 15장에서 손자처럼 무에 대한 찬가를 부릅니다. 모습이 미묘하고 그윽하고 어떻게 말로 표현이 안 되고 형용할 수 없다는 도道. 그 도는 무無한 것이기에 도항무명道恒無名이랍니다. 도는 항상 이름이 없는, 이름 붙일 수 없는 존재라네요. 싸우는 이는 무릇 그런 도를 닮으라는 것이죠.

---

3 微乎微乎, 至于無形. 神乎神乎, 至于無聲. 故能爲 敵之司命. -《손자병법》〈허실편〉

관중도 찬양한 無

관중의 이름으로 제나라 학자들이 그 사상을 집대성한 텍스트 《관자管子》를 보면 병법에 대한 이야기가 있습니다. 거기에서도 무無를 병법의 요체라고 말했는데, 일단 관중도 노자처럼 도를 무와 연관지어 말했습니다.

> 시작에 실마리가 없는 것은 도이고, 끝남에 끝자락이 없는 것은 덕이다. 도는 헤아릴 수 없고, 덕은 셀 수 없다. 그러므로 헤아릴 수 없으면 많은 강적도 나를 도모하지 못하고, 셀 수 없으면 위장 전술로 감히 나를 향해 오지 못한다. 두 가지가 겸하여 시행되면 출동이나 정지에 공효가 있다. 알지 못하는 사이에 지나가고 뜻밖에 출동한다. 알지 못하는 사이에 지나가므로 막을 수 있는 사람이 없고, 뜻밖에 출동하므로 대응할 수 있는 사람이 없다.[4]

어디에서 시작되는지 모르고 헤아릴 수 없고 이렇게 볼 수 없는 것, 드러나지 않는 것을 도라고 했는데, 관중도 전쟁에서 이렇게 무를 중시했습니다. 이기고 싶으면 어떻게든 숨기라고 했습니다. 자, 숨겨야 하는데 무엇부터 숨겨야 할까요? 일단 내 속내부터 숨겨야 하지요.

> 사람의 많고 적음, 무사의 뛰어남과 모자람, 군사 장비의 좋음과 나쁨을 모두 알아야 하니, 이것이 겉모습을 파악하는 지형知形이다. 지형은 상대의 능력을 평가하는 지능知能만 못하고, 지능은 속뜻을 파악하는 지의知意만 못

4　始乎無端, 卒乎無窮. 始乎無端者 道也. 卒乎無窮者 德也. 道不可量, 德不可數也. 不可量 則衆彊不能圖, 不可數 則僞詐不敢襲. 兩者備施, 則動靜有功. 徑乎不知, 發乎不意. 徑乎不知 故莫之能禦也, 發乎不意 故莫之能應也, 故全勝而無害. -《관자》〈병법兵法편〉

하다.[5]

상대의 의도와 생각을 알아야 하는데 상대의 마음과 속을 철저하게 유有로 만들어야 하죠. 반대로 나의 속내는 무로 만들고요. 더 나아가 관중은 그림자가 되라고 했습니다. 마치 유령같이 되라고 했죠.

> 사람이 군대를 운용하면, 적이 공허한 곳에 있게 하고 그림자와 싸우는 것처럼 하게 한다. (적군이 우리에게) 대책을 세우지 못하게 하고 형적을 추적하지 못하게 하면 (아군이) 성공하지 못하는 것이 없고, (적군이) 형적을 추적하지 못하게 하고 작위하지 못하게 하면 (아군이) 이루지 못하는 것이 없다. 이를 일러 병법의 도라고 한다. 사라졌으나 있는 것 같고, 뒤에 있으나 앞에 있는 것 같으니 위엄은 형용할 수조차 없다.[6]

관중은 이렇게 용병의 원칙으로 무를 말했습니다. 손자만큼이나 강조한 것 같죠. 내 계산과 계획, 의도, 움직임을 모두 감추라고 했습니다. 특히 이 말이 인상적이죠. 겉모습을 살피는 지형은 상대의 능력을 살피는 지능만 못하고, 능력을 파악하는 지능은 상대의 속을 아는 지의만 못하다고. 어떻게든 나를 무로 만들어놓아야 하는데, 특히 내 의도와 계산을 모르게 해야 합니다. 앞서 말한 정퇴의 정치도 그것이죠.

---

5 人之众寡, 士之精粗, 器之功苦尽知之, 此乃知形者也. 知形不如知能, 知能不如知意. – 《관자》〈지도地圖편〉

6 善者之爲兵也, 使敵若據虛, 若搏景. 無設無形焉, 無不可以成也, 無形無爲焉, 無不可以化也. 此之謂道矣. 若亡而存, 若後而先, 威不足以命之. – 《관자》〈병법편〉

큰 덕의 모습은 도를 따르는 것

보려고 해도 보이지 않으니 미微하다고 하고

들으려고 해도 들리지 않으니 희希하다고 하며

만지려고 해도 그럴 수 없으니 이夷하다고 한다.

이 세 가지는 따질 수 있는 것이 아닌 것으로 서로 섞여 하나가 된다.

이 하나는 그 위는 밝지 않고 그 아래는 어둡지 않으며

끝없이 이어져 이름 지을 수 없으니 무물无物로 돌아간다.

이것을 형상이 없는 형상이라고 하고

사물이 없는 상이라고 하니

이것을 일러 홀황忽恍하다고 한다.

좇아가려고 하여도 그 머리를 볼 수 없고

맞으려 해도 그 머리를 볼 수 없다.

지금의 도를 잡고서 지금의 일을 다스려

옛날 그 처음을 안다.

이것을 도의 줄기라고 한다.[7]

큰 덕의 모습은 오직 도를 따른다.

도라는 물건은 있는 듯 없는 듯하네.

없는 듯도 하고 있는 듯도 하나 그 가운데 형상이 있고

7　視之而弗見 名之曰微, 聽之而不聞 名之曰希, 抿之而弗得 名之曰夷. 三者不可至計, 故
混而爲一. 一者 其上不悠 其下不忽, 尋尋不可名也 復歸於无物. 是謂无狀之狀, 无物之
象, 是謂忽恍. 隨而不見其後, 迎之不見其首. 執今之道 以禦今之有 以知古始. 是謂道
紀. ‒ 14장

있는 듯도 하고 없는 듯도 하나 그 가운데 사물이 있으며

어둡고 컴컴하나 그 가운데 그 실체가 있다.[8]

《노자》14장과 21장에서 도가 무엇인지 말해주네요. 14장에서 도를 무상지상无狀之狀, 즉 형상 없는 형상이라고 했고, 무물지상无物之象, 즉 사물없는 형상이랍니다. 그리고 21장에서 말하길, 큰 덕의 모습은 도를 따르는 것이랍니다. 도를 따르면 덕, 즉 힘을 가진다는 것인데, 도라는 것은 무无한 것이니 도를 따르자면 나도 있는 듯 없는 듯해야겠지요. 그게 도를 따르는 것입니다. 그러면 덕을 갖추게 되고 강자가 될 수 있습니다. 노자가부르는 무에 대한 찬가는 계속됩니다. 노자는 갈옷을 입고 옥을 머금으라고 하며 무를 더 노래합니다.

---

8   孔德之容 唯道是從. 道之物 唯恍唯惚, 惚呵恍呵 中有象呵. 恍呵惚呵 中有物呵. 幽呵
     冥呵 中有精呵. - 21장

피갈회옥 被褐懷玉

어두움 속에서 힘을 기른다

내 말은 무척 알기 쉽고 무척 행하기 쉽지만
사람들은 알지 못하고 행하지도 못한다.
말에는 중심이 있고 일에는 근본이 있으나
저들이 모를 뿐이다.
그렇기에 나를 알지 못한다.
아는 자가 드물면 나는 귀해지리라.
이 때문에 성인은 겉으로는 갈옷을 입고
안으로는 옥을 품는다.'

어두움 속에서 힘을 쌓아가라

피갈회옥被褐懷玉, 갈옷을 입고 옥을 안에 품는다. 허름한 옷을 입었으니 사람들이 괄시하고 무시하더라도 내 진짜 실력과 뜻은 모두 숨겨야 합니다. 이런 피갈회옥은 중국인이 살아가는 방식입니다. 한국인은 백주白酒 세 잔만 마시면 제 속을 다 밝힌다고 중국인들은 그렇게 낄낄댄다는데, 우리와 다르게 그 사람들은 정말 잘 숨기고 잘 감추는 사람들입니다. 중국인에게는 세 가지 장벽이 있다고 하죠. 존심의 장벽, 자국 역사와 문화에 대한 자부심의 장벽 그리고 의심과 모략의 장벽. 참으로 벽이 많은 사람들입니다. 의심 많고 속을 알 수 없고 항상 계책을 꾸미려 하지요. 그렇게 벽을 만드는 사람들인데, 자기 앞에 벽을 만드는 것은 그들에게는 당연한 것입니다. 내 안의 옥을 숨기고 지켜야 하기 때문이죠.

I   吾言甚易知也. 甚易行也. 而人莫之能知也. 而莫之能行也. 言有君 事有宗. 夫唯无知也. 是以不我知. 知者希則我貴矣. 是以聖人 被褐而懷玉. - 70장

275

피갈회옥 하면 저는 도광양회韜光養晦라는 말이 생각납니다. 덩샤오 평이 말했던 것 기억나시죠? 도광양회는 《삼국지연의》에서 기원한 말인데, 자신의 재능이나 명성을 드러내지 않고 숨기면서 참고 기다린다는 뜻입니다. 덩샤오핑이 했던 말 중에 흑묘백묘黑猫白猫 다음으로 유명한 말이지요. 어두움 속에서 힘을 쌓아가라. 피갈회옥과 같은 말입니다.

빛을 감추어라, 밖으로 내비치지 않게.

경거망동하지 마라, 숨어야 한다.

기다려라, 드러나지 않는 곳에서.

실력을 쌓으며 때와 기회를 드러내지 마라.

자신의 명성과 실력, 재능을 절대 자랑하지 마라.

견뎌야 한다, 당장의 모욕과 수모를.

도광양회를 이렇게 표현해봤는데, 도광양회는 덩샤오핑이 말한 중국의 대외 정책 또는 전략에 그치지 않습니다. 중국인의 기본적인 처세 전략입니다. 이 도광양회 뒤에는 피갈회옥을 말한 노자가 있고, 무를 찬미한 손자가 있습니다. 이 도광양회와 피갈회옥을 잘 실천한 역사적 인물을 살펴볼까요. 역시나 정치, 군사적 인물과 거물입니다.

허명을 좇지 말라 한 주승과
허명을 좇은 한신

앞서 장생구시를 말할 때 언급했던 주승 이야기를 다시 한 번 해보겠습니다. 주승은《백전기략百戰奇略》을 쓴 유기劉基와 더불어 주원장을 보좌한 책사인데, 주원장이 주승을 찾아가 조언을 구하니 이렇게 말을 했습니다. "성을 높이 쌓고, 왕을 칭하지 말며, 식량을 널리 모으십시오." 주원장은 이를 듣자마자 옳거니 했습니다. 마오쩌둥도 굉장히 좋아하는 명언인데, 도광양회와 피갈회옥을 이렇게 세 마디 명언으로 재창조한 것입니다. 폼 잡고 나를 과시하면 안 됩니다. 조용히 실리와 실력을 도모해야 하고, 안전한 터와 물러날 곳을 닦아놓아 나를 지킬 수 있는 공간을 확보해야 하지요. 그리고 장기전을 치를 수 있도록 배불리 먹을 것을 쌓아놓아야 합니다. 이렇게 방어의 거점과 물러날 터전을 마련해두고 내게 꼭 필요한 것을 모아두고 쌓아놓을 줄 알아야 합니다. 그것도 조용하게, 떠벌리지 말고.

주승은 왕을 칭하지 말라고 말했는데, 선불리 왕을 칭하면 공격 목표만 될 뿐입니다. 왕을 칭하려면 명분과 그에 걸맞은 실력이 있어야 하죠. 원술을 보십시오. 조조, 유비 등과 대립하던 원술이 황제를 칭하자마자 여러 군벌로부터 공공의 적이 되어 사면에서 공격당해 결국 망하고 말았죠. 손자와 같이 초나라 수도 영郢을 무너뜨린 오자서도 말했습니다. 덕이 없으면서도 스스로 군주가 되고 왕이 된 자는 쳐도 좋다고. 명실상부하지 않고 스스로 실력도 없으면서 자랑하기만 하면 상대에게 명분을 주고 적의 공격 대상만 될 뿐입니다. 허명虛名을 탐내 멸망을 자초할 이유가 없죠. 왕이라는 이름은 최후의 승자가 된 이후 칭해도 됩니다. 주원장이 흥기하던 시절은 군웅이 할거하던 시대였는데, 왕을 칭해 공격당할 구실을 줄 이유가 없었습니다. 그랬다가는 여타 군벌이 힘을 합쳐 응징해올 것이 뻔했거든요. 허명을 칭해 구실을 주는 것은 중국인이 가장 경계하는 행보입니다. 주원장은 주승의 말을 따랐습니다. 전쟁이 거의 마무리될 때까지

277

황제라는 허울뿐인 이름을 내세우거나 차지하지 않았습니다.

허명은 전혀 중요하지 않습니다. 이름이 뭐가 중요합니까? 실리가 중요하지요. 항상 사명취실捨名取實, 이름을 버리고 실리를 취할 수 있어야 합니다. 그게 도광양회고 피갈회옥이죠. 그 도광양회와 피갈회옥에 가장 큰 적은 바로 명예욕입니다. 이름과 명분보다는 실리와 실력이 중요하고, 가장 중요한 것은 최후의 승자가 되는 것이죠. 주원장은 그것을 알았고 황제를 칭한 원술은 그것을 몰랐지요. '도가도 비상도' 다음 구절이 뭐죠? 바로 명가명 비상명名可名 非恒名입니다. 이름이라 하면 그것이 영원한 이름이 아닙니다. 장자의 말대로 이름은 실질의 손님입니다. 나그네 같은 것일 뿐이고 모든 이름은 잠정적인 것이니 이름에 집착할 필요가 없지요.

반면, 이름에 집착했던 이들이 있습니다. 바로 도덕과 명분의 관념 체계를 가진 유가입니다. 공자가 말했죠. 군군신신 부부자자君君臣臣 父父子子라며 임금은 임금답고 신하는 신하답고 아버지는 아버지답고 자식은 자식다워야 한다고 했습니다. 사회 구성원 모두가 자신의 이름과 위상에 걸맞은 몸가짐과 마음가짐을 항상 보여줘야 한답니다. 그게 유교의 가치관인데, 유교는 이렇게 이름에 집착합니다. 그래서 명교名教라고 불리기도 했죠. 도덕과 윤리에 집착하는 유가와 다르게 실리를 중시하는 손자와 노자 같은 이들은 이름에 목매지 않아요. 승자가 되고자 조용히 조건을 만들어가는 사람들은 이름에 집착하지 않습니다. 이름이 나를 승자로 만들어주는 게 아니거든요.

함부로 황제를 칭해 패망한 원술 같은 바보가 또 있습니다. 바로 한신韓信이죠. 그는 '노자병법'을 반대로 실행한 사람입니다. 공명심에 항상 지배당한 사람이고, 명예욕 때문에 배척을 당하고 적을 많이 만든 사람이었죠. 한신은 이름에 지배당했습니다. 이름을 알리고 드높이고 싶어 했지만 다른 것에는 별 관심이 없었죠. 그러다 보니 실리와 정치적 안전을 도모할 줄 몰랐고 결국 토사구팽을 당하고 말았죠. 한신은 제나라를 차지한 후 드러내놓고 또 성급하게 왕에 앉혀달라 유방에게 부탁했습니다. 아니 부탁이라기보다는 압박했는데, 이는 결국 유방이 자신을 불신하게 만들었죠. 장량은 그가 명예욕에 눈이 먼 사람이라는 것을 알고 있었기에 제나라 왕이라는 이름을 주라고 했죠. 한신은 제나라 왕이라는 이름을 얻었지만 끝내 뭐가 남았죠? 쓸데없이 허명만 얻은 셈입니다. 한신은 허명을 추구하는 어리석음을 계속 버리지 못했습니다. 한나라 천하가 된 후 다른 공신인 주발, 관영, 번쾌 같은 사람들과 자신이 같은 위상에 있다는 것을 견디지 못했죠. 제거될 위기를 겨우 모면하고 초왕을 거쳐 회음후淮陰侯로 강등된 상황에서도 말입니다. 모든 것을 잃고 황천길 티켓이 예약된 상황에서도 그가 추구한 것은 허명이었습니다. 늘 허명을 추구하다 보니 자신의 의도와 생각, 감정을 항상 드러내놓고 다녔던 것이죠. 참 안타까운 인물입니다. 군신軍神이었지만 군대의 일밖에 모르는 바보였습니다. 사명취실捨名取實이 아니라 항상 사실취명捨實取名한 사람이었고, 실리를 버리고 이름만 취한 바보였습니다.

한신은 이렇게 문제가 많은 인물이었는데, 천하 통일 후에 초나라 왕에 봉해졌을 때도 내내 어리석은 모습을 보여줬지요. 답답할 정도로요. 유방이 초왕으로 봉한 이후 한신은 초나라로 갔습니다. 본디 한신이 초나라 출신이라 초나라 풍습에 익숙했기에 보낸 것입니다. 유방은 그가 초나라를 안정시키기 바랐던 것 같은데, 그런 유방의 의중은 안중에도 없이 한신은 초나라 왕에 봉해진 것을 대단한 상이라 생각해 으스댔고, 더 나아가 왕 흉내를 제대로 냈습니다. 소위 왕놀이를 했던 것이죠. 자주 외출하면서 천자의 순행처럼 뻑적지근 위풍당당하게 행차하기를 즐겼습니다.

군대 수천 명을 대동하고 으리으리하게 행차했다는데, 누가 보더라도 딴 마음 먹는구나, 모반할 계획이 있구나 생각이 들게 했습니다. 사마천이 그랬습니다. 한신이 겸양의 도를 배워 자기 공적을 자랑하거나 재능을 자랑하지 말았어야 했다고. 그러면 한나라 창업에 대한 그의 공이 주나라 창업에 대한 주공과 소공 태공망의 공만큼 인정받을 수 있었을 텐데 그러지 못했다고요. 이렇게 사마천이 안타까워했는데, 한신은 이름에 집착하고 자기 속을 드러내고 허세를 부리는 등 여러 모로 '노자병법'과 반대되는 인물이었지요. 반면, 한신과 다르게 '노자병법'을 충실히 실천하고 노자가 말한 덕목대로 일생을 산 사람이 있습니다. 바로 사마의, 삼국 시대 최후의 승자 말입니다.

끊임없이 참고 참아내 천하를 거머쥔 사마의

본심을 항상 숨기고, 모욕을 참고, 끊임 없이 인내했던 사람 사마의. 그 사마의에게 세 가지의 무기가 있었다고 하죠. 그것은 실력, 인내, 위장입니다. 사마의 하면 제갈량과 맞서 싸운 명장으로 유명하지만 그는 문관으로도 탁월한 실력을 발휘했던 사람이죠. 칼을 잡든 붓을 잡든 항상 출중한 성과를 냈는데, 황제의 비서실장 역할을 10년이나 수행한 사람입니다. 누가 뭐래도 실력과 관료이자 장수였죠. 그에게는 인내라는 두 번째 무기도 있었습니다. 조조를 견뎠고, 조비를 견뎠고, 조예와 조상마저도 견뎌냈습니다. 권력자의 견제와 의심, 시기를 모두 견뎌냈고 항상 수모를 참고 또 참고 살았습니다. 조상에게 병권을 빼앗겼을 때에도 울분을 드러내지 않고 집에 칩거했습니다.

　세 번째 무기가 바로 위장입니다. 항상 숨기고 숨겼습니다. 야심과 감정, 의도 모두 드러내지 않았습니다. 특히 잠복에 능했죠. 병을 위장해 잠복하고 살았는데 조조와 조예, 조상 모두 꾀병으로 속인 전력이 있습니다. 조조가 일찍이 사마의의 재능을 알아보고 출사를 명했지만 사마의는 응하지 않았죠. 병을 핑계로 나서지 않고 환자 흉내를 내 두문불출했습니다. 그러자 조조가 자객을 보냈는데 사마의를 죽이려 보낸 것이 아니라 정말 아픈지 아닌지 알아보려 했던 것이죠. 사마의는 조조가 보낸 자객과 맞닥뜨렸는데 전혀 반응을 보이지 않았습니다. 몸을 가누지 못하는 척했지요. 사실 자객이 왔음을 알면 몸이 멀쩡한 사람이면 반응할 것이고, 그러면 그간 병을 핑계로 출사를 거부한 게 꾀병인 게 탄로날 텐데 귀신같이 그 순간에 자신이 반응하면 안 된다고 판단한 것이죠. 조조가 보낸 자객이 아니라 진짜 다른 자객이라면 죽을 수도 있었을 텐데, 사마의는 대담하게 중병 걸린 환자인 척 연기했습니다.

　사마의의 환자 연기가 얼마나 탁월했던지 집 안의 하인조차 속을 정도였어요. 그런데 어느 날 뒤뜰에 책을 늘어놓고 말리던 중 소나기가 내리자 책을 무척 아끼던 사마의는 버선발로 뛰어나갔습니다. 나가서 책을 거두어서 들어왔죠. 그때 하녀 하나가 이를 목격하자 사마의의 부인이 단칼에 바로 죽여버렸죠. 부인도 남편 못지않은 인물이었나 봅니다. 결국 사마의는 조조의 집요함을 이기지 못하고 출사하고 말았습니다. 그런데 조조가 누굽니까? 단번에 사마의의 야심을 알아챘죠. 사마의도 권력자의 의심을 알고 더욱 신중하게 처신했습니다. 그는 조정에서도 재능을 감추고 그저 문서를 작성하는 문관직을 맡아 행하며 자신의 군사적 재능을 숨겼죠. 의심병 환자 조조의 눈에 띄고 싶지 않았던 겁니다.

조조가 죽고 나서야 조비의 신임을 받아 사마의는 군권을 쥐었고 그때부터 비상하게 되었는데, 조비와 조예를 거쳐 조방이 황권을 넘겨받았을 때에는 조상의 견제로 군권을 잃고 집에 칩거하게 되지요. 그때 다시 중병 걸린 환자 연기를 했는데, 조상의 사람이 오자 완전히 치매 걸린 노인네 모습을 연기했습니다. 정말 오늘 내일 하는 사람처럼 보였죠. 그래서 어린 황제의 후견자인 조상 일파가 완전히 방심하게 했고, 얼마 후 드디어 기회가 왔습니다. 조상이 어린 황제를 모시고 선황 조예의 능묘인 고평릉에 제를 올리러 성을 나간 것입니다. 그때 사마의는 평소에 키우던 결사대를 이끌고 쿠데타를 일으켰습니다. 이를 고평릉의 변이라 하는데, 조조가 그렇게 공들여 세운 조씨의 강산 위나라를 하루아침에 사마씨의 강산 진나라로 만들어버렸습니다.

숨기고 또 숨기고, 위장하고 또 위장하고, 연기에 능해 사람을 속이는 데 도가 튼 사마의는 치욕을 견디는 것도 그렇고, 자신을 위장하고 숨기면서 때를 기다리는 것도 그렇고, 여러 가지로 노자가 강조한 덕목을 잘 준수한 사람입니다. 사마의는 숨김과 위장만 잘한 게 아니라 조용히 실력을 키우고 세력도 만들었던 사람이죠. 정말 도광양회, 어두움 속에서 힘을 키운 인물입니다. 《삼국지연의》를 보면 고평릉의 변을 이렇게 말하고 있습니다. 조상이 성을 나갔다는 소식을 들은 사마의가 마음속으로 크게 기뻐하며 두 아들과 곁에 두고 부렸던 장수 수십 명을 이끌고 곧바로 조상을 모살하러 떠났다고요. 하지만 그랬을 리가요. 황제의 후견인을 겨우 장수 수십으로 척살할 수 있을까요? 조상은 권력을 쥔 사람이고 금위군 수만 명을 부리는 사람인데 말입니다. 단지 수십 명만으로 정변을 일으키러 가다니 사마의가 그런 무모한 짓을 할 사람이었을까요? 쿠데타도 엄연히 전쟁인데 말이죠.

진수가 쓴 정사 《삼국지》를 보면 그날의 진실이 정확하게 기록되어 있지요. 사마의가 거사를 일으키던 때 은밀하게 양성한 삼천 명의 무사가 있었습니다. 그들은 사람들 사이에 흩어져 있다가 하루아침에 사마의의 소집 명을 듣고 모여들었다고 하지요. 아무도 그들이 어디서 온지도 몰랐다는데 평소에 사마의가 키우던 결사대였습니다. 사마의의 차남 사마소도 몰랐고, 사마의와 장남 사마사만 알고 있었던 일이었죠. 역시나 사마의답게 보안 유지에 철저했는데 애초에 사마의 수중에 그의 명에 죽기를 각오하고 싸울 삼천 결사대가 있었던 것입니다. 그들도 사마의의 부하답게 잠복을 잘했나 봅니다. 평소에는 성안 곳곳에서 마차 끌고 짐 나르며 잡일을 하면서 또는 작은 가게나 꾸리면서 은신하고 있다가 사마의의 명을 받자마자 전광석화처럼 집결한 것이죠. 그 결사대는 단순 무사가 아니라 정예 병사로 두 개 사단의 특수 부대에 맞먹는 군대였다고 합니다. 그날 사마의의 명을 받고 삼천 결사대가 중무장을 하고 사마의 집 앞에 집결했다지요.

사마의는 결사대에게 다음 과정을 밟게 했습니다. 첫째, 무기고를 점령케 했습니다. 일단 무기가 있어야 싸우죠. 둘째, 낙양성의 성문을 잠그게 했습니다. 조상 일파가 돌아올 생각을 못하게 한 것이죠. 셋째, 자신처럼 조상이 퇴출시켰던 대신들에게 입궐을 청했습니다. 사실 그때 임박해서야 그들을 불러 뜻을 모은 게 아니라 평소에도 비밀리에 그들과 선을 대고 있었던 것입니다. 고유高柔, 왕관王觀, 장제蔣濟 같은 베테랑 관료를 소집하고, 마지막으로 그들을 이끌고 궁에 들어가 조상이 연금시켰던 곽 황후를 만나 그로 하여금 이들 세 사람에게 관직을 내리는 조서를 내리게 했습니다. 고유에게는 행대장군사行大將軍事의 관직을 내리게 하여 태후의 조서를 가지고 조상의 군영으로 가 그의 부대를 장악하게 하고, 왕관에게는 행중령군사行中領軍事의 관직을 내려 그 역시 군권을 장악하게 했죠. 사병을 키워온 것도 그렇고, 이런 과정을 일사천리로 밟아간 것도 그렇고, 긴 시간 동안 비밀리에 굉장히 치밀하게 준비를 했다는 것을 알 수 있습니다. 사마의는 정말 노자의 색채가 진한 인물이 아닐까 싶습니다.

나는 항상 제갈량이 두렵다

실패를 하든 성공을 하든 늘 나는 공명만 못하다라는 말을 입에 달고 다닙니다. 그래서 사마의를 간단히 봐서는 안 되는 것입니다. 자신을 이해하고 있으니 이는 분별력이 있는 것이고, 자신을 받아들이고 있으니 이는 정신이 맑은 것이고, 자신을 인정하고 있으니 이는 용기 있는 것입니다. 한 사람이 이 세 가지 덕목을 모두 겸비하고 있다면 가히 불패의 경지에 이를 수 있습니다. 노자의《도덕경》에 이런 상태를 묘사한 구절이 있습니다. 남을 아는 자는 지혜로운 사람이고, 자신을 아는 사람은 총명한 사람이고, 자신을 이겨내는 사람은 강한 사람이다. – 자오위핑,《자기통제의 승부사 사마의》위즈덤 하우스, 2013

사마의는 늘 자신이 제갈량만 못하다고 말했고 제갈량이 무섭다고 했습니다. 왜 그랬을까요? 위의 책에서 말하는 것처럼 분별력이 있고 자신의 능력을 정확히 알고 있기에? 제갈량이 무섭다고 엄살 부린 것도 사실 위장이고 쇼였습니다. 지극히 정치적 노림수의 전술이었죠. 사마의는 제갈량과 싸울 때 공격한 적이 거의 없지요. 방어에만 치중했습니다. 사마의는 진지를 구축한 채 버티는 것으로 일관할 때가 많았는데, 정말 제갈량이 무서워 그랬던 게 아닙니다. 대치하며 버티는 것만이 사마의 입장에서는 최선이었기에 그랬던 것입니다. 조씨의 위나라에서 그것만이 명철보신할 수 있는 길이었다고 판단했던 것이죠. 최대한 제갈량의 군대와 오래 대치하면서 군권을 오랫동안 손에 쥐고 있었는데, '제갈량은 정말 무서운 상대고 강적이다', '제갈량 군대의 침입이 무섭다' 하며 조정에 끊임없이 하소연과 협박을 동시에 하여 최대한 많은 군대와 보급품, 군자금을 보내게 했습니다. 역시나 사마의답게 몰래 몰래 일을 벌였지요. 그러곤 슬며시 군자금을 착복했습니다. 그것으로 조정의 동료를 매수하고 부하들을 완전한 자기 사람으로 삼았죠. 몰래 사병을 키운 것도 그때 착복했던 군자금 덕분이었죠. 어찌 보면 사마씨의 천하는 제갈량이 만들어준 것이니 제갈량이 사마의의 은인일지도 모르겠네요. 제갈량과 대치할 때 수성전으로 시간을 끌면서 사마의가 쌓아놓은 유무형적 자산은 정말 어마어마했습니다.

사마의가 제갈량과의 진검 승부를 피하고 수성전에 주력한 것을 군사적으로 이렇게 설명하는 경우가 많았죠. 제갈량이 이끄는 촉한군과의 전투에서는 지역 수비를 목적으로 하는 전투이니만큼 험한 길을 거쳐온 상대의 군량이 바닥나게 하여 물러나게 하는 게 그 상황에서 최선이었다고요. 사마의는 당시 상황에 가장 적절한 대처법을 들고 나왔던 것뿐이라고요. 군사적으로 아주 틀린 이야기는 아니고, 사마의도 그런 이유를 내세웠습니다. 하지만 제가 보기에는 철저히 정치적인 입지 문제 때문에 그리고 훗날의 대사를 위해 시간을 끌었다고 봅니다.

사마의가 제갈량과 싸울 때 방어선을 구축하고 버티는 것으로 주로 일관했기에 사마의의 특기를 수성전으로 아는 사람이 많습니다. 하지만 사마의는 기동전과 속도전에도 탁월한 모습을 보여줬죠. 조예 집권 초기에 맹달이 배반할 낌새를 눈치 채고 서황과 함께 급습하여 잔인하게 토벌한 일이나, 요동의 공손연이 반기를 일으켰을 때 보여준 진압 능력, 조상에게 반격을 가할 때의 기민함을 보면 기동전과 속도전에 더 능했던 사람입니다. 제갈량과는 방어전을 통해 지루하게 대치하는 게 자신을 위해 여러 가지로 유리한 것이라 방어전을 택했던 것입니다. 병권을 뺏기고 잠복한 채 살아가던 사마의가 십 년의 칩거 생활을 하루아침에 청산하고 쿠데타를 벼락같이 일으켜 성공할 수 있었던 것은 앞서 설명한 것처럼 장시간의 치밀한 준비 과정이 있었기 때문입니다.

사마의처럼 무서운 사람이 없습니다. 그리고 그렇게 무서운 사람이 되라고 조언하는 게 바로 노자죠. 주희가 그랬습니다. 노자가 제일 지독하다고요. 노자 사상은 군인과 군주에게 지독한 사람이 되라고 합니다. 끝없이 참고 끝없이 속이고 끝없이 위장하며, 조용하게 성공할 수 있는 조건을 남들 모르게 만들어 끝내 일을 성공시키고 권력을 장악하라고 하죠. 《노자》는 정말 지독한 사람이 되어라, 무서운 사람이 되어라 강하게 조언하는 책입니다.

지금 이야기한 사마의와 그리고 앞으로 자세히 설명할 유비 두 인물만으로도 '노자병법'은 상당 부분 설명이 가능합니다. 《후흑학厚黑學》이라는 책이 있습니다. 속이고 위장하고 자신을 무無로 만들라고 강조했던 《손자병법》을 계승한 책인데, 청나라 말기에 이종오李宗吾라는 사람이 쓴 책입니다. 이 책은 후흑厚黑해야 한답니다. 후흑은 먼저 면후面厚, 즉 얼굴은 두껍게 하고 심흑心黑, 즉 마음은 검게 해야 한다는 말이죠. 여기에서 얼굴은 두껍게, 마음은 검게 하라는 말은 어떻게든 내 속을 드러내지 말고 상대를 속이라는 것이죠. 이종오는 면후와 심흑의 처세술과 전술로 나라를 지키고 내 몸을 지키자고 주장했습니다. 이 책에서 이종오는 사마의

286

와 유비를 후흑의 전술로 성공한 대표적인 사람으로 강하게 언급했지요. 사마의와 유비처럼 역사에서 등장한 영웅들은 알고 보니 뻔뻔한 얼굴과 검은 마음으로 성공했던 사람이었다고 조명합니다. 그리고 그들처럼 두꺼운 얼굴과 검은 마음을 가져야 강해지고 살아남을 수 있다고 말했습니다. 이종오의 《후흑학》은 실로 커다란 반향을 일으켰고, 현대 중국인의 정신세계에 지대한 영향을 미쳤는데, 이 책의 주장을 거슬러 올라가보면 그 근원은 《손자병법》입니다.

《후흑학》에는 내 앞에 회색의 장막을 쳐라, 나를 최대한 무로 만들어라, 그래야 이기고 살아남을 수 있다는 손자의 주장이 기저에 깔려 있습니다. 연거푸 말해왔듯 손자의 주장은 노자가 이어 받아 특화시켰습니다. 그러니 《후흑학》이 말하는 가치는 노자가 강조한 가치와 비슷할 수밖에 없지요. 사실 《후흑학》 자체가 노자의 영향을 받았다고 볼 수도 있습니다. 먼저 흑黑, 얼굴을 검게 하라고 했습니다. 노자가 말했죠. 검게 하라고. 다만 그는 흑黑이 아니라 현玄이라고 말한 게 다를 뿐이죠. 그런데 현玄은 검정이 아니죠. 해가 막 뜨기 전의 어둠 같은 색이 현으로 보일 듯하지만 결국에는 보이지 않는 색이 현입니다. 노자는 현해야 한다면서 현덕玄德을 가지라고 했는데, 현덕이 누구의 자字입니까? 바로 유비의 자입니다. 그는 정말 노자가 강조한 대로 속을 알 수 없는 사람이었죠. 현덕이라는 자를 쓰는 유비는 사마의보다 더 노자의 색채가 강한 사람으로 그 유비를 괜히 《후흑학》에서 강조한 것이 아닙니다.

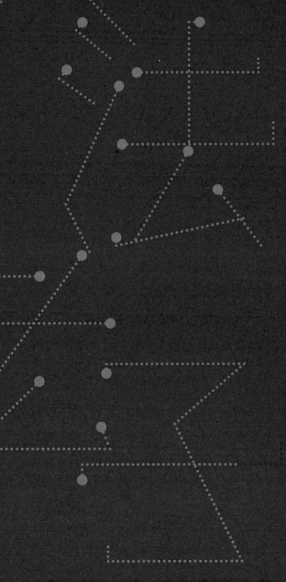

화광동진 和光同塵

상대를 속이고 나를 보여주지 않는다

22강

아는 자는 말하지 않고 말하는 자는 알지 못한다.

입을 막고 귀를 닫으며

빛을 누그러뜨리고 먼지와 함께한다.

날카로움을 꺾고 분란을 푸니

이것을 현묘한 어울림이라고 한다.

그렇기 때문에 가까이할 수도 없고 멀리할 수도 없다.

이롭게 할 수도 없고 해롭게 할 수도 없다.

귀하게 할 수도 없고 천하게 할 수도 없다.

그러므로 천하의 귀한 것이 된다.'

無에서 玄으로

56장은 너무도 유명한 화광동진和光同塵 장입니다. 빛을 누그러뜨리고 먼지 속에 몸을 두어라. 그것을 노자는 현동玄同이라고 했는데, 손자가 강조한 무無를 이어받은 노자는 무만 말한 게 아니라 현玄도 역설했습니다. 어두컴컴하게 해야 한답니다. 보일 듯해도 보이지 않게 해야 한답니다. 그렇게 현해야 천하의 귀한 자가 될 수 있답니다. 앞 장에서 현이라는 색깔은 검정이 아니라고 했습니다. 하늘 천 따 지 검을 현 누루 황 하다 보니 그냥 검은색, 영어의 black으로 알고 있는 분들도 많은데, 그게 아닙니다. 검은색과 회색 사이의 중간색, 새벽녘의 어둠 같은 색으로 보면 됩니다. 그리고 현덕玄德은 그렇게 자신을 현하게 하는 사람이 지니는 역량과 힘이죠.

노자의 현과 현덕에 대해 학자들이 논한 게 있습니다. 왕필은 "현덕

I   知者弗言 言者弗知. 塞其兌 閉其門, 知其光 同其塵. 挫其銳 解其紛, 是謂玄同. 故不可得而親, 亦不可得而疏. 不可得而利 亦不可得而害. 不可得而貴 亦不可得而賤. 故爲天下貴. - 56장

이란 덕이 있으면서도 그 주인공이 누구인지 알지 못하여 어두컴컴한 곳에서 나온 듯한 것을 말한다."라고 했고, 하상공은 "어두컴컴하여 볼 수 없는 것"이 현이라고 했습니다. 또 소철은 "대덕이 있으면서도 사물들이 알지 못하므로 현덕이다."라고 했고, 오징은 "현묘하면서도 헤아릴 수 없는 덕"이라고 했습니다. 결국 현은 그냥 무언가 있기는 한데 없는 것 같기도 하고 아리송하고 주체가 드러나지 않으며, 정치적으로 상대의 속을 모르겠다 같은 의미라고 이해하면 됩니다. 사실 현은 원래는 문학, 철학, 정치학적인 뜻으로 쓰이던 단어가 아니었습니다. 원래는 그냥 색깔을 말하는 글자였어요. 구제강顧頡剛(고힐강)이 말했지요. 노자 이전에 현이라는 말은 '거무스레하다'처럼 색깔을 지시하는 말이었지 알쏭달쏭하다거나 현묘하다는 의미로 쓰인 적이 없다고요. 순자 때에 이르러야 그런 뜻으로 현玄이라는 글자가 등장하는데, 그것을 근거로 구제강은 순자와 노자가 같은 시기에 나왔다고 했지요. 구제강의 주장은 처음 제기될 때만 해도 상당히 도전적이고 도발적인 주장이었고 무시당할 수도 있는 주장이었는데, 사실 지금에 와서는 많은 이들이 수긍하지요. 전국시대 말에 《순자》 텍스트가 만들어졌는데, 《노자》 텍스트 또한 그때 만들어졌다고 말하는 학자들이 적지 않습니다.

순자와 노자

비슷한 시기에 나온 텍스트라 그런지 《순자》와 《노자》는 비슷한 점이 상당히 많습니다. 둘 다 군주를 수요자로 설정했고 진秦나라를 염두에 두고 말한 부분이 많습니다. 같은 시대의 열망과 동일한 사상적 수요를 배경으로 사상이 만들어져 그런 듯싶습니다. 특히 대국의식, 천하의식이 두 텍스트에 모두 강하게 드러나 있죠. 순자도 노자도 그렇고 《여씨춘추》의 저자들도 그렇고 전국시대 말에 나온 텍스트는 천하 통일을 염두에 두고 사상을 펼친 경우가 많습니다. 전국시대 말은 기나긴 전쟁의 끝이 보이고 통일 제국의 등장이 가시화되던 시점이었습니다. 더 정확히 말하면, 진나라의 천하 통일이 임박하던 때였지요. 그래서인지 《순자》와 《노자》 텍스트를 보면 진나라의 군주를 사상적 수요자로 설정하고 이야기한 게 아닌가 싶은 부분들이 많습니다. 순자는 진나라에게 유가적 통치도 좀 배우고 활용하라고 조언했지요. 진나라의 법치를 제한적으로 긍정하지만, 통일 이후에는 법치만으로는 안 되고 유가적 통치를 어느 정도 받아들여야 통일 제국이 오래갈 수 있을 것이라 판단한 듯합니다.

한편, 노자는 힘의 정치를 긍정하지만 힘만으로는 안 된다, 강유를 겸비하고 때로는 부드러운 척이라도 해야 한다, 특히 정복지 백성을 잘 위무해야 한다고 주장했습니다. 그래야 진나라라는 통일 제국이 오래가지 않을까 생각했던 것 같습니다. 두 사람 모두 진나라의 정책 기조와 정치 노선에 수정을 바랐던 게 아닌가 싶습니다. 순자와 노자, 둘은 비슷합니다. 순자는 유가이고 노자는 도가이지만 상당히 비슷합니다. 문제의식과 사상적 수요자를 생각하면 흡사한 부분이 많죠.

사실 우리가 제자백가 사상을 논할 때 家를 단위로 이야기하다 보니 놓치는 부분이 많습니다. 법가, 유가, 법가, 도가라는 일파가 아니라 그냥 순자, 노자, 장자, 한비자, 공자, 묵자라는 인물 단위로 논해야 한다고 봅니다. 순자와 맹자가 같은 유가라지만, 순자는 노자와 문제의식에서 닮은 구석이 많고, 맹자는 장자와 문제의식에서 닮은 구석이 많죠. 순자와 노자는 군주를 사상적 수요자로 설정해 통일 제국의 미래를 고민했는데,

전국시대 중기를 산 맹자와 장자는 군주가 아니라 지식인을 사상적 수요자로 설정했습니다. 어떻게 하면 날로 강고해지는 국가 권력이라는 환경의 변화 앞에서 지식인의 자유와 자존심을 지킬지 고민했죠. 노자와 장자를 같이 묶어 도가라고 하지만, 장자는 맹자와 닮은 점이 더 많고 노자와 장자 둘 사이에는 이질적인 부분이 꽤 많습니다. 도가로 같이 묶는 게 곤란할 정도로요.

장자와 노자가 비슷한 부분이 없는 것은 아닙니다. 앞서 말한 대로 하늘과 자연을 볼 때 도덕과 윤리, 종교적 감정을 투영시켜 보지 않았다는 점 그리고 도를 중시했다는 점은 유사합니다. 비록 각자가 말하는 도의 의미가 달랐지만, 도를 사상적 중심부에 두고 자신의 사상을 전개했습니다. 그리고 어두운 사상적 색채도 비슷합니다. 그 둘을 '구름 낀 계곡의 철학'이라고 하는데 둘 다 어두운 색채가 굉장히 진하죠. 인간 세상이란 재앙의 공간이고 힘자랑, 근육 자랑만 하는 놈들 천지에 권력과 이익을 두고 매일 전쟁하는 곳이라는 세계 인식도 공유합니다. 난세가 주는 피곤함에 대한 환멸도 공유합니다. 할 수 있다, 한번 해보자는 식으로 인간을 긍정하고 인간의 힘이 세상을 구원할 수 있을 것이라고 보는 묵가와 유가의 철학이 햇볕이 드는 언덕의 철학이라면, 노자와 장자는 구름 낀 계곡의 철학이 맞습니다. 인간 세상의 어두움을 직시하고, 그것을 두려워하고, 세상을 구하는 것에는 관심이 없으며, 어떻게 하면 재앙을 피할까 고민합니다. 특히 둘 다 인간에 대한 기대가 없다는 점이 두드러지죠. 노자는 말할 것도 없고, 장자도 전혀 인간을 낙관하지 않습니다. 이렇게 닮은 점이 있으니 둘을 도가로 묶기도 하지만, 사실 노자는 장자보다는 순자와 비슷한 점이 더 많죠. 문제의식과 사상의 수요자가 겹치니 말입니다. 자, 순자 이야기는 접고 다시 현효 이야기로 돌아가보죠.

현덕의 아이콘, 유비

어지러운 세상에는 현玄해야 살아남을 수 있고 현덕을 갖추라 했습니다. 내 속을 모르게 하고 위장할 수 있어야죠. 사마의처럼요. 그런데 사마의 못지않은 인물이 있습니다. 어쩌면 사마의보다 노자의 색채가 더 강한 사람이죠. 바로 조조를 속인 진정한 간웅 유비입니다. 조조는 처음부터 유비가 비범한 인물임을 알아보았지만 자신이 부릴 수 있다는 생각으로 그를 받아들였습니다. 유비는 분명 현장 전투력이 강했던 당대의 명장이었으니 쓸모 있다 판단한 것이죠. 하지만 조조의 계산은 어긋나고 유비는 조조의 뒤통수를 치고 도망을 갔습니다. 조조의 입장에서 보면 기가 막힐 겁니다. 한때 자신의 원수 도겸에게 의탁했던 것도 용서해줬고, 여포에게 패해 의지할 곳이 없을 때에도 정중히 맞아주는 등 그 나름대로 인간적인 예우를 다했습니다. 그래서 감히 자신을 배신하리라고는 생각지 못했습니다. 유비가 계속 자기 밑에 있을지 의심하지 않은 것은 아니지만, 조조는 자신이 있었습니다. 포용하고 회유해 부려먹을 수 있을 것이라고 판단했죠. 하지만 유비는 절대 다른 사람의 밑에 오래 있을 사람이 아니었죠. 조조 못지않은, 아니 야망과 욕심이 조조보다 더 많았던 사람입니다. 유비는 조조의 식객으로 융숭한 대접을 받으면서 한다는 일이 글쎄 암암리에 동승과 함께 조조를 암살할 계획을 세웠습니다. 자신에게 밥을 주는 사람을 해치려는 생각을 품다니, 유비는 그런 인간이었습니다. 야심을 이루고자 못할 짓이 없던 사람이었죠. 이 진정한 간웅 유비를 원조 간웅 조조가 한번 떠본 적이 있었습니다.

조조가 말했습니다. "유황숙은 보고 들은 바가 넓으니 현재 누가 영웅인지 아시지요? 지금 천하의 영웅은 오직 그대와 나 조조뿐이오. 원소와 같은 무리는 족히 여기에 낄 수 없소." 조조가 말을 마치자 유비는 막 밥을 먹다가 깜짝 놀라 젓가락을 떨어뜨렸습니다. 때마침 이때 천지를 뒤엎을 듯이 비가 내리며 천둥벼락이 쳤죠. 그때 유비가 조조에게 황급히 말했습니다. "성인이 말하길, 빠른 천둥과 거센 바람에는 필시 낯빛을 고친다 하셨으니 실로 그러합니다. 한바탕 벼락의 위세가 가히 이 정도군요." 연기한 거죠. 자기는 번개 정도에 겁을 먹는 못난 사람이라고. 이 장면을 두고 《삼국지연의》에서는 다음과 같은 시로 묘사했습니다.

호랑이 굴에서 잠시 몸을 빼려 애쓰는데
영웅을 설파하니 놀라서 죽겠구나.
공교롭게 우레 쳐서 핑계 삼으니
임기응변이 진실로 귀신과 같네.

유비는 조조가 속마음을 단번에 찌르고 들어오자 마치 겁쟁이인 양 위장하고 쇼를 했습니다. 그러면서 조조를 안심시켰죠. 늘 인의를 말했지만, 속임수에 능하고 상대가 의심치 않게 자신을 약한 인물로 잘 포장한 유비는 정말 현玄한 사람이었죠. 이름대로 현덕玄德을 갖춘 인물이었습니다. 유비의 연기는 이것에 그치지 않았습니다. 농사를 짓기 시작합니다. 아무 생각도 욕심도 없이 그저 편하게 살고 싶은 사람이라는 메시지를 조조에게 주고자 농사를 지은 것입니다. 아무도 생각하지 못한 일이었는데 그것을 실행에 옮겼습니다. 관우와 장비는 우리 형님이 뭐하는 짓인지 답답해 했는데, 유비는 그런 동생들을 보면서 자네들이 모르는 게 있어 하며 빙그레 웃기만 했다죠. 조조 수하의 염탐꾼은 유비가 매일 채소 가꾸기에 열중한다고 조조에게 보고했지요. 보고를 받은 조조는 크게 웃으며 젊은 시절 돗자리와 신을 팔던 사람이라 좌장군이 되어서도 집에서 채소나 가꾸고 있구나 하면서 영웅은커녕 그릇이 작은 사람이라 판단했습니다. 그때부터 조조는 유비에 대한 경계심을 조금씩 늦추었지요. 사마의를 보고 한눈에 야심이 있는 사람임을 알아보았고, 자식들에게 너희는 사마의의 상대가 될 수 없다고 말할 정도로 사람 보는 눈이 틀림없었던 조조. 유비는 그 조조를 감쪽같이 속였습니다. 참 대단한 사람이지요. 조조 머리 위에서 놀았던 진정한 간웅입니다.

조조가 방심하던 그때, 마침 원소가 북방을 통일하고 원술과 연합하여 조조를 공격하려 한다는 소식이 들려옵니다. 지금까지 새장에 갇힌 새 신세였던 유비는 이 찬스를 놓치지 않고 싶었죠. 그래서 조조에게 청했지요. 자신이 원술을 칠 테니 군사를 빌려달라 청했습니다. 조조의 참모 정욱과 곽가 등은 유비에게 군사를 주는 일을 반대했습니다. 아주 유비를 죽이라고까지 했지요. 유비에게 군대를 주는 것은 용을 물에 놓아주는 격이라고 했는데, 조조는 유비를 활용해 원술을 치기로 결정하고 유비에게 군사를 주었지요. 하지만 유비가 떠나자마자 후회하는데 이후의 일은 잘 아실 것입니다. 그리고 유비의 자인 현덕玄德이, 노자가 말하는 현玄이 무엇을 의미하는지도 이해가 될 테고요.

36계 중에 가치부전假癡不癲이라고 있습니다. 상대방에게 나를 바보처럼 보이게 하지만 정말 바보라서 그런 것은 아니라는 뜻이죠. 재능을 감추고 사람들이 나를 경계하지 않게 한 다음에 때를 기다리라는 책략이지요. 겉으로 비정상적인 행동을 하거나 치매에 걸린 척합니다. 그래서 상대를 방심케 합니다. 그러면서 실제로는 모든 사태를 냉정하게 계산하며 기다리는 것입니다. 특히 형세가 자신에게 불리할 때 쓰면 좋습니다. 겉으로 일부러 멍청하게 행동하여 다른 사람의 눈에 띄지 않고, 속내를 숨기며 상대가 경계심을 갖지 않게 합니다. 그리고 기다리던 때가 오면 자신이 품었던 뜻을 이루고자 재빠르게 행동에 나섭니다. 가치부전은 그런 것이고 그것의 달인이 유비죠. 중국에서는 이런 말이 있습니다. 백 가지 가면을 준비하라고요. 가면을 써서 상대를 속이고 나를 보여주지 않아야 한답니다. 그러면서 실리를 도모하라지요. 참 많은 가면을 가졌던 유비라는 인물은 중국인이 가진 실리 정신을 대표하는 인물이 아닐까 합니다.

불패 정신의 상징, 유비

노자가 말했지요. 퇴退를 통해 진進할 수 있고, 하下를 통해 상上할 수 있다, 그리고 천함을 감수해 귀해질 수 있으니 물러서는 것과 아래로 가는 것을 꺼리지 말고, 천해지는 것도 꺼리지 말고 때로는 기꺼이 할 수 있어야 한다고 했습니다. 언제든 이퇴위진以退爲進, 이하위기以下爲基, 이천위본以賤爲本 할 수 있어야 한다고 했지요. 퇴退, 하下, 천賤은 절대 패배가 아니죠. 물러났다고 천해졌다고 아래로 갔다고 해서 진 게 아닙니다. 완전하게 실패할 때까지는 져도 진 게 아니지요. 그저 불패한 것입니다. 노자가 말한 이천위본, 이하위기, 이퇴위진이라는 삶과 투쟁의 전략은 불패 정신을 만들게 합니다. 져도 진 게 아닌 것이다, 언제든 물러나고 아래로 가고 굴욕을 감수할 수 있어야 한다, 모욕을 당해도 후퇴해도 패한 것이 아니니 패하지 않는 이상 언제든 기회가 올 것이다. 그런 불패 정신이 중국인에게 자리 잡습니다. 그 불패 정신의 상징이 바로 유비죠. 덩샤오핑도 있지만, 유비가 바로 중국인이 가진 불패 정신의 상징입니다.

　유비는 중국인의 사고와 의식 구조에서 무엇을 대표하는 인물일까요? 우선은 중국식 실리주의를 대표하는 인물입니다. 사기, 기만, 협잡, 이간질 등 이익을 위해 마다했던 게 없습니다. 군자인 척하면서 실리를 챙기고, 간에 붙었다 쓸개에 붙으면서 천하 영웅을 이간질시켜 싸움을 붙였습니다. 관도대전과 적벽대전도 유비 때문에 일어난 사달이라 볼 수 있습니다. 공손찬, 원소, 조조, 여포 등 유비에게 배신당하거나 뒤통수 맞은 인물이 한둘이 아닙니다. 노숙도 제대로 당했고, 유장은 아예 나라를 빼앗겼습니다. 유비는 협잡과 사기의 예술이 무엇인지 보여준 사람이죠. 속이고 이간질하고, 누구를 죽이고 싶으면 자기 손에 피를 묻히는 게 아니라 다른 사람이 칼을 뽑아 치게 했지요. 협잡과 사기의 달인으로 자신의 실리를 위해 꺼리는 게 없고 갖은 쇼와 연기에 능통했는데, 이런 유비는 중국식 실리주의의 상징이라 할 수 있습니다.

사기와 기만 못지않은 유비의 주특기가 또 있습니다. 바로 도망입니다. 야반도주가 특기죠. 만날 집니다. 패하고 가진 것을 다 잃고요. 하지만 잘 도망가고 도망간 후에 붙어 있을 숙주를 기가 막히게 찾아냅니다. 조조, 원소, 공손찬, 도겸, 유표 등 여기저기 식객살이에 용병 노릇을 하는데 만날 패해 도망 다니고 식객 노릇을 전전해야 했지요. 그런데 유비가 정말 패했던 적이 있었을까요? 유비는 만날 졌지만, 사실 제대로 진 적은 없습니다. 왜냐? 주특기를 잘 발휘해 어쨌거나 항상 자기 목 하나는 간수했고, 어떻게든 항상 자기 기반을 만들려고 안간힘을 쓰며 오뚝이처럼 다시 일어났기 때문이지요. 그 사람은 진 적이 없습니다. 퇴退하고 하下하고 천賤했던 적은 있어도 패한 적이 없지요. 그러면서 그는 불패 정신의 화신이 되어갔습니다. 불패 정신 하면 누가 뭐래도 유비죠. 그런데 불패 정신을 대표하는 인물로 유비만 있는 게 아닙니다. 유비가 정녕 불패 정신의 화신이 맞지만, 불패 정신을 상징하는 중국의 영웅은 여럿 더 있습니다.

마오쩌둥, 장제스, 덩샤오핑

중국인을 이해할 때 그들이 말하는 세勢와 불패 사상을 모르면 답이 없습니다. 특히 그들의 영웅을 제대로 이해할 수 없죠.《손자병법》에서 강조했던 세와 지금 이야기하는 불패 사상을 알아야 중국의 영웅을 제대로 이해할 수 있고, 중국인의 인내라는 게 무엇인지 제대로 알 수 있습니다. 여기에서 세를 장황하게 설명할 수는 없기에 간단히 언급하면, 그냥 세력, 힘, 기세와 전세, 자신에게 유리한 조건과 환경이라고 알고 갑시다. 그것만으로도 지금 하는 이야기가 충분히 이해될 수 있으니까요.

마오쩌둥으로 대표되는 중국 공산주의자들은 한때 장제스蔣介石에게 거의 박멸될 뻔했지요. 그렇다고 중국 공산주의자들이 패했습니까? 아니지요. 도망갔습니다. 그들은 징강산井岡山 벽촌에 모여 도망을 준비했습니다. 도망과 후퇴는 패배가 아닙니다. 징강산 벽촌에서 대장정이 시작되는데 그때 그들에게는 아무런 세가 없었습니다. 하지만 도망가면서 차츰 세를 되찾을 수 있었고, 국공합작을 통해 세를 불려나갔습니다. 어떻게든 살아남으면 됩니다. 그러면 패한 게 아닙니다. 적의 공세와 압박에 죽지 말고 살아남아 시간을 끌고 지연시킵니다. 불패한 상태에서 기다립니다. 세가 생길 때까지요. 자신에게 유리한 요인이 생기고 조건이 만들어질 때까지 기다리고 또 기다립니다.

기다리고 인내한 마오쩌둥에게 가장 결정적인 사건은 일본의 침략이었지요. 장제스 군대의 예봉을 피할 수 있었고, 그들을 압박해 통일 전선을 형성하고 일본과 싸우면서 장제스 군대의 힘을 뺄 수 있었습니다. 장제스 군대가 일본과 싸우는 동안 공산당은 인민에게 침투하여 여기저기 세력을 만들어갔는데, 결국 그들은 대세가 되었고 승자가 되었습니다. 장제스의 국민당 세력을 대만으로 몰아냈고 천하를 얻었습니다. 징강산 벽촌에 처음 모였을 때는 거지 떼, 화적 떼 같았고 그들에게는 아무런 세가 없었지요. 정말 거지 떼 행색으로 항상 도망다녀야 했지만 그들은 인내하고 또 인내하면서 세를 회복했습니다. 그런데 그들이 언제 진 적 있나요? 그들은 처음부터 지지 않았습니다. 다만 세가 미약했을 뿐이었습니다. 결국에는 그 세를 회복했고 최대화해 국민당을 섬으로 밀어내며 대륙을 석권했습니다.

그렇다고 대만으로 쫓겨 간 국민당은 패배한 것일까요? 그들도 지지 않았습니다. 왜냐? 어쨌거나 그들은 살아남았고 생존의 여백을 찾았거든요. 유비가 자신을 식객으로 받아줄 군웅을 찾은 것처럼 그들은 대만이라는 섬을 새로운 출발 거점으로 삼았습니다. 그들은 대륙을 빼앗겼지만 자신들의 생존의 여백을 찾았고, 그 여백에서 언젠가는 대륙을 다시 되찾겠다는 꿈을 꾸고 있습니다. 현재 머무는 공간이 아무리 천하고 좁고 더러우면 어떻습니까. 내 처지가 숙주에 기생하는 기생충 같으면 어떻고요. 어떻게든 살아 있으면서 생존 공간에 몸을 둔 채 기다리면 되는 겁니다. 세상일의 흐름이 반전될 때까지 인내하면 그만이지요.

중국의 영웅들은 불패 정신을 가진 자들입니다. 좌절하지 않습니다. 그리고 최후의 결전을 모릅니다. 자신을 희생시키지 않습니다. 인내할 뿐입니다. 앞으로 다가올 반전과 쇄신의 상황을 기다릴 뿐이죠. 그저 기다리면서 자신의 세를 회복시킬 요인을 찾고 살필 뿐입니다. 그러고 있는 이상 절대로 패한 게 아니죠.

불패 정신을 가진 또 다른 영웅이 있습니다. 바로 덩샤오핑입니다. 문화대혁명 초기에 마오쩌둥과 맞서지 않았고 사인방과도 맞서지 않았습니다. 만약 마오쩌둥과 사인방과 싸웠더라면 그는 죽었겠지요. 정말로 졌을 것입니다. 하지만 그는 패배를 선택하지 않았습니다. 해임, 비판, 좌천, 야유의 돌팔매를 맞아냈고 견뎌냈습니다. 그저 인내했습니다. 심지어 자아비판까지 하는 수모도 감내했습니다. 왜냐? 그에게 중요한 것은 살아남는 것이었기 때문이죠. 생존의 여백을 찾고서 그 안에서 자신에게 유리한 요소가 생겨날 때까지 기다리면 될 뿐이었기에 모든 수모를 견뎌냈습니다. 물러났고 아래로 갔고 천함을 감수했습니다. 기다림의 상태 안에 자신을 가둘 줄 알았습니다. 결국 시간이 흐르고 세월이 가자 세상은 덩샤오핑을 불러냈고 그를 복권시켰습니다. 결과가 그리되었죠. 조건이 만들어지자 그는 자연스럽게 앞에 나서게 되었습니다. 그렇게 세가 생기고 회복될 때까지 그는 참고 인내했습니다. 그 역시 불패 정신의 화신입니다. 그런 그를 많은 중국의 인민이 존경합니다.

앞서 말한 대로 유비는 불패 정신의 화신입니다. 무수히도 졌지만 사실 지지 않았습니다. 항상 도망갈 굴을 파놓았고 언제든 기사회생했고 핍박당해도 와해되지 않았습니다. 누구에게도 고개를 숙일 수 있었으며, 치욕을 견딜 수 있었고, 그러면서 때로는 교묘히 남몰래 항상 자기 세력을 만들고 기반을 조성하려 안간힘을 썼지요. 상산 조자룡 아시죠? 일본에서 가장 좋아하는 삼국지 캐릭터로 사무라이의 원조라고 일본인들이 떠받드는데, 유비는 원소에게 의탁하던 시절에 조자룡에게 사적으로 기병 부대를 모집하라는 특별한 임무를 내렸습니다. 그래서 조자룡이 기병 부대를 모집해 꾸렸는데, 원소는 그 사실을 몰랐습니다. 유비는 남몰래 원소가 알지 못하는 비밀 부대를 만들고 있었던 것입니다. 유비는 원소의 품을 떠나면서 이들을 데리고 갔지요. 원소의 식객이 되었을 때부터 이미 유비는 몰래 자신의 부대와 함께 떠날 준비를 했던 사람입니다. 자, 유비는 이런 사람입니다. 항상 패했지만 패하지 않은 사람, 어디서든 조용히 자기 실력을 키우고 세력을 만들려고 했던 사람. 그런데 이런 불패 정신의 원조는 누구일까요? 인물로 치자면 춘추시대 2대 패자인 진문공晉文公이겠지만, 텍스트로는 《노자》입니다. 《노자》는 유비가 견지한 불패 사상을 말하는 책이고, 최초로 그것을 강하게 역설했던 책이죠. 이천위본 이하위기 이퇴위진, 기억하시죠?

노자가 23장에서 이런 말을 했죠. 회오리바람이 아침나절을 넘기지 못하고 폭우는 길어봤자 한나절일 뿐이라고. 시련과 악조건이 계속되리라는 보장은 없습니다. 기다리면 됩니다. 망해도 좋습니다. 중요한 것은 완전히 망하지 않는 것입니다. 져도 좋습니다. 하지만 죽으면 안 됩니다. 완전히 망하지 않고 살아 있는 한 패한 게 아닙니다. 언제든 일어설 수 있습니다. 일어서려 해야 하고요. 노자는 독한 사람입니다. 정말 지독한 사람이 불패 정신, 불굴의 인내를 말했던 거지요.

이무치유以無治有

보이지 않는 곳에서 일을 꾸미고 움직인다

23강

용병가들 사이에는 이런 말이 있다.

나는 감히 먼저 군사를 일으키지 않고 단지 응적하며

나는 한 치 앞으로 나아가지 않고 한 자 뒤로 물러난다.

이것이 이른바 행군하려고 하여도 진영이 없고

팔뚝을 걷어붙여 잡으려 해도 팔뚝이 없으며

잡으려고 해도 병기가 없고

잡아채려고 해도 적이 없다는 것이다.

재앙은 적을 가벼이 보는 것보다도 큰 것이 없으니

적을 가벼이 보면 거의 내 보물을 잃게 될 것이다.

그러므로 비슷한 군사가 서로 부딪힐 때는

애통해하는 사람이 이긴다.'

작은 불로 조심스럽게
생선을 지져라

노자는 상대가 팔뚝을 걷어 내 팔뚝을 잡으려 해도 내 팔뚝이 보이지 않게, 상대가 나의 병기를 빼앗으려고 해도 나의 병기가 보이지 않게, 잡아채려고 해도 내 모습이 보이지 않게 하랍니다. 이는 뛰어난 사람이 군대를 운용할 때에는 적을 공허한 곳에 있게, 그림자와 싸우는 것처럼 하게 한다는《관자》〈병법편〉에 나오는 말과 유사합니다. 몰래 행군해 언제 어디로 가는지 적이 모르게 하고, 상대가 싸우려 덤벼도 나의 모습이 가늠되지 않게 하라는 말은 자신을 무無로 만들라는 것이죠. 손자와 노자는 무를 이렇게도 강조하는데, 그들의 무에 대한 강조를 보고 학자들은 이무치유以無治有를 주장했다고 말하기도 합니다. 무로 유를 다스린다 또는 제

I   用兵有言曰: 吾不敢爲主而爲客, 吾不敢進寸而退尺. 是謂行无行, 攘无臂, 執无兵, 乃
    无敵矣. 禍莫大于无敵, 无敵近亡吾寶矣. 故稱兵相若, 則哀者勝矣. - 69장

압한다는 말인데, 여태껏 강조한 대로 나를 은폐하고 내 군대가 보이지 않는 군대가 되면 적을 제압할 수 있습니다. 상대를 다스리고 가지고 놀 수 있습니다. 그런데 나를 보이지 않게 하려면, 일단 일을 꾸밀 때부터 항상 암중모색해야겠지요. 유비가 몰래 기병 부대를 조직하고 사마의가 몰래 사병을 키운 것처럼, 몰래 일을 꾸미고 획책한 다음 움직여야 합니다.

> 큰 나라를 다스리는 것은 작은 생선을 지지는 것과 같다.
> 도를 가지고 천하에 나아가면 귀신도 조화를 부리지 않는다.
> 귀신이 영험을 부리지 않는 것이 아니라
> 그 영험함이 사람을 해치지 않는 것이고,
> 그 영험함이 사람을 해치지 않는 것만이 아니라
> 성인도 귀신을 해치지 않는다.
> 무릇 이 둘이 서로 해치지 않으니
> 그 때문에 덕을 나누어 제자리로 돌아간다.[2]

작은 생선을 큰 불로 지지면 어찌되겠습니까? 못 먹게 되겠지요. 또 자주 위아래를 뒤집어도 마찬가지입니다. 자주 뒤집지 말고 조심스럽게 작은 불로 지져야 합니다. 뭐든 이렇게 조심스럽게 추진해야 합니다. 조용히 암중모색해야죠. 보이지 않는 곳에서 일을 꾸미고 움직여야 합니다. 상대가 내가 움직인다는 것을 알아도 그들에게 포착되지 않게 해야 합니다. 포착되더라도 형태와 모양을 수시로 바꾸어 고정된 형태와 패턴으로 포착되

---

2 治大國若亨小鮮. 以道立天下, 其鬼不神. 非其鬼不神也, 其神不傷人也. 非其申不傷人也, 聖人亦弗傷也. 夫兩不相傷, 故德交歸焉. - 60장

지 않는 무정형無定形의 나로 만들어 상대의 판단을 흐리게 해야죠. 천하는 억지로 취할 수 없습니다. 드러내놓고 움직이고 일을 도모하면 목적을 달성할 수 없죠. 생선을 굽듯 나라도 다스리고 군대도 부려야 합니다. 조심스럽게, 몰래. 하지만 그 조건을 차근차근 확실히 만들어가야 하지요.

노자가 말하는 무의 찬가를 계속하여 들어보고 있는데, 여기에서 인해전술 이야기 좀 해보고 싶습니다. 왜냐? 노자와 손자가 말한 무無와 중국의 인해전술이 큰 연관성이 있거든요. 아, 그런데 인해전술의 정확한 기원은 《오자병법》입니다.

인해전술의 기원

인해전술은 《오자병법》에서 기원했습니다. 그런데 그 인해전술을 병력 수가 많은 것만을 믿고 그저 우직하게 무한 돌격하는 전술로 생각하는 사람이 많습니다. 그래서 후진적인 전술로 생각하는 사람이 많지요. 하지만 절대 그렇지 않습니다. 인구와 병력 수가 많은 중국에 딱 맞는 전술인 것은 확실하지만, 절대 무식하고 후진적인 전술이 아닙니다. 행군과 기동에 능하고 경험과 인내심을 요하는 전술입니다.

일단 인해전술은 고난이도의 포위 작전이죠. 많은 병력을 나누어 은밀하게 이동시켜 적의 후방 그리고 적군의 사이사이의 길목과 거점에 침투시킵니다. 특히 밤을 택해 이동시킵니다. 적이 모르게 움직여야 하기 때문이죠. 주로 밤에 은밀하게 움직여 요소 요소, 방위 방위마다 병력을 침투시켜 자리하게 합니다. 침투와 자리 잡기가 꽤 성사된 시점이 되면 적을 쪼개고 보급망을 차단합니다. 그리고 적을 완전히 분열·고립시킨 채 포위, 압박하며 분쇄합니다. 이러한 포위, 압박 전술의 기원은 《오자병법》입니다. 오기는 험한 산지에서 싸울 때에는 은밀하고 신속하게 이동한 뒤 적을 포위하고 압박해 부수라고 했거든요.

이 인해전술에는 오기가 말했듯 은밀하고 신속한 기동이 필수입니다. 고구려를 침공한 수와 당의 군대부터 한국전쟁에 투입된 중공군까지 모두 은밀하고 신속한 기동을 통한 포위 전술을 펼쳤습니다.[3] 특히 그들의 포위 전술에 우리는 뼈아프게 당했지요. 무기의 화력은 떨어져도 수많은 실전 경험과 강한 행군 능력을 가진 중공군이 은밀하고 빠른 기동으로 국군을 농락했고 유엔군을 고전시켰습니다. 낮에는 미군의 정찰기에 발각되지 않도록 아예 하얀 천을 뒤집어쓰고 눈 위에서 잠을 청하기도 하고, 동상에 걸려 썩은 발로 산길을 걸으며 이동했습니다. 그들의 강한 복종심과 많은 행군 경험도 대단했지만, 한국이 산이 많은 지형이라 특히 인해전술이 위용을 떨쳤습니다. 인해전술은 애초에 산에서 싸우기 위해 만들어진 전술이거든요.

《오자병법》〈응변應變편〉에서 산지 전투, 특히 계곡에서의 전투, 이른바 곡지전谷地戰에서 싸우는 법으로 은밀한 기동으로 적을 포위시켜 부수라고 했습니다. 〈응변편〉에서 무후가 물었습니다. "좌우에 높은 산이 있고 지형이 아주 협소한 곳에서 갑자기 적과 마주쳐 공격도 후퇴도 여의치 않을 경우 어떻게 해야 하오?" 이에 오기가 답합니다.

"이러한 경우를 곡지전이라 합니다. 이때는 비록 병력이 많더라도 쓸모없습니다. 우선 우리의 용감한 병사를 뽑아 적과 서로 대치시키고 또 발이 빠르

---

3   임용한, 《한국고대전쟁사》 1, 2권 (혜안, 2012)

고 날쌘 병사로 하여금 병기를 잡게 하여 앞에서 싸우게 하여 적의 관심을 그곳에만 집중시킵니다. 그러는 사이 전차와 기병을 분산 이동시키고 사방에 매복시켜 멀찌감치 떨어지게 하는데, 매복시킨 군대를 철저히 숨겨야 합니다. 적은 그때 이쪽의 전략을 모르기에 진지를 견고히 한 채 진격도 후퇴도 하지 않은 채로 상황을 관망하려 할 것입니다. 이때 우리는 깃발을 내세우고 대오를 유지한 채 유유히 빠져나와 산 밖에 진을 칩니다. 이렇게 되면 적은 틀림없이 놀라고 두려움을 느낄 것입니다. 이때 숨겨둔 전차와 기병을 움직여 반복해서 상대를 타격함으로써 적을 지치게 만듭니다. 이것이 곡지전에서 싸우는 방법입니다."[4]

산과 들에 매복된 병력이 끊임없이 기습하고 공격하면 적은 두려움에 떨게 되고 또 상당히 전력 소모가 심해집니다. 한국전쟁 당시 중공군과 싸웠던 국군과 유엔군이 그러했습니다. "산과 들이 통째로 들고 일어나 덤비는 것 같았다." 중공군과 전투 경험이 있는 한 참전 군인이 증언한 바인데, 그것이 바로 오기가 계곡에서 싸울 때 지향한 바입니다. 그림자 없는 유령처럼 움직여 산과 들에 매복해 있다가 산과 들처럼 들고 일어나 덤비는 것이죠.

계곡에서 싸울 때는 우선 용감하고 날쌘 정예병을 시켜 상대를 앞에서 막아 적의 시선을 붙잡아둔 다음에 그 상태에서 부대를 은밀히 이동시켜 적의 사방에 감추라. 그다음에 나머지 부대원을 이끌고 신속히 퇴각하면 상황이 심상치 않음을 눈치 챈 상대가 두려워할 것이다. 그때 매복시

4　起對曰: 此謂谷戰. 雖衆不用. 募吾材士與敵相當, 輕足利兵以爲前行. 分車列騎隱於四旁 相去數里, 無見其兵. 敵必堅陳 進退不敢. 於是出旌列旆, 行出山外營之. 敵人必懼. 車騎挑之 勿令得休. 此谷戰之法也. - 《오자병법》〈응변편〉

킨 병력이 지속적으로 상대를 타격한다. 오기가 말한 것이지만, 마치 한국 전쟁에서 활약한 중공군 사령관의 말을 듣는 것 같지요. 곡지전에서 기원한 인해전술, 산이 유독 많은 한반도 지형에서는 중공군의 은밀하고 신속한 기동을 통한 매복과 기습 전술이 톡톡히 효과를 보았습니다. 이런 중국의 전술에 유엔군은 정말 농락당하고 유린당하다시피 했는데 중공군의 피리 소리만 들어도 유엔군은 겁에 질려 줄행랑을 쳐야 했습니다.

인해전술의 핵심

중공군의 인해전술은 병력 수가 많아야 시도 가능한 전술이지만, 앞서 이야기한 대로 고급 전술입니다. 노련한 싸움의 기술이지요. 숙련된 전기戰技를 갖추어야 하고, 내 힘을 집중시킬 만한 상대의 허점을 정확하게 노려야 하며, 귀신같은 행군 능력에 강한 인내심도 있어야 가능한 고급 포위 전술입니다. 그들은 유엔군의 약점인 전력이 처지는 국군을 인해전술로 집중 공격했습니다. 운동전運動戰이라고 불렀던 기동전을 펼치면서 은밀하지만 신속하게 전선을 돌파하고, 우회와 포위로 국군과 유엔군을 강하게 몰아붙였습니다.

　소위 인해전술을 포위전이라고 하는데, 그냥 포위하여 압박하는 것이 아닙니다. 포위가 거저 되나요? 우선 적을 넓게 포위하여 보급망을 차단합니다. 그다음에 침투를 은밀하고 신속하게 시작합니다. 길목마다 또는 적군의 사이사이로 병력을 침투시키면서 적을 잘게 쪼개 2차 포위에 들어갑니다. 특히 적의 허점이라고 판단되는 지점을 집요하게 포위하는데, 이렇게 포위한 다음에는 보급로를 차단하여 적을 고립시키고 분쇄하는 작전이지요.

이 전술을 수행하려면 앞서 강조한 대로 은밀한 기동이 필수입니다. 당시 중공군은 장비가 열악했지만, 군벌끼리의 전쟁 그리고 국공 내전과 중일전쟁 등으로 단련된 역전의 용사들이 많았지요. 그들에게 은밀한 기동이라는 전기戰技는 당시 세계 최고, 아니 사상 최고 수준이었습니다. 정찰에 능한 미군에게 조금도 들키지 않고 미군의 후방으로 파고들었는데 정말 그림자 없는 유령이었지요. 신속히 움직이는 것은 물론 초인적인 인내력도 있어야 했는데, 중공군의 실력은 적이었지만 정말 대단했습니다. 인정하지 않을 수가 없었죠.

지금 우리는 인해전술 하면 대단히 무모하고 인명 소모적인 전술로 생각합니다. 사실 위험하고 인명을 소모하기에 많은 병력이 필요한 전술인 것은 사실입니다. 하지만 아무나 시도할 수 없는 굉장히 고난이도의 전술이지요. 그 그림자 없는 유령에게 한국군은 그야말로 밥이었지요. 《오자병법》에서 기원한 인해전술은 무정형·비정형의 군대를 만들어야 한다고 주장한 손자 그리고 《손자병법》을 계승한 '노자병법'과도 궁합이 맞았습니다. 결국 그랬기에 과거부터 중국 군대의 주된 전술이 되었던 것이죠. 특히 《손자병법》과 잘 맞을 수밖에 없었죠.

흔적도 없이 움직이는
그림자 없는 유령

중공군은 미군의 후방에 몰래 침투해 미군을 경악케 했는데, 사실 그때 중공군이 개입한 것 같다는 첩보는 사전에 연신 접수되었습니다. 중공군

포로도 잡았지요. 하지만 도쿄에 있는 맥아더 사령부는 중공군 수십만이 한반도에 깊숙이 진입해 미군 근처까지 왔다는 사실을 믿지 않았습니다. 왜냐하면 미군의 정찰에 포획되지 않았기 때문이죠. 그들은 자신들의 정찰 능력을 믿었던 거지요. 사실 그렇습니다. 그 많은 중공군이 침투해 들어왔다면 흔적이라는 게 남아야 하는데 그 흔적을 찾아볼 수 없었습니다. 포로만 가지고 단정하고, 첩보만 가지고 움직일 수는 없는 노릇이어서 계속 정찰했지만 증거가 될 흔적이 보이지 않았습니다. 정말 미군은 매일같이 항공 정찰을 했어요. 그때는 한겨울이었고 대지가 두터운 눈에 덮여 있었습니다. 그래서 흔적을 남기지 않기가 참 어려운 실정이었습니다. 여럿이 눈길을 지나가면 반드시 흔적이 남거든요.

앞서 언급한 대로 낮에는 중국군이 하얀 천을 뒤집어쓰고 눈 위에 엎드리거나 잠을 잤습니다. 정찰기에 걸리지 않기 위해 체감온도가 영하 40도가 되는 혹한의 눈 위에서 잠을 청한다? 누가 상상이나 할 수 있었겠습니까? 하지만 그들은 상상도 못하는 일을 벌였지요. 영하 40도의 날씨에서 잠을 취하고 밤이 되면 움직였습니다. 그리고 한반도의 험한 산골을 수레를 끌고 등짐을 지고 말을 부려 보급품을 운반했는데, 수십만의 병력이 혹한의 날씨에 눈 위에서 자고 야밤에 산길을 수레와 말을 끌고 움직이면서도 조금의 흔적도 없이 기동한다? 미군이 상상도 못할 일을 벌였습니다.

미군이 자신들의 정찰 능력을 과대평가한 게 아니었죠. 동아시아인의 지독함과 끈기, 정신력을 과소평가했던 것입니다. 그리고 중국인들 유전자에 새겨진 무無와 현玄이라는 DNA를 몰랐던 거고요. 저는 이때 중공군에게 우리가 엄청나게 당했지만 그들을 칭찬해야 할 군대라 생각하는데, 엄폐와 은폐를 위해 눈 위에서 흰 천을 뒤집어쓰며 잠을 청하고 밤에 그리도 신속하게 전선을 돌파한 것은 정말 인정할 만하죠. 경이적이었습니다. 정말 흔적도 없이 움직이는 그림자 없는 유령이었던 중국군. 인해전술의 핵심은 그것입니다. 엄폐와 은폐로 자신을 무로 만드는 것 말입니다.

산과 들이 통째로 일어나 움직이는 것 같다는 중공군의 인해전술은 이렇게 텍스트적 근거가 있습니다. 손자와 오기, 노자를 읽으면 그들이 왜 인해전술을 쓰게 되었는지, 왜 그들의 인해전술이 그토록 무서웠는지 알 수 있습니다. 이무치유以無治有, 무로 유를 다스린다. 과거 우리는 이 이무치유의 인해전술에 너무도 뼈아프게 당했는데, 이제는 인해전술의 실체를 제대로 알아야 하지 않겠습니까? 사람 수로 밀어붙이는 무식한 전술이라고 무시하지 말고요.

바람 앞에 서지 말아야 한다

이무치유 이야기를 계속해보겠습니다. 풍두風頭라는 말이 있어요. 사람들 앞에서 자신의 실력과 장기를 자랑하고 자신이 가진 것을 마구 보여주는 사람을 중국에서는 풍두라고 하며 업신여기죠. 원래 풍두는 말 그대로 바람의 머리입니다. 중국에서는 과거부터 멀리에서 바람이 불어오면 그 바람의 머리를 보고 앞으로 전개될 일의 흐름을 예측하고 감지해야 한다고 했습니다. 그래서 풍두는 원래는 일의 전조를 뜻하던 말이었지요. 그런데 언제인가부터 바람의 머리 앞에 서서 함부로 자신을 드러내며 우쭐해하는 사람이라는 뜻으로 변했습니다. 자신을 감추고 내 패를 숨겨야 하는데 자신을 스스로 까밝혀 다 보여주는 사람이 풍두입니다. 아주 바보라는 뜻이죠. 경멸의 대상입니다. 풍두를 중국어로 아이추펑타우愛出風頭라고 하

는데 정말 경멸의 대상이라죠.[5]

바람이 불어오면 어찌해야 합니까? 우선 앞으로 나가면 안 됩니다. 바람 앞에 서지 말아야 합니다. 자신의 몸을 숨겨야 합니다. 그리고 이게 어떤 일의 전조일지 읽어야 하지요. 바람의 머리에 자신을 마주하면 안 됩니다. 열린 환경에 자신을 노출하지 말고 나를 꽁꽁 숨긴 뒤에 다가올 변화의 흐름과 양상을 읽어야 합니다. 무슨 일이 벌어질까, 어떤 흐름이 전개될까 감지하고, 또 어떻게 처신하고 몸을 두어 사건의 흐름과 전개를 자신에게 유리하게 할지 따져야 하지요. 그래야 손자가 중시한 그 세를 만들고 장악할 수 있겠습니다. 함부로 바람의 머리 앞에 서려 한다면 자신에게 유리한 환경과 조건을 만들 수 없습니다. 사실 앞서 불여수중不如守中이라고 노자의 중용, 중국인의 중용을 말할 때 한 이야기지요. 몸을 뒤로 뺀 상태에서 냉정하게 사태의 전개 방향을 읽어야 하는데 풍두가 되면 안 됩니다.

풍두가 되면 안 된다, 중국인에게는 사실 진부한 이야기입니다. 항상 그들은 노출을 꺼리고 숨기려 합니다. 섣불리 나서지 않습니다. 사태를 관망하고 나서 조건을 모두 아우른 다음에 움직이려 하지요. 하지만 한국인은 성급한 편이고 자신을 많이 보여줍니다. 한국인은 허세와 과시욕이 심하지요. 어떻게든 자신을 포장해 나가려 하고 내가 가진 금송아지를 자랑하려고 합니다. 학연, 인맥, 재산, 자동차, 부동산 마구 자랑하는데 중국인들 눈에는 풍두로 보일 것입니다. 우리는 무無인데 쟤들은 유有구나 싶을 테지요.

---

5 유광종, 《중국은 어떻게 모략의 나라가 되었나 - 중국인의 행동을 읽는 7가지 문화코드》(웅진지식하우스, 2012) 참고

한국인 대 중국인

한국인은 중국인에 비해 단순하고 교조적이며 정열적이고 외향적입니다. 자신을 드러내기 좋아하고 호불호가 확실하죠. 반면, 중국인은 단순하지 않습니다. 복잡하고 한국인에 비해 유연합니다. 실리를 기준으로 입장과 자세를 언제든 바꿀 수 있습니다. 그리고 앞서 말한 대로 의심의 장벽을 세우고 사는 사람들이라 냉소적이고 내성적인 사람이 많고, 신중에 또 신중을 기울이려고 합니다. 노자가 말한 대로 원칙에 집착하거나 얽매이지 않고 신중히 조건을 살피며 실리를 도모하려 하니 한국인에 비해 냉소적이고 내성적으로 보일 수밖에요.

재미있는 게 한국인들, 성질 급하죠. 조급한 모습을 보일 때가 많습니다. 그런데 중요한 일이 닥치면, 특히 비즈니스에 중요한 결정을 내릴 때는 망설일 때가 많아요. 망설이고 망설이다가 장고 끝에 악수를 두는 경우가 많습니다. 생산적인 고민 끝에 결정을 내리는 게 아니라 그냥 걱정만 하다가 덜컥 결정을 내리는데 악수를 두거나 버스가 떠난 상황인 경우가 많지요. 상황이 이미 종료되었거나 유리한 고지와 위치는 남들이 선점한 상황이 종종 발생합니다.

반면 중국인은 느긋해 보여도 일이 닥치면 신속하고 명확하게 판단을 내리는 일이 많죠. 왜냐? 평소에 판세를, 즉 세를 읽어가고 어떻게 내가 움직이고 카드를 꺼내야 할지 준비했기 때문입니다. 남들 모르게 드러내지 않고 해서 그렇지 평소 흐름과 전조를 읽어내며 준비하려고 많이 애쓰죠. 그래서 긴박한 순간에 명확하게 판단하고 결정을 내리는 감각과 능력이 한국인보다 훨씬 우월합니다.

중국인은 손자와 노자의 자식 같아요. 어떻게든 드러내지 않으려고 하고 숨기고 모략의 사고를 발전시키고 원칙과 명분보다는 실리를 추구하고요. 하지만 한국인은 공맹의 자식 같습니다. 실리보다는 명분과 대의를 많이 따지죠. 그러다 보니 교조적이기도 하지만 의거를 일으키는 의사義士가 많이 나오죠.

장제스가 그랬다죠. 윤봉길 의사의 의거를 보고 중국의 백만 대군이 못해내는 일을 조선인 청년 하나가 해냈다고. 또 저우언라이도 말했습니다. 안중근의 의거에서 항일 전쟁이 시작되었다고. 둘 다 칭찬한 것이죠. 조선인 청년 의사를 극찬했죠. 그런데 그들의 칭찬을 잘 뜯어보면 우리는 절대 못하는 일이라는 사고와 이해되지 않는다는 생각도 좀 있는 것 같습니다. 아니, 조금이 아니라 많이 있어 보여요. 정보력과 자금력이 있어도 명철보신明哲保身을 추구하고 실리를 제일로 하는 중국인은 의거를 일으키자, 의사가 되자는 결심을 하기 힘듭니다. 한다고 해도 결단을 못 내리죠.

살신성인을 말하던 공자, 그리고 "노인장께서 천 리를 멀다 하지 않고 오셨으니 장차 내 나라를 이롭게 함이 있겠지요."라고 묻는 양혜왕에게 "어찌 이익을 말씀하십니까. 오직 인의만이 있을 뿐입니다."라며 호통조로 말한 맹자, 그런 공맹의 제자이자 자식인 조선인은 달랐습니다. 대의와 명분, 사라진 조국을 위해 기꺼이 목숨을 바칠 수 있었습니다. 중국인이 꺼리고 생각하지 못하는 것을 할 수 있었지요. 분명히 저는 그들의 극찬에 그런 의미가 있다고 봅니다. 손자, 노자의 자식인 우리가 못하는 것을 저들이 해냈다는 의미. 그래서 대단하기도 하고 우리와 너무 달라 보인다는 그런 뉘앙스가 담겨 있죠.

민족 해방 운동에서 윤봉길과 안중근, 이봉창만 있었던 게 아니라 의열단원도 있고 무수한 의사들이 많았습니다. 이런 의사 말고도 한국사를 보면 투사가 많았죠. 오늘날 노동 운동, 민주화 운동도 그렇고요. 대의를 위해 몸을 던진 의사·투사가 있었기에, 실용 정신과 명철보신만 추구하는 문화에서는 나올 수 없는 그들이 있었기에, 한국인은 중국인보다 정치 선진국에서 살고 있는 게 아닌가 싶습니다. 정말 그분들 덕분에 우리가 이만큼이라도 사는 게 아닌가 하는 생각도 듭니다. 《논어》〈헌문憲問편〉에서 어떤 성문지기가 공자를 보고 이렇게 평했죠. 안 되는 것을 되게 하려는 사람이라고. 공자의 자식인 우리의 역사를 보면 안 되는 것을 되게 하려는 사람이 꼭 등장해 세상에 도전합니다. 세상을 내게 맞추려고 했던 사람들이 있었어요.

세상을 내게 맞추는 사람이 있고 나를 세상에 맞추는 사람이 있다지요. 명철보신과 실리를 추구하는 사람은 항상 세상에 나를 맞춥니다. 인因을 손자가 말했는데 그 인이라는 것은 상황논리죠. 그때그때 조건과 상황에 맞게 변화하고 움직여 이익을 꾀하고 살아남자. 인因의 논리에 투철한 사람은 세상에 나를 맞추는데, 그런 사람을 보고 사람들은 지혜롭다고, 현명하다고 하지요. 또 실제 저런 사람들이 잘삽니다. 돈도 많이 벌고요.

하지만 안 되는 것을 되게 하려는 사람, 인因이 아니라 인仁을 추구하는 사람, 상황논리를 거부하고, 세상에 나를 맞추는 것이 아니라 세상을 내게 맞추려고 하는 사람도 있습니다. 사람들은 그들을 어리석다고 합니다. 이득도 안 되며 무리한 일에 도전한다고 하는데, 앞서 언급한 안 되는 것을 되게 하려는 사람이라는 공자에 대한 인물평은 사실 조롱이었지요. 그렇습니다. 어리석습니다. 실리보다는 명분과 대의를 위하고 구세救世를 이야기하는 사람은 어리석다는 말을 많이 듣습니다. 하지만 그렇게 어리석은 사람, 나를 세상에 맞추는 게 아니라 세상을 내게 맞추는 사람 덕분에, '그래서'나 '그러니까', '그러므로'를 말하는 손자와 노자의 자식이 아니라 '그럼에도 불구하고'를 말하는 사람 덕분에 저는 세상이 살기 좋게 변해왔고 우리가 이만큼이라도 산다고 봅니다.

전략적 사고가 아쉽고, 실리를 추구하는 유연함이 아쉽고, 교조적인 면이 많아도 저는 우리 한국 사람들이 좋습니다. 냉철한 이성이 아니라 따스한 심장을 가진 공맹의 제자, 자식인 것 같아서요.

상선약수 上善若水

상황에 맞게 유연하게 나를 변화시켜라

지극히 선한 것은 마치 물과 같다.

물은 만물을 잘 이롭게 하면서도 다투지 않으며

뭇사람이 싫어하는 곳에 자리를 잡는다.

그러므로 도에 가깝다.

거함에 좋은 것은 땅처럼 낮은 곳이고

마음 씀에 좋은 것은 못처럼 깊은 것이다.

남과 사귈 때 좋은 것은 믿음이고

정사에 좋은 것은 다스려짐이고

일할 때 좋은 것은 능함이고

움직일 때 좋은 것은 적절한 때다.

오로지 다투지 않기 때문에 허물이 없다.'

왜 물인가?

《손자병법》에서도 물을 숭상하는 말이 나왔는데,《노자》에서도 물 이야기가 나오네요. 손자는 군대는 항상 물과 같이 일정한 모양이 없어야 한다, 무정형해야 한다고 했습니다. 그리고 물처럼 유연하게 상황에 맞게 변화해야 한다고 했는데, 용병의 원칙으로 물을 이야기한 것입니다. 노자도 물을 숭상합니다. 상선약수上善若水라는 말, 아주 유명하지요. 노자도 상선약수를 말하면서 손자처럼 용병의 원칙으로 강조했습니다. 그리고 용병의 원칙만이 아니라 처세의 원칙, 인생 지침, 실용적 교훈 등 그것들 모두 물의 성질에서 찾을 수 있기 때문에 강조한 것이기도 하지요. 노자에게 물은 참 좋은 것입니다. 앞에서 보시다시피 도에 가깝다지 않습니까? 사람들이 물을 통해 도에 접근할 수 있다는데, 물을 보면서 도를 배울 수 있

I 上善若水. 水善利萬物而不爭, 處衆人之所惡. 故幾於道. 居善地, 心善淵. 言善信, 政善治, 事善能, 動善時. 夫唯不爭 故無尤. - 8장
   이 장은 왕필의 통행본 원문대로 적었습니다.

고 또 도와 같이 살 수 있습니다. 정말 상선上善이라 할 만하네요.

상선한 존재인 물. 늘 물을 보고 배울 수 있고 물과 같아지려 해야 하는데, 물은 일단 아래로 처할 줄 압니다. 높은 곳으로 가는 게 아니라 아래로 흐릅니다. 우리가 물처럼 살면 아래로 갈 수 있고 이천위본, 이하위기, 이퇴위진 할 수 있습니다. 그리고 물은 일정한 모양이 없습니다. 노자가 그토록 강조했던 무無한 존재입니다. 물을 보면서 우리는 무정형·비정형의 존재가 되려고 해야죠. 그래야 강해집니다. 특히 군대를 그렇게 부릴 수 있어야 하죠. 그리고 물은 항상 주변 상황에 맞게 변할 줄 압니다. 자신을 내세우거나 한 길만을 고집하지 않습니다. 상황과 주변 여건에 맞게 변화하는데, 물과 같으면 손자가 말한 인因이라는 것을 제대로 할 수 있습니다. 유연하게 상황에 맞게 변화해 싸울 수 있습니다. 전략·전술의 유연함과 임기응변이 가능해지죠. 또 중요한 것이 물을 통해 도道를 이해할 수 있다는데, 《노자》 8장에서 노자는 물을 통해 도를 설명하고 있습니다.

도는 앞서 무수히 강조했듯이 철저히 실용적이고 수단적인 것이지요. 내가 살아남도록 지지 않게 해주는 수단이고요. 물의 특징을 열거하면서 그 도의 실용적인 성격을 잘 말해주고 있습니다. 물과 같으면 다투지 않을 것이고 허물도 없고 흠잡힐 것도 공격당할 소지도 없게 된다는데, 그것이 도를 통해 추구하는 바이죠. 도와 같이 내가 살아야 얻을 수 있다는데, 그 도에 물이 가까우니 그래서 물을 상선이라고 했나 봅니다. 자신이 그토록 강조하는 도에 가까우니까요. 여기서 잊지 말아야 할 것은 노자가 단순히 물을 찬미하는 게 아니라는 것입니다. 물을 찬양하기 위해 찬양하는 게 아니죠. 물처럼 살고 물의 속성을 깨우쳐 목표를 달성하고 도를 알고 그래서 결국 강해지자는 것이죠. 8장에서 노자는 물을 통해 용병의 원칙, 싸움의 덕목을 말하고 있습니다.

물처럼 군대를 운영해야
전쟁의 신이 된다

대개 병력의 배치는 물을 닮게 해야 한다. 물이 높은 곳을 피하여 낮은 곳으로 흐르듯, 병력의 배치도 견실한 곳을 피하여 허약한 곳을 노린다. 물이 지형에 따라 가는 곳을 제어하듯, 전쟁도 적에 따라 승리를 제어한다. 그러므로 일정한 기세가 없으니 마치 물에 일정한 형태가 없는 것과 같다. 적에 따라 변화하여 승리를 얻을 수 있는 자는 신神이라 부른다. 그러므로 오행에 항상 이기는 것은 없으며 사계절은 항상 제자리에 있지 않는다. 해에는 길고 짧음이 있으며 달에는 차고 기움이 있다.[2]

손자는 병형상수兵形象水를 말했습니다. 이는 제자백가 시대 텍스트에 나온 물에 대한 담론 중에 노자의 상선약수와 가장 유사한 말입니다. 물은 사실 어느 문명 세계에서나 칭송되고 찬미되는 존재인데, 선진先秦 시대 문헌을 보면《논어》를 비롯해 많은 문헌에서 물이 찬미됩니다. 사실 물에 대한 찬미가 새삼스러울 것은 없는데, 손자는 다른 사람들과 달리 군사적인 이유로 찬미했습니다. 노자와 사상적 거리가 가장 가까운 손자의 물에 대한 찬양을 보면, 노자가 왜 물을 찬미했는지 그 이유가 제대로 드러나지요. 하지만 기존에는 손자의 병형상수와 노자의 상선약수를 연결해 보려는 시도가 많지 않았습니다. 왜냐? 한국적 노자 해석의 전통과 관성 때문이죠. 그간 한국에서는 자연주의자, 반문명주의자, 소박한 원시 공동체

---

2   夫兵形象水 水之形. 避高而趨下, 兵之形 避實而擊虛. 水因地而制流, 兵因敵而制勝. 故兵無恒勢, 水無恒形. 能因敵變化而取勝 謂之神. 故五行無恒勝, 四時無恒位. 日有短長, 月有死生. - 《손자병법》〈허실편〉

에 대한 향수를 가진 사람, 최소간섭주의자 때로는 무정부주의자라고만 노자를 보았는데, 제왕학 텍스트나 병법서로서 《노자》를 보려는 시도가 없다 보니 병형상수와 상선약수를 연결짓지 못했습니다. 하지만 노자의 상선약수는 손자의 병형상수를 리라이팅한 것일 뿐이죠.

용병의 형태는 물의 형태와 같아야 한다고 손자가 말했습니다. 지형에 따라 움직임과 방향을 달리하듯 용병도 눈앞의 상황에 맞게 항상 변해야 하죠. 이렇게 변화를 통해 승리를 일구는 자를 신神이라고 손자가 말했는데, 물처럼 군대를 운영해야 전쟁의 신이 되나 봅니다. 이렇게 손자는 물을 이야기하면서 전쟁의 신을 말했는데, 마침 노자는 그런 물이라는 게 도道에 가깝다고 하네요. 그 도라는 게 무엇입니까?

앞서 손빈을 이야기하면서 도를 전쟁의 원리, 용병술의 대원칙이라고 했지요. 전쟁할 때에는 도를 알고 도대로 싸워야 합니다. 마침 그 도라는 게 물과 가까우니 싸울 때는 물 같아야 하고 물처럼 움직여야 하지요. 변화해야 합니다. 유연하게. 고정된 나로 싸우면 안 됩니다. 전쟁터의 상황은 항상 변하지요. 날씨와 지형, 적군과 아군의 심리, 국제적인 정치 환경 모두 변하는 만큼 그에 맞춰 자신도 변해야 합니다. 신축적이어야 합니다. 항상 능숙히 변해야 이긴다! 이런 대원칙은 병법에서 꼭 명심해야 할 사항인데, 노자가 물을 가지고 강조한 것입니다. 병형상수를 말한 손자처럼.

노자의 상황논리

반복해 말하지만, 물처럼 유연하게 변해야 강해지고 이길 수 있습니다. 하지만 변하는 것은 힘듭니다. 쉬운 일이 아니죠. 변화해 이겨라가 병가의 기본이고 상식이지만, 늘 기본과 상식을 지키는 게 제일 힘들지 않습니까. 변화하는 것은 어렵습니다. 그래도 변해야 합니다. 상황에 맞는 최적의 전술과 작전을 만들어내야 합니다. 그런데 변화하려면 인因이라는 것을 할 수 있어야 한다고 손자가 말했지요.

손자는 수인지이제류水因地而制流 물은 지형에 따라 흐름을 제어하고, 병인적이제승兵因敵而制勝 전쟁은 적에 따라 승리를 만들어야 한다고 했습니다. 인지因地하고 인적因敵해야 한다네요. 먼저 지형에 인因해야 합니다. 지형에 맞게 움직여야 하죠. 지형이라는 상황과 조건에 맞게 싸워야 합니다. 또 적에 인因해야죠. 적의 상황과 조건에 맞게 내가 변화하고 움직여야 합니다. 적의 허실과 심리 상태에 맞게 싸울 수 있어야 하죠. 적의 허실이 변하고 심리 상태가 변하면 나도 전술을 달리해야 하는데, 그게 바로 인因입니다. 눈앞의 상황에 맞게 움직이고 변화해 내 목적을 달성하고 이익을 챙기는 거죠. 그 인因을 잘해야 세를 만들 수 있습니다. 주도권을 잡고 싸울 수 있고 전략적 우세함과 흐름을 놓치지 않은 채 적을 몰아붙일 수 있죠.

백 개의 키워드로 설명한 병법의 원리와 원칙인 《병경백자》라는 병법서에서도 인因을 말했는데, 생산하기[生]이는 키워드를 설명할 때 등장했습니다.

> 계책을 잘 세우는 자는 적의 상황에 따라 계책을 생산하고, 아군의 실정에
> 따라 생산하며, 예전의 사건에 기인하여 생산하고, 병법서를 따라 생산하며,
> 자연의 시기와 지역적 이점에 따라 생산한다.[3]

---

3 善計者 因敵而生, 因己而生, 因古而生, 因書而生, 因天時, 因地利. -《병경백자》〈생생편〉

전쟁은 이렇게 무한 인因해야 합니다. 상황에 따라 계속 인해야 하죠. 그 인이라는 것을 손자가 가장 먼저 강조했는데, 그 손자의 상황논리를 노자가 이어 받았습니다. 노자도 역시 상황논리자이지요. 5강 새옹지마에서 그랬지요. 정해진 올바름은 없다고. 항상 변화무쌍한 게 세상입니다. 특히 전쟁터가 그러한데, 유가처럼 고정된 원칙과 규범에 집착할 수 없습니다. 그러면 실리를 도모할 수 없고, 내가 강해질 수 없지요. 특히 전쟁터에서는 백전백패입니다. 다시 《병경백자》〈이移편〉에서 한 말을 인용해보겠습니다.

> 군대는 정해진 거처도 없고 또 정해진 이동 방향도 없다. 다만 상황을 보고 옮겨갈 뿐이다.[4]

봄에는 초목이 우거진 곳이 마땅하니 마르고 시들었으면 옮겨가고, 여름에는 샘이나 못이 마땅하나 비가 많이 오면 옮겨간다. 나무가 우거진 곳에서는 잠복해야 하는데 바람이 심하면 옮겨간다. 편리한 곳이 있으면 투숙하고 근심스러울 정도면 옮겨간다. 이로움이 있으면 머물고 얻을 것이 없으면 옮겨간다. 적이 약하면 머무르고 적이 굳세면 옮겨간다. 이곳의 적군이 강하고 저곳의 적군이 약하면 옮겨가고, 이곳의 적군이 느긋하고 저곳의 적군이 급박하면 옮겨가며, 이곳의 적군이 대적하기 어렵고 저곳의 적군이 대적하기 쉬우면 옮겨간다.

모든 병가 사상가들은 상황논리자입니다. 그럴 수밖에요. 전쟁터만큼 변화무쌍한 곳이 없지 않습니까. 그런데 첫 번째 상황논리자 손자는 단순히

---

4 軍無定居, 亦無定去. 但相機而行. – 《병경백자》〈이移편〉

이기기 위해서가 아니라 세를 만들고 유리하게 조성하기 위해 상황논리를 강조했고 물처럼 변화하라 했죠. 정말 물처럼 변화해야 세라는 주도권을 쥐고 싸울 수 있으니까요. 그런데 손자처럼 물을 중시한 노자도 세를 중시한 사람일까요? 네, 노자도 세를 중시한 사람입니다. 세를 읽거나 파악하지 못하면, 또 세를 만들어가거나 장악하지 못하면 어찌 취천하고 불태할 수 있겠습니까. 천하를 취하라고 말하는 노자는 세를 중시한 사람이 분명합니다.

다언삭궁 불여수중, 지피지기, 상선약수 해야 합니다. 그리고 도항무명道恒無名, 즉 도는 항상 무無하니 도처럼 무해야 합니다. 모두 세를 만들어가고 장악해가기 위해 필요한 자세입니다. 지피지기를 잘해야, 작전 회의실에서 상황을 훤히 꿰뚫어볼 수 있어야, 나의 허실을 보이지 않아야, 내가 유연하게 변화해야, 때로는 수모도 감수할 수 있어야 세를 만들고 키워갈 수 있죠. 노자가 말한 많은 주장은 세와 직결됩니다. 그리고 노자와 이란성 쌍둥이인 한비자도 세를 참 많이 강조했습니다. 이렇게 해야 군주가 세를 가져 신하와의 권력 경쟁에서 주도권을 쥘 수 있고, 자신의 말에 그들이 복종하게 할 수 있다면서 세를 가져라, 세를 잃지 마라를 지겹도록 말했죠. 이렇게 하면 세를 얻고 저렇게 하면 세를 잃는다고 무수히 반복 강조했고요. 또 한비자도 노자처럼 무와 변화 또한 강조했고요. 역시나 세를 위해서입니다.

물을 찬미한 이유가 다른
노자와 공자

상황논리의 노자는 물을 통해 변화를 말했는데, 노자처럼 물을 찬미했던 공자는 물을 통해 무엇을 말했을까요? 《논어》〈자한子罕편〉에서 공자가 물가에 서서 말하길, "흘러가는 것이 이와 같구나, 밤낮으로 쉬지를 않네." 공자는 상황논리자가 아니었죠. 원칙과 이상을 고집하는 사람입니다. 그가 물을 보면서 느낀 감상이 상황논리자가 물을 보면서 느낀 감상과는 달랐을 텐데, 공자는 그 물이 끊임없이 흘러가고 밤낮으로 쉬지 않고 흐르는 모습을 찬미했습니다. 그 물을 보면서 물처럼 항상 일관되게 올바른 삶의 길을 걸어가고 바람직한 규범을 실천하겠다고 다짐하지 않았나 싶습니다. 맹자도 물을 보고 공자와 비슷한 이야기를 했지요.

> 샘이 깊은 물은 끝없이 용솟음치네.
> 그렇기에 밤낮 쉬지 않고 흘러 사해에 이른다네.[5]

항상 착하게 살아라, 늘 인의를 지키고 바른 마음을 가지라며 항심恒心을 말한 맹자는 물을 보고 변화를 떠올린 게 아니라 항상됨을 보았나 봅니다. 물에서 느껴지는 항상됨이 인상적이었나 보지요. 맹자도 공자처럼 다짐한 걸까요? 일관되게 올바른 삶의 길을 걸어가고 바람직한 규범을 실천하겠다고요. 공자와 맹자 모두 물을 보면서 그렇게 자기 다짐을 했던 것 같고, 또 나 아닌 다른 사람들도 그렇게 살기를 바랐던 것 같네요. 어쨌거

---

5 原泉混混. 不舍晝夜 盈科而後進 放乎四海. -《맹자》〈이루하離婁下편〉

나 물을 보고 변화를 떠올린 손자나 노자와 분명히 다른 것은 사실입니다. 항상 일관되게 바람직한 가치와 덕목을 실천하는 사람을 지향한 그들은 물에서 보고 느낀 감상도 손자, 노자와 상당히 달랐습니다.

앞서 제자백가의 모든 사상가들이 장생을 추구했다고 했는데, 공맹은 무엇의 장생을 추구했다고 했지요? 손자와 노자 그리고 법가는 자신이 가진 것, 자신의 권력과 재산, 자신의 생명이 장구히 오래가고 오래살기를 바랐지만, 공자와 맹자 그리고 묵자는 그렇지 않았죠. 정의로운 사회와 문화, 이념이 장생하고 미래로 끝없이 확장되기를 바랐습니다. 공자와 맹자가 물을 보고 저런 감상을 느낀 것은 어쩌면 당연한 일 같네요. 계속 유장하게 흐르는 물처럼 바람직한 문화와 가치가 이어지기를 바랐을 것입니다. 특히 자신들이 말하는 인의라는 가치의 장생을 생각했을 거예요. 그것들이 영원히 지속되기를, 그렇게 장생하도록 인간이 노력해야 한다고 생각했습니다. 공맹은 그런 사람들이죠.

울료자가 말하는 물

다음은 《울료자尉繚子》〈무의武義편〉에 나오는 말입니다.

승리하는 군대는 마치 물과 같다. 물이란 본디 약하기 짝이 없지만 계속 부딪히면 언덕도 무너뜨리고 만다. 그 까닭은 물의 성질이 오로지 한 방향으로만 흐르고 한 곳에 끊임없이 부딪치기 때문이다. 만일 막야莫耶[6] 같은 예리

---

6 오나라 합려 때 만들어진 천하제일 청동검

한 검과 물소 가죽 같은 튼튼한 갑옷으로 무장한 병사들을 이끌고 적절하게 전술을 구사한다면 천하에 이를 당할 자가 없을 것이다.[7]

울료자도 손자처럼 강한 군대를 물에 비유했습니다. 하지만 변화에 초점을 두지 않았지요. 노자는 손자의 영향을 받았는데, 울료자는 오기의 영향을 받았습니다. 오기는 승리를 위해 가장 중요한 게 손자처럼 기만과 변화나 허를 찌르는 공격이 아니라 정예화라고 했습니다. 그리고 격동의 전술을 주장했죠. 전투가 시작되어 그때그때 드러나는 약점과 균열을 우리 정예 부대가 집중 타격하면 언제든 이길 수 있다고 자신했습니다. 그 오기에게 영향을 받은 울료자는 물을 가지고 오기식 정예 군대의 위력과 격동의 전술을 설명하고 있는 것입니다. 좋은 장비로 무장한 정예화된 군사들을 이끌고 상대방의 균열을 강하고 집요하게 타격하면 이길 수 있다는 것이지요. 언덕도 무너뜨리는 물처럼요. 같은 병법가끼리도 물을 보는 관점이 다르다는 게 참 재미있습니다.

　자, 24강의 결론을 내려 보겠습니다. 이번 강의 결론은 제목대로 상선약수입니다. 물과 같아야 합니다. 그래야 늘 세를 얻을 수 있고 잃지 않으며 나는 강해지고 오래가고 지지 않을 수 있습니다.

7　勝兵似水. 夫水至柔弱者也, 然所以觸 丘陵必爲之崩. 無異也 性專而觸誠也. 今以莫邪之利 犀兕之堅, 三軍之衆 有所奇正, 則天下莫當其戰矣. -《울료자》〈무의편〉

유약승강 柔弱勝强

손해를 최소화하는 계책을 세우고 움직인다

약한 것이 도의 작용하는 모습이다.[1]

천하에 물보다 부드럽고 약한 것이 없지만

굳세고 강한 것을 공략하는 데는 물보다 나은 것이 없으니

아무도 물의 성질을 대신할 수 없기 때문이네.

그러므로 물이 굳센 것을 이기듯이

약한 것이 강한 것을 이기네.

세상에 이 이치를 모르는 자 없으나

실천할 수 있는 사람 드무네.

그러므로 성인은 말하네.

나라의 욕됨을 감수하는 이가 사직의 주인이 되고

나라의 궂은일을 떠맡는 이가 세상의 왕이 된다고.

올바른 말은 마치 반대로 들리기 마련이라네.[2]

약함이 강함을 이긴다

유약승강柔弱勝强, 약함이 강함을 이긴답니다. 흔히 부드러운 것이 강함을 이긴다는 말로 많이 알려진 유명한 말이죠. 그 말의 출처가 바로《노자》입니다.《삼략》에서도 나오지만 가장 먼저 유약승강을 말한 이는 노자입니다.

약함이 강한 것을 이긴다고 하는데, 약함이란 무엇이고 강함이란 무엇일까요? 앞에서 설명한 물이 있잖습니까. 물은 강합니까, 약합니까? 약하죠. 단단합니까, 부드럽습니까? 부드럽지요. 그런 것입니다. 상선약수나 유약승강이나 같은 말입니다. 약함이 강함을 이긴다, 다른 말로 부드러운 것이 강함을 이긴다는 말은 물과 같으면 상대를 이길 수 있다는 것이죠.

---

1   弱也者, 道之用也. - 40장
2   天下莫柔弱於水, 而攻堅強者, 莫之能先也, 以其无以易之也. 故水之勝剛也, 弱之勝强
     也. 天下莫弗知也, 而莫能行也.' 是以聖人之言云曰, 受國之詬, 是謂社稷之主, 受國之
     不祥, 是謂天下之王, 正言若反. - 78장

일단 노자가 말하는 약弱은 물이 가지는 성질, 즉 유연함을 뜻하는 말입니다. 특히 전술적 유연성으로, 앞서 말한 늘 변화하는 군대가 가진 저력입니다. 그리고 약의 뜻에는 또 다른 게 있습니다.

한비자는 노자의 약弱을 인내로 해석하면서 월나라 구천과 주나라 문왕의 이야기를 예로 들었습니다. 구천은 굴욕과 치욕을 견디는 와신상담臥薪嘗膽 끝에 오나라와 부차에게 복수하여 멸할 수 있었고, 주나라 문왕은 폭군이었던 은나라 주왕에게 굴욕을 당했지만 참고 벼르고 준비해훗날 그의 아들 무왕이 목야에서 주왕을 잡을 수 있었습니다. 한비자는 이런 그들의 처신을 가지고 약弱을 해석했습니다. 네, 맞습니다. 참는 것이지요. 인내하는 것입니다. 유비, 사마의, 마오쩌둥, 덩샤오핑이 보여준 인내 말입니다. 《노자》 78장에서 나라의 욕됨을 감수하는 이가 사직의 주인이 되고 나라의 궂은일을 떠맡는 이가 왕이 된다고 하지 않습니까. 그렇게 참고 인내하며 결정적인 기회를 기다려야 합니다. 그게 바로 노자가 말하는 약弱의 두 번째 의미지요. 유약승강을 통해 노자는 두 가지를 말하고 싶어 했습니다. 변화할 줄 아는 유연함 그리고 참을 수 있는 인내, 그둘을 가지고 있어야 진정한 강한 자라고 했습니다. 그 유약함의 위력에 대해 선전한 것이죠.

강하면 부러진다

사람이 살아 있을 때는 유연하나
죽으면 마른 고기처럼 뻣뻣해지네.
초목도 살아 있을 때는 부드러우나

죽으면 마른 나무처럼 딱딱해지네.
그러므로 강하고 딱딱한 것은 죽음의 무리고
부드럽고 약한 것은 삶의 무리다라고 말하네.

군대가 강하기만 하면 승리하지 못하고
나무가 강하기만 하면 오래가지 못한다.
강하고 큰 것은 아래에 놓이고
부드럽고 약한 것은 위에 놓인다.[3]

병강즉불승兵強則不勝, 군대가 강하기만 하면 이기지 못한다고 합니다. 강공 일변도는 곤란합니다. 용기와 투지, 호승심만 앞서면 곤란하지요. 강하기만 하다는 것은 공격과 힘으로만 승부를 보려는 자세인데, 이는 부쟁지덕을 포기하는 것입니다. 손자가 말한 이상적인 군사의 경지인 전全을 포기하는 것이죠. 손자는 전승全勝, 최대한 내가 다치지 않고 손해와 비용을 최소화하며 이기라고 했습니다. 강공만 하려고 한다면 나도 많이 다칩니다. 이긴다고 해도 손해가 크고요.

훌륭한 장수가 되는 사람은 무용을 중시하지 않고
싸움을 잘하는 사람은 노하지 않는다.
적을 잘 이기는 사람은 남과 다투지 않고
남을 잘 부리는 사람은 아래로 처한다.

---

[3] 人之生也柔弱, 其死也堅强. 萬物草木之生也柔脆, 其死也枯槁. 故曰堅强者死之徒也,
    柔弱者生之徒也. 是以兵强則不勝, 木强則共. 强大居下, 柔弱居上. - 통행본 76

이것을 싸우지 않는 덕이라고 하고

이것을 사람을 부린다고 하며

이것을 하늘과 짝한다고 하니

옛날의 지극함이다.

부쟁지덕을 말한 68장을 다시 가져와봤습니다. 부쟁지덕을 포기하면 어찌 되겠습니까? 항상 싸우려고 덤비기만 할 텐데, 그러면 손자가 강조한 벌모伐謀와 벌교伐交가 사라집니다. 부전승不戰勝과 전승全勝을 추구할 수도 없게 되지요. 싸우기 전에 벌여야 할 지혜 대결인 벌모가 있고, 싸우기 전에 외교로 힘을 겨루는 벌교라는 게 있습니다. 싸우지 않고 이길 수 있도록, 전쟁을 바로 시작하는 게 아니라 상대의 의도와 계책을 자신의 지혜로 꺾고 외교전의 승자가 되어 적을 압박하고 고립시켜야 할 텐데, 벌교와 벌모에서 이기면 부전승을 일굴 수 있죠. 부전승은 전승의 가장 높은 경지입니다. 앞에서 전승이 뭐라고 했습니까? 최대한 나를 다치지 않게 한 채 이기는 것입니다. 싸우지 않고 벌교와 벌모를 통해 이기는 그 부전승은 전승 중 최고 경지지요. 전승을 추구하면서 부전승을 도모해야 하는데, 강함만 추구한다면 부전승을 도모할 수 없습니다. 전승조차 힘들 겠지요.

　　강하기만 하면 이런 문제도 있습니다. 전략적 사고의 마비 문제가 생깁니다. 싸우지 않고 이기려 한다면 책략과 모략으로 싸워 이겨야 하죠. 전승을 위해 최대한 효율적인 공략법을 찾다 보면 전략적 사고와 이성이라는 게 생겨나고 커집니다. 하지만 강공만을 추구한다면 그런 전략적 사고의 힘을 성장시킬 수 없죠. 강공만 앞세우면 함부로 희생을 감수하고 공격을 감행하는 자세를 보여 부전승을 추구할 수도 없지만, 궁극적으로 전략적 사고를 못하게 되는 문제가 발생합니다. 앞서 전쟁을 속임수라고 했습니다. 전면전을 벌이기 전에 싸우지 않고 이길 방법을 찾아봐야 합니다. 만약 전쟁을 피할 수 없다면 어떻게든 속임수로 이겨보려 노력해야 합니다. 그래야 희생을 줄이고 최소 희생과 비용으로 목적을 달성할 수 있습니다. 즉, 전승이 가능해지죠. 그렇게 속임수로 이길 수 있도록 고민하고 고민해야 하는데, 속임수는 전략적 사고의 꽃입니다. 하지만 무턱대고 덤비고 강함만을 숭상한다면 속임수와 기만책을 만들어내려는 고민도 덜하게 되죠. 그러면 장수와 그 장수가 거느리는 집단의 전략적 사고가 마비됩니다.

강함만을 추구한다면 이런 문제도 발생할 수 있습니다. 공성전을 남발할 우려가 있지요. 전투를 벌이기 전에 어떻게든 전투하지 않고 이기려고 지혜를 짜내 책략을 만들어야 합니다. 손자는 전투를 벌여도 적의 성으로 쳐들어가지 말고 적을 야전으로 끌어내라, 공성은 너무 많은 비용과 인명의 소모가 일어나기에 최대한 피해야 한다고 말했습니다. 강공책을 고집하면 공성전을 함부로 시도할 수 있습니다. 공성전을 경솔하게 시도하고 자주 벌이면 설사 이기더라고 희생이 너무 커 국력 소모와 민심 이반을 불러올 수 있습니다. 이제 노자가 강공 위주의 사고를 왜 경계했는지 이해될 것입니다. 정리하면, 전략적 사고와 지성을 마비시키고, 부전승의 기회를 가지지 못하게 하고, 공성전을 남발하게 하니 절대 강함만 추구하면 안 됩니다. 그뿐이겠습니까? 무턱대고 힘자랑하면 상대의 유인책과 기만책에 쉽게 속거나 말려들 수 있습니다. 마른 고기처럼, 마른 나무처럼 경직된 자세로 강공만 고집한다면 패망의 길로 가겠지요. 노자 말대로 강하고 딱딱한 것은 죽음의 무리일 뿐입니다.

오기도 그런 말을 했습니다. 강과 유를 겸비해야 한다고요. 오기는 장

수가 용기만을 앞세우는 것을 절대 금물이라고 했는데, 《오자병법》〈논장
論將편〉에서 오기가 위무후에게 이렇게 말했죠.

> "문과 무를 총괄하는 사람이 장수이고 강과 유를 겸비하는 것이 군대의 일
> 입니다. 사람들이 장수를 논할 때 흔히 용기만을 살피는 경우가 많지만, 용
> 기라는 것은 장수에게 여러 덕목 가운데 한 요소일 뿐입니다. 용장은 항상
> 무턱대고 적과 맞서 싸우려고만 합니다. 경솔하게 싸우려고만 하고 득실을
> 살필 줄 모른다면 좋은 지휘관이라고 할 수 없습니다."[4]

장수는 경솔하게 싸우려만 하지 말고 상황 전체를 보고 국면을 살펴야 합
니다. 손해를 최소화하는 승리를 꾀하도록 최선의 계책을 먼저 세워놓고
움직여야 합니다. 하지만 용기만 앞세우고 무武와 강强만 고집하면 오기
말대로 경솔하게 싸우려고만 할 뿐이죠. 그렇기에 강强만이 아니라 유柔,
부드러움도 있고, 용기만이 아니라 냉정함도 가져야 합니다.

변해야 산다

용기만 앞세우고 강함만 추구하는 군대는 변화에도 서투릅니다. 전술적
유연성이 없죠. 냉정하지 못하고 전략적 사고가 저하되니 어쩔 수 없는데,
앞서 부드럽고 약한 것이 강한 것의 위에 놓인다고 했습니다. 강함만을

---

4 夫總文武者 軍之將也, 兼剛柔者 兵之事也. 凡人論將 常觀於勇, 勇之於將 乃數分之一
   爾. 夫勇者必輕合. 輕合而不知利, 未可也. - 《오자병법》〈논장편〉

숭상하는 것을 거부하고 부드럽고 약함을 강조하는 것은 전술적 유연성을 위한 것입니다. 전술적 유연성을 추구하다 보면, 손자가 그리도 강조한 전략적 사고력과 전략적 지성이 커질 수 있으니 어떻게든 변해야 합니다. 시시각각 변하는 전쟁터의 상황에 맞게요. 세상의 변화에 맞게 새로운 생존 전략과 작전을 짜야 합니다. 그런데 변화하는 게 참 어렵습니다. 말처럼 쉽지 않지요.

변해야 한다는 것은 단순히 전술과 작전을 새롭게 들고 나와야 한다는 것으로 한정하면 안 됩니다. 단순히 기발하고 새로운 작전을 통해 상대의 허를 찌르는 게 아닙니다. 조직 내부의 반발과 무시, 폄하를 뚫으면서 새로운 전술을 도입하고, 때로는 새로운 전술의 도입과 실행을 위해 조직을 재편하고, 기득권을 부수는 것을 관철할 수 있어야 변화입니다. 그래야 새로운 나로 변신해 싸울 수 있지요.《삼국지》가 남긴 폐해라면 폐해인데, 늘 기발한 전술과 기상천외한 작전으로 전투를 벌여 승리를 추구하다 보니 전쟁을 기발한 전술의 대전으로만 인식하게 했습니다.《삼국지》에서 묘사한 대로 그렇게 자주 싸울 수 있는 게 전쟁일까요? 군대는 조직입니다. 전쟁은 조직의 일입니다. 그렇기에 변화하고 새로운 전술을 채택하는 것에는 늘 반발이 따르고 불신과 저항이 따릅니다. 41장에서 노자가 그랬습니다.

뛰어난 선비가 도를 들으면 그것을 실천하고
그러저러한 선비가 도를 들으면 보존하기도 하고 버리기도 하며
하찮은 선비가 도를 들으면 크게 웃으니
저들이 웃지 않으면 도라고 하기 어렵다.
그래서 세워진 말에 이런 것이 있다.

밝은 길은 어두운 듯하고
나아가는 길은 물러서는 듯하다.

보통 사람들이 비웃으면서 무시할 것을 강행하고 밀어붙여야 하는 게 변화입니다. 자주 다녔던 평탄한 길을 버려두고 울퉁불퉁한 길로 갈 수 있어야 혁신이지요. 험한 길로 가야 적의 예상 범위에서 벗어나 내 안전을 도모할 수 있고, 울퉁불퉁한 길이 평탄한 길이 될 수도 있는 게 전쟁입니다. 그래서 안전하고 빠른 길 대신에 험하고 먼 길을 선택해 구성원을 끌고 그 길로 갈 수 있어야 합니다. 그러려면 반발과 저항을 이겨내야지요. 보통 사람이 들으면 비웃고 미쳤다고 하는 생각을 만들어내고 그것을 강행해야 변화고 혁신이지요. 새로운 전술의 도입은 그럴 수밖에 없습니다. 항상 반발과 저항과 마주할 수밖에 없습니다. 군대는 조직이라 늘 관행에 안주하려고 하고 군인도 인간이라 편하고 익숙한 것에 끌리는 존재인데, 군사의 일에서 변화가 쉽겠습니까?

  기업이라는 조직이 싸우는 비즈니스 전쟁도 마찬가지 아닐까요? 새로운 방식의 도입이나 파격적인 혁신은 기업 구성원의 반발을 사게 마련인데, 새로운 전술과 작전을 도입하려면 조직의 관행과 관행의 이름으로 무장한 기득권과 싸워야 할 때가 많습니다. 때로는 기득권의 재배치까지 해야 변화할 수 있는데, 그러려면 강력한 리더십이 필요하지요. 설득과 동의의 리더십이 되었든 채찍과 공포의 리더십이 되었든 강력한 리더십이 요구됩니다. 변해야 산다지만 변화가 말처럼 쉬운 게 아닙니다. 기업 환경과 시장 환경이 변하고 그것을 기업의 구성원이 모두 인지한다고 해도 새로운 것의 도입은 힘듭니다. 그리고 기득권과 관행의 문제 이전에 인간 심리의 문제가 있습니다.

익숙지 않은 것은 불편함을 주고 불신을 가져옵니다. 새로운 전술, 익숙지 않은 작전이 불신과 불안함을 준다면, 또 그것이 조직 전체에 퍼진다면 어찌 되겠습니까. 시작부터 지고 시작하는 전쟁을 하는 것이죠. 실제 패배할 확률이 매우 높고요. 변화, 말처럼 쉬운 게 절대 아닙니다. 하지만 그래도 늘 변해야 하지요. 손빈이 주문한 대로 승불가일勝不可一이니까요.

천라지망 天羅地網

약점과 갈등이 드러나기 전에 늘 살펴보라

26강

감히 하는 데 용감한 사람은 죽을 것이고

감히 하지 않는 데 용감한 사람은 살 것이다.

이 두 가지는 때로는 이롭고 때로는 해로우니

하늘이 미워하는 것을 누구라고 이유를 알겠는가?

그러므로 하늘의 도는

싸우지 않고서도 잘 이기고

말하지 않고서도 잘 반응하며

부르지 않고서도 스스로 찾아오고

느긋이 일을 하면서도 성공하는 것이다.

하늘 그물은 넓고도 넓으니

성기면서도 어느 것 하나 빠뜨리지 않는다.'

언제나 이기는 성인의 그물

그물을 짜라네요. 넓고 넓어 온 세계를 뒤덮을 수 있는 그물, 성기면서도 무엇 하나 빠뜨리지 않는 그물을요. 그 그물은 《서유기》에 등장하죠. 손오공이 천상의 질서를 무너뜨리자 옥황상제가 명을 내려 천신이 출동합니다. 탁탑천왕과 나타태자, 사대천왕 외 여러 신장을 소집하여 휘하에 총 10만의 병력을 이끌고 화과산을 포위해 그물을 펼칩니다. 손오공을 생포하기 위해서요. 그때 펼친 그물이 하늘을 덮는 그물, 천라지망天羅地網입니다. 노자는 그 천라지망을 73장에서 이야기했습니다. 본디 옥황상제의 소유물이고 옥황상제만 쓰는 아이템인데, 여기에서 노자의 대국의식, 천하의식이 보입니다. 하늘의 도를 논하지 않습니까?

천라지망이라는 것을 짜면 이길 수 있고 강자가 되고 천하의 주인이

I 勇於敢則殺, 勇於不敢則活. 此兩者 或利或害, 天之所惡 孰知其故. 天之道 不戰而善勝, 不言而善應, 不召而自來, 繟而善謀. 天網恢恢, 疏而不失. - 73장

347

될 수 있는데, 그 그물을 어디에서 짜야 할까요? 여태껏 설명한 노자의 성격을 생각하면 아무래도 보이지 않는 곳, 어두운 곳에서 만들어야 할 것 같습니다. 노자는 모든 것을 암중모색하라고 하는 사람인데, 천라지망이라는 귀한 그물을 다른 사람들이 보는 데서 짜겠습니까. 여기서도 말하네요. 감히 하지 말라고, 느긋이 일을 하면서도 성공하라고. 이것은 드러내 놓고 일을 추진하지 말고 공개적으로 무언가를 기획하지 말라는 말입니다. 어두운 곳에서 촘촘하게 짜놓은 천라지망이 있으면 다음과 같은 일이 가능할 것 같습니다.

첫째, 부전이선승不戰而善勝, 싸우지 않아도 잘 이깁니다. 손자가 말한 부전승이 가능해집니다. 둘째, 부언이선응 불소이자래不言而善應 不召而 自來, 말하지 않아도 잘 반응하고 부르지 않아도 스스로 옵니다. 상대방이 알아서 고개를 숙이고 굴복시키는 일이 가능해집니다. 셋째, 천연이선모 繟然而善謀, 느긋이 일을 하면서도 성공합니다. 몰래 일을 꾸미면서도 내게 모든 상황과 조건이 유리하도록 변화시키는 게 가능해집니다.

천라지망을 가지면 일을 성공시킬 수 있습니다. 사람들이 알아서 내게 고개를 숙이게 하고 싸우지 않고도 이길 수 있습니다. 이 천라지망 이야기를 보면 47장이 생각납니다. 앞에서 문밖에 나가지 않아도 천하를 알고 창문을 열지 않아도 천도를 안다고 했죠. 문밖에 나가지 않고 창문을 열지 않은 채 천하를 알고 천도를 안다는 것은, 몰래 어두운 곳에서 천하를 장악할 작전과 책략을 구상하는 것이죠. 앞서 말한 대로 장량이 한 것처럼 완벽한 전략과 책략을 만드는 것이죠.

손자가 강조한 계計와 지知에 철저하려는 자세, 즉 전쟁 전에 총체적인 점검과 피아의 전력 비교, 전쟁 관련 빅 데이터 소집에 철저하려는 자세, 작전 회의실인 묘당에서부터 이기려는 자세, 완벽한 승산을 전쟁 전에 만드는 자세, 싸워놓고 이기려는 게 아니라 이겨놓고 싸우려는 자세, 싸우지 않고 이길 수 있게 지혜를 짜내고 외교책을 강구하려는 자세, 이런 자세를 가지고 기울이는 노력이 천라지망을 짜는 게 아닌가 싶습니다. 착수하기 전에 최대한 계산하고 준비하고, 내게 모든 상황을 유리하게 만들어놓고, 전략을 달성케 해줄 전술과 작전을 확실히 짜두고 나서야 움직이려는 노력과 헌신, 그것에 대한 강조가 아닐까 싶습니다. 천라지망을 만들라는 게 말이죠.

그물 짜기의 시작,
터진 부분이 없게 하라

무위를 행하고
아무것도 일삼음이 없음을 일삼으며
맛없음을 맛보니
큰 것은 작게 여기고 많은 것은 적게 여기며
원한은 덕으로 갚는다.
쉬운 데서 어려운 것을 도모하며
작은 데서 큰일을 행한다.
천하의 어려운 일은 쉬운 일에서 시작되고
천하의 큰일은 작은 일에서 시작된다.
이 때문에 성인은 끝내 위대해지려고 하지 않으니
그 때문에 그 위대함을 이룰 수 있다.
무릇 가벼운 승낙은 반드시 믿음이 적으며

크게 쉬운 일은 반드시 크게 어려워진다.

그래서 성인은 오히려 그것을 어렵게 여기니

그 때문에 어려움 없이 마칠 수 있다.[2]

천하의 어려운 일과 천하의 큰일을 언급합니다. 그것들이 무엇일까요? 전쟁과 군사의 일이 아니겠습니까? 그것만큼 어려운 일과 큰일이 어디 있겠습니까? 그런 전쟁과 군사의 일이 작은 데서, 쉬운 데서 시작한다는데 무슨 뜻일까요? 그물을 짜는데 터진 부분이 있으면 되겠습니까? 작은 구멍과 터진 부분 하나 때문에 일을 그르칠 수 있죠. 지피지기에서 제가 무엇이 더 중요하고 어렵다고 했지요? 지피보다는 지기라고 했습니다. 나를 알고 나의 불안 요소와 약점을 직시하고 그것에 대한 대책을 강구하는 게 상대를 아는 지피보다 훨씬 중요하고 어렵다고 했습니다. 아무리 작은 불안 요소라고 해도 또 아무리 미미해 보이는 약점이라고 하더라도 그것을 제대로 직시하고 대책을 세워야 하지 않을까요? 터진 부분이 있으면 천라지망이라고 할 수 있겠습니까? 하늘을 덮는 그물을 잘 짜려면 지기에 철저해야 할 텐데, 63장 바로 뒤에 나오는 64장을 보면 제 해석이 맞는 것 같습니다.

고요히 있을 때는 유지하기 쉽고

아직 드러나지 않은 것은 도모하기 쉬우며

허약한 것은 쪼개기 쉽고

2 　爲无爲, 事无事, 味无味, 大小多少, 報怨以德. 圖難於其易也, 爲大乎其細也. 天下之難作於易, 天下之大作於細. 是以聖人終不爲大, 故能成其大. 夫輕諾必寡信, 多易必多難. 是以聖人猶難之, 故終无難矣. - 63장

작은 것은 흐트러뜨리기 쉽다.

아직 있지 않을 때 그것을 위해 행동하고

아직 어렵지 않을 때 그것을 다스린다.

아름드리나무도 털끝 같은 싹에서 자라나고

아홉 층의 누대도 한 삼태기 흙에서 출발하며

백 길 높이도 발밑에서 시작하네.[3]

불안 요소가 커지기 전에, 특히 약점이 실전에서 드러나기 전에 손봐야 하지요. 미미했던 약점이라도 실전에 돌입하면 승부의 변수가 될 수 있고, 미미했던 불안 요소가 어느 순간 아주 커져 조직을 잡아먹을 수 있습니다. 군사의 일만이 아니라 조정의 일도 마찬가지입니다. 언제든 조정 내 불안 요소가 없는지 살펴야 할 것이고, 권력의 누수가 없는지 눈 부릅뜨고 지켜봐야 합니다. 한비자의 해석을 봐도 그렇습니다.

모든 거대하고 큰 사물은 반드시 처음에는 작은 것에서 생겨난 것이고, 사물이 수적으로 크게 불어난 것도 반드시 적은 것에서 시작된 것이다. 이는 노자가 《도덕경》에서 "천하의 일은 반드시 쉬운 데서 일어나고 큰일은 반드시 조그마한 데서 생겨난다."라고 말한 이유이다. 그래서 사물을 다스리거나 제압하고자 할 때는 그 사물이 초기, 조그마할 때부터 판단하여 시행해야 한다. 어려운 일을 하고자 할 때는 처음에 쉬웠던 때부터 시작해야 하고 큰일을 행할 때에는 작은 일에서부터 시작해야 한다. 천 길이나 되는 둑이나 저

---

3   其安也, 易持也, 其未兆也, 易謀也, 其脆也, 易判也, 其微也, 易散也. 爲之於其未有, 治
    之於其未亂也. 合抱之木, 作於毫末, 九成之臺, 作於蔂土, 百仞之高, 始於足下. - 64장

수지도 개미굴 때문에 무너지고, 호화로운 궁궐도 굴뚝 틈새의 작은 불꽃으로 잿더미가 될 수 있기 때문이다.[4]

천 길이나 되는 둑이나 저수지도 개미굴 때문에 무너지고 호화로운 궁궐도 굴뚝 틈새의 작은 불꽃으로 잿더미가 될 수 있다고 했는데, 군사 전략가와 전쟁 영웅이 하는 말이죠. 나폴레옹도 거대한 둑이 작은 구멍 하나에 무너질 수 있다고 했는데, 천라지망을 짜려면 그 작은 구멍이 없는지 살펴야 합니다. 내 안의 불안 요소와 약점, 누수, 터진 부분, 구멍이 있는지 없는지 그것부터 직시하고 메우고 보완해야 합니다. 그래야 천라지망을 짤 수 있다 생각하는데, 한비자는 《노자》의 63, 64장과 관련해 다음과 같은 역사적 사례를 들어 설명했습니다. 《노자》를 해석한 〈유로편〉에서 한 말입니다.

> 편작이 채환공을 만나뵈었다. 선 채로 한동안 있다가 편작이 말하기를, "군주의 병세가 피부에 있습니다. 치료하지 않으면 앞으로 깊어질까 두렵습니다." 환공이 말하기를, "나는 병이 없다." 편작이 물러난 후 환공이 말하기를, "의원이 우쭐거리기를 좋아하여 병 아닌 것을 고쳐 공을 세우려고 한다." 열흘 있다가 편작이 다시 뵙고 말하기를, "군주의 병이 살갗 속에 있습니다. 치료하지 않으면 앞으로 더욱 깊어질 것입니다." 환공은 대꾸하지 않았고 편작은 물러갔다. 환공은 또 심기가 좋지 않았다. 열흘 있다가 편작이 다시 뵙고 말하기를, "군주의 병이 창자와 위 속에 있습니다. 치료하지 않으면 더욱 깊

---

4   有形之類, 大必起於小, 行久之物, 族必起於少. 故曰,「天下之難事必作於易, 天下之大事必作於細」是以欲制物者於其細也, 故曰,「圖難於其易也, 為大於其細也」千丈之隄以螻蟻之穴潰, 百尺之室以突隙之煙焚. -《한비자》〈유로편〉

어질 것입니다." 역시나 환공은 무시했다.

열흘 후에 편작이 왔는데 환공을 멀리서 바라다보고는 발길을 돌려 달아났다. 환공이 일부러 사람을 보내 까닭을 물으니 편작이 답했다. "병이 피부에 있으면 찜질로 치료가 가능하고, 살갗 속에 있으면 침으로 치료가 가능합니다. 창자와 위 속에 있으면 약제로 치료가 가능하지요. 골수 속에 있으면 사명의 소관입니다. 그래서 지금 어쩔 수 없습니다. 병이 골수에 있으니 저는 할 말이 없습니다." 닷새 있다 환공이 몸져누웠다. 사람을 시켜 편작을 찾았으나 그는 이미 진으로 도망가버렸다. 환공은 마침내 죽었다. 그러므로 훌륭한 의원은 병을 치료할 때 피부부터 다스린다. 이는 모두 작은 것부터 해치운다는 것이다. 대저 사물의 화와 복도 역시 피부 같은 처지에 있다. 그러므로 성인은 일찍 일을 처리한다.[5]

한비자가 말하길, 훌륭한 의원은 병이 살갗에 드러났을 때 고친답니다. 살 속에 있고 골수에 있을 때가 아니라. 편작은 병이 시작할 때 고쳐야 한다는데, 노자는 성인은 기미를 보고 일찍 처리한다고 하였지요. 시작할 때부터 균열이 있으면, 아무리 작아도 큰 틈이 되고 결국 건물이 붕괴되고 프

---

5   扁鵲見蔡桓公, 立有間. 扁鵲曰: 君有疾在腠理, 不治將恐深. 桓侯曰, 寡人无. 扁鵲出, 桓侯曰, 醫之好治不病以爲功. 居十日, 扁鵲復見曰, 君之病在肌膚, 不治將益深. 桓侯不應. 扁鵲出, 桓侯又不悅. 居十日, 扁鵲復見曰, 君之病在腸胃, 不治將益深. 桓侯又不應. 扁鵲出, 桓侯又不悅. 居十日, 扁鵲望桓侯而還走. 桓侯故使人問之, 扁鵲曰, 疾在腠理, 湯熨之所及也, 在肌膚, 鍼石之所及也, 在腸胃, 火齊之所及也, 在骨髓, 司命之所屬, 无奈何也. 今在骨髓, 臣是以无請也. 居五日, 桓公體痛, 使人索扁鵲, 已逃秦矣, 桓侯遂死. 故良醫之治病也, 攻之於腠理, 此皆爭之於小者也. 夫事之禍福亦有腠理之地, 故曰, 聖人蚤從事焉. -《한비자》〈유로편〉

로젝트와 사업이 망합니다. 그렇지 않다고 해도 나중에 너무 많은 희생과 비용을 요구하지요. 그렇기에 시작할 때 틈이 없는지 봐야 하고, 어떻게든 균열의 조짐이 있는지 없는지 밝게 살펴야 합니다. 그렇지 않으면 골수에 미치는 중병을 키울 수 있는데, 군사의 일, 정치의 일, 조직의 일을 담당하는 책임자는 노자의 조언과 경고를 귀담아 들어야 합니다.

조조의 관용

관도대전 이후 원소의 문서고를 정리하는 과정에서 원소와 조조 진영의 인사가 밀통한 문서가 무더기로 나왔습니다. 조조도 사람인데 얼마나 그것을 보고 싶었을까요? 하지만 조조는 바로 불살라버렸습니다. 조조가 말하길, "원소가 강했을 때는 나조차 항복을 생각했다. 그러니 다른 사람은 오죽했겠나?" 조조가 관대하고 통이 커서 그것을 불살랐을까요? 제가 보기에는 전략적 사고를 잘했기에 불태웠다고 봅니다. 만약 그것을 보았더라면 어찌되었을까요? 누설의 여지가 있을 것이고, 설사 누설되지 않고 그것을 토대로 처벌하지 않았더라도 조조의 마음에 불신의 감정이 남아 결국 재앙의 씨앗이 되었겠죠. 조조는 문서를 바로 없애버려 재앙의 불씨를 꺼버렸습니다. 거대한 붕괴를 불러올 수 있는 균열의 시작을 사전에 봉쇄한 것이죠.

그 문서를 실제 보았더라면 재미있었을 것입니다. 아마 지옥문이 열렸겠죠. 연루된 자가 한둘이 아니었을 텐데 인간 사회, 정치 사회의 일이란 게 그렇다네요. 연루자가 적잖이 있으면 연루자와 연루되지 않은 자가 명확히 구분되지 않는다고 합니다. 연루자와 친한 사람들은 원소에 직접 선을 대지 않았다고 하더라도 연루자로 취급받을 수 있습니다. 연루자와 그렇지 않은 자 사이에 선 긋기가 정말 되지 않습니다. 또 처벌하려고 해도 제대로 처벌되지 않을 공산이 크죠. 너무 많은 사람을 쳐내야 하기 때문에요. 또 그렇다고 공개된 이상 처벌하지 않는다면? 연루된 사람과 그렇지 않은 사람은 끊임없이 반목하고 불신하고 싸울 것입니다. 조조는 연루 전력이 있던 부하를 의심하게 될 텐데, 그것이 재앙의 불씨가 아니면 무엇이겠습니까? 주군은 부하를 의심하고 부하는 주군이 항상 자신을 의심한다고 생각해 주군을 믿지 못하게 될 텐데, 그러면 누가 충성을 바치고 조직을 위해 헌신하겠습니까? 순식간에 조직이 무너지겠지요.

조조는 당시 이미 원소를 쳐서 사실상 천하를 통일한 상태였습니다. 조조와 원소 사이의 대전, 관도대전에서 이미 천하의 주인 자리가 갈렸지요. 원소를 무너뜨린 이상 지존의 위치에 올라섰고 천하의 세를 완전히 장악한 상황이었죠. 그런 상황에서 배포 큰 모습을 보이기만 하면 됩니다. 가까이 있는 자기 사람들은 그런 모습을 보고 충성을 다할 것이며, 멀리 있는 자들은 귀부해올 것이죠. 실제 조조의 결단 이후 그런 모습이 보였습니다. 조조가 정말 탁월한 선택을 내린 거지요. 조조라는 인간 자체가 가진 영명함도 영명함이지만, 천하의 주인이 되겠다는 큰 그림이 있었기에 가능했던 결단이 아니었나 싶습니다. 분열과 갈등의 씨앗을 없애 그물 안에 터진 부분이 없게 한 조조의 선택, 정말 탁월했다 생각합니다.

천라지망을 짜고 전쟁을 시작한 칭기즈칸

천라지망은 싸우기 전에 최적의 조건을 만들어놓고 움직인다는 뜻으로 제가 해석했는데, 그러려면 상대방의 불안 요소와 약점을 크게 확대하는 작업도 필요할 것입니다. 그것을 잘했던 사람이 바로 칭기즈칸이죠. 앞서 전쟁도 음양의 조화가 있어야 한다고 했습니다. 정예군의 힘과 파괴력이 우선 강해야 하고요. 그리고 전쟁터에서 정예군끼리 맞대결했을 때 우리의 정예군이 힘의 우위를 보여줘야 합니다. 이렇게 양陽의 전쟁에 능해야지요. 하지만 음陰의 전쟁도 능해야 합니다. 심리전, 첩보전, 정보전을 잘 수행해야지요. 그런 음의 전쟁도 잘 수행해야 하는데, 노자가 강유를 겸비하라고 한 것도 그 이유 때문입니다. 노자 말대로 강함과 부드러움을 겸비한 군대, 음양의 전쟁을 모두 잘 수행한 군대가 바로 칭기즈칸의 군대였습니다.

세계 최강의 몽골군, 바로 칭기즈칸의 군대는 음양의 조화가 탁월했고 그 음양의 조화를 바탕으로 세계를 제패했습니다. 사실 사람들은 칭기즈칸 하면 무자비한 살상력의 야만족 전사라는 이미지만을 떠올립니다. 실상은 전혀 그렇지 않았죠. 칭기즈칸의 군대가 양의 전쟁만 잘했나요? 역사학자나 전문가의 말을 들어보면 외려 음의 전쟁에 더 탁월했던 것 같습니다. 정보를 귀하게 여겼고, 정보를 얻는 데 많은 재물을 썼으며, 탁월한 정보 조직과 첩보 조직을 운영하려 애를 썼습니다. 그리고 특히 헛소문을 잘 퍼뜨려 상대 진영의 전투 의지를 확 떨어뜨린 채 싸우는 데 능했습니다. 한마디로 심리전의 대가였지요.

칭기즈칸의 몽골군은 진짜 교활하고 영악했죠. 사실 이미지와 다르게 몽골군은 정말 여우 같았던 군대였습니다. 그 교활한 군대는 음의 전쟁에서 발군의 능력을 보였고, 그게 그들이 세계를 재패하게 한 커다란 원동력이었습니다. 괴소문으로 심리전에서 이기는 것을 참 잘했습니다. 특히 적의 거물을 포섭하는 데는 최고였지요. 어떻게든 적의 조직 내에서 불만 있는 주요 인사가 없는지 알아냈죠. 불만을 가진 2인자, 3인자가 없는지 눈에 불을 켜고 찾았고, 찾아내면 수단 방법을 가리지 않고 포섭했습니다. 그러고 나서 싸움을 시작했죠. 최대한 상대 조직 안에서 균열을 만들어놓고 전투를 시작했습니다.

손자가 그랬죠. 승리하는 군대는 이겨놓고 싸우고, 패배하는 군대는 싸움을 걸어놓고 이긴다고요.《손자병법》〈형形편〉의 결론이라면 결론인데, 손자 말대로 항상 이겨놓고 싸우는 사람이 칭기즈칸이었습니다. 정말 천라지망을 짜고 시작하는 사람이었죠. 그러니 세계를 제패했는지도 모릅니다. 그는 상대 조직에 균열을 만들어놓고 그것을 최대한 크게 해놓고 싸움을 했던 사람이죠. 천라지망의 적절한 예입니다.

천라지망은 손자 자신의 이야기

《손자병법》〈계편〉과 〈모공謀攻편〉 그리고 〈용간用間편〉을 보면 천라지망을 어떻게 짜야 할지 알 수 있습니다. 〈계편〉에서는 오사칠계五事七計라고 해서 어떤 항목으로 정보를 수집해 적과 나의 전력을 비교하고 나를 객관화할지를 논했고, 〈모공편〉에서는 어떻게든 모략의 힘과 지혜의 힘으로 싸우지 않고 이기고, 싸우더라도 최대 효율과 최소 비용의 승리를 추구하라며 전승全勝을 말했습니다. 〈용간편〉을 보면 간첩 운영을 자세히 논했는데, 국가는 예산을 들여 향간鄕間, 내간內間, 반간反間, 생간生間, 사간死間 이렇게 다섯 범주의 간첩을 키우고 부려야 한다고 했습니다. 첩보전과 정보전에서 어떻게든 이겨야 내가 유리한 상황과 조건에서 싸울 수 있다고 봤기 때문입니다.

사실《손자병법》전 편이 천라지망을 짜기 위한 조언일지도 모릅니다. 손자가 중시한 것은 세勢였습니다. 어떻게든 유리한 전투 환경과 조건을 만들려고 고민했고, 이길 수밖에 없는 싸움을 하기 위해 전략적으로 사고하라고 조언했습니다. 그래서 지형을, 화공을 논했으며 변칙 전술인 기병奇兵에 대해 논했지요. 모두 전투 개시 전에 천라지망을 짜기 위한 고민이 아니었나 싶습니다. 세를 완벽히 장악한 채, 즉 전투 환경과 조건을 일방적으로 내게 유리하게 한 채 싸우라고 했던 손자. 모든 땅을 뒤덮고 누구든 잡아낼 수 있는 그물인 천라지망을 짜라고 말했던 사람이 아닌가 합니다. 그가 말하는 세의 조성과 장악이 곧 천라지망의 완성이라 생각하는데, 손자는 매번 천라지망으로 싸워라, 천라지망을 만들려고 노력하라, 전략적 사고를 하라고 강조한 사람 맞습니다.

이렇게 '노자병법'의 마지막 장은 손자 이야기로 끝납니다. 역시나 노자의 사상적 아버지는 손자이고, 노자의 스승 역시 손자입니다. 철저하게 손자와 연관지어《노자》를 독해하고 이해해야 한다고 보는데, 앞으로도 손자와 노자는 독자들께서 공부하실 때 따로 떨어뜨린 채 보지 마시고 같이 두고 읽었으면 합니다.

자, 노자가 공을 이루었으면 떠나라고 했습니다. 공수신퇴와 공성불거의 예로 장량을 이야기했고 범려를 이야기했습니다. 그렇지 않아도 공수신퇴를 처음으로 보여주었던 사람이 손자입니다. 손자가 괜히 도가 쪽 사람들에게 추앙받는 게 아니죠. 오자서와 같이 초나라를 부순 후 그 공에 집착하지 않고 홀연히 떠나 평생 은거했지요. 이런 그의 인생 행보와 신비롭게 채색된 인생 말년이 도가 쪽 사람들에게는 굉장히 매력적으로 다가왔기 때문에 노자를 시조로 하는 도가 쪽 사람들에게 숭앙받았던 것이지요. 정말 노자가 말한 대로 손자는 공수신퇴, 공성불거 했지요.

제가 이렇게 손자와 노자를 같이 놓고 떠들어댔지만, 그들을 긴밀하게 관련지은 다음에야 제대로 이야기할 수 있는 병법 이야기, 중국 철학과 사상 이야기는 아직도 많이 남았을지 모릅니다. 더 치열하게 병법서로서 《노자》를 독해하고, 손자와 노자를 같이 놓고 읽으면서 그들의 지혜와 통찰력을 뼛속 깊이 이해하려는 노력이 있어야 하지 않을까 싶습니다. 네, 저도 노력하겠습니다. 《손자병법》과 '노자병법'에 대해 더 깊이 천착하고 중국인의 속, 중국 문명의 민낯을 마주하려고 노력하겠다고 약속드리겠습니다. 아울러 손자와 노자뿐만 아니라 그 시대 다른 사상가의 맨얼굴 또한 제대로 보여주고, 그들의 목소리로 그들의 텍스트를 읽어 사람들과 공유하겠다는 약속도 해봅니다.

캐릭터 동양철학

노자, 묵자, 맹자, 공자, 손자, 오자…… 한 사람 한 사람의 살아 있는 인물을 일관되고 생생하게 묘사해 이해시켜주는, 이른바 '캐릭터 동양철학'은 제가 지향하는 바 중 하나입니다. 그것은 독자들이 인물을 생생하게 접하게 하고, 만화나 영화, 연극, 웹툰 같은 제2, 제3의 콘텐츠로 재창작하게 합니다. 돈이 안 되는 인문학, 산업과 거리가 먼 인문학이라고 푸념만 할게 아니라 다른 창작자들에게 영감을 주고 언제든 팔릴 만한 소재로 변신시키는 작업이 바로 제가 하려는 것입니다. 자, 이 책《생존과 승리의 제왕학, 병법 노자》를 읽어보니 노자라는 캐릭터가 좀 손에 잡히시는지요.

동양철학자 임건순은 지향하는 바가 많습니다. 방금 말한 '캐릭터 동양철학'도 있고, '큰 그림 동양철학'도 있습니다. 이 책은《동양의 첫 번째 철학, 손자병법》과 연속되는 책으로 그 책과 함께 읽으신 분들은 분명히 기억하고 머릿속에 그리실 것입니다. 한쪽에는 손자에서 노자와 한비자로 이어지는 철학이 있고, 다른 한쪽에는 공자와 묵자의 철학이 있다는 것 말입니다. 전자는 성패의 관념 체계 그리고 투쟁의 철학인 데 반해, 후자는 정의의 관념 체계 그리고 대의와 윤리의 철학이지요. 이렇게 중국의 고대 사상을 크게 양분해볼 수 있습니다.

저는 단순히 텍스트만을 설명하거나 한 사상가만을 이야기하는 게 아니라 큰 그림을 그리고 그 안에서 좌표를 찍어 그들이 어디에 위치해 있는지를 보여주고, 그 사상가가 다른 사상가들에게 어떻게 도전하고 응전했으며 서로 어떻게 길항했는지를 보여주려고 합니다. 처음에는 그것들을 보여주는 데 초점을 맞추지만, 나중에는 독자 스스로 그려볼 수 있게 도와주려 합니다.

사실 그렇습니다. 사상가 각자는 결코 고립된 섬이 아니라 서로 영향을 주고받고 길항하면서 자신의 사상을 정립하지요. 그래서 사상가 간의 연결고리를 봐야 합니다. 그래야 한 사람 한 사람을 더 잘 이해하고, 더 나아가 동양의 정신세계를 총체적으로 이해할 수 있습니다. 공맹과 주희만 보면 너무 편협하게 우리의 정신세계와 사상사를 보는 것이죠. 저는 모두를 보게 하고 숲을 보게 하고 큰 그림을 그려보게 하려는데, 지난 책《동

양의 첫 번째 철학, 손자병법》과 이번 책《생존과 승리의 제왕학, 병법 노
자》를 읽으면서 어렴풋이나마 큰 그림을 보셨나요?

중국과 일본

이 책에서 중국 이야기를 많이 했습니다. 이 책의 전작인《동양의 첫 번째
철학, 손자병법》에서도 중국 이야기를 많이 했고요. 동양철학을 하는 데
가장 중요한 것이 무엇일까요? 우선은 동아시아에 대한 이해가 아닐까 싶
습니다. 그런데 우리는 공맹과 성리학 위주로 파다 보니 중국에 대한 이
해가 협소할 수밖에 없었는데 중국만 그런 게 아닙니다. 일본에 대한 이
해도 협소할 수밖에 없었습니다.

　일본은 우리와 달리 성리학이 아니라 양명학과 친했고, 병가의 학문
을 많이 연구했습니다. 한비자의 법가 그리고 순자를 많이 공부했습니다.
그런데 전근대 시절의 고전 연구와 해석은 단순히 연구와 해석만으로 그

치는 게 아니라 한 사회의 색깔과 방향을 결정짓기도 하지요. 우리와 다르게 파고든 텍스트, 우리는 외면하고 또 금기시했지만 그 텍스트를 연구한 사상가, 그것이 양국의 차이를 만들어냈는데, 여기서 다룬《노자》도 그렇습니다. 전근대 시절이나 지금이나 우리나라 지식인들은 노자를 손자나 한비자, 순자처럼 외면하거나 버려둔 것은 아니지만, 일본과는 다르게 연구하고 바라보았지요. 더 정확히 말해 일본은《노자》를 우리와 다르게 제왕학서, 투쟁의 책으로 많이 보았는데, 거기에 그치지 않고 일제강점기의 대동아 공영 논리와 청사진에 은근슬쩍 활용하기도 했습니다.

그렇습니다. 어떤 고전을 파고드느냐, 그 고전을 어떻게 해부해 읽어내느냐는 단순히 학문 연구에 그치는 게 아닙니다. 일본의 동양철학 연구를 보면, 그들이 왜 우리보다 근대화가 훨씬 빨랐는지부터 이해할 수 있습니다. 《손자병법》도 읽어보고,《한비자》도 많이 연구해보고,《순자》도 공부하고,《노자》를 중국과 일본이 읽어온 대로 한번 읽어보면 좀 더 많이 보일 것입니다. 공맹과 성리학의 세계에 갇혀 우리가 보지 못했던 중국과 일본의 다른 모습과 얼굴 그리고 그들의 마음에 새겨진 문화·심리적인 틀, 그런 것이 보이면 그들과 다른 우리의 모습도 더욱 드러나겠지요. 네, 우리와 다른 그들의 모습이 잘 보일수록 우리의 모습도 이해되고 보이기 마련입니다.

동양철학, 정확히 말해 동아시아 철학을 연구하고 동아시아 공통의 고전을 공부하는 이유는 무엇일까요? 다른 것을 떠나 동아시아를 보는 지평의 확대가 이유가 되어야 할 텐데, 그간 한국의 동양철학 연구는 조선 시대부터 내려온 관성이 너무 심해 동아시아를 보는 눈을 키우지 못했습니다. 조선 시대 사대부들은 공맹과 성리학만 파고들었고, 가끔 머리 좀 식히고 힐링 좀 하려고 노장 철학을 읽어냈습니다. 아직도 우리는 공맹과 성리학으로 논문을 쓰고 학문적 시민권을 얻으며, 힐링의 맥락으로 노장을 읽어내려 합니다. 그러니 양명학의 일본과 중국, 법가의 일본 그리고 손자와 노자의 노회함을 가진 중국인의 심리를 잘 보지 못하지요.

동양철학을 연구하는 이에게 가장 중요한 것은 무엇일까요? 텍스트 자체에 대한 이해, 사상가에 대한 소개에 그치는 게 아니라 일반 대중이 동아시아 전체를 보는 눈을 가지도록 도와주고, 이제 우리 삶의 상수가 된 중국에 대한 이해를 깊게 해주는 것이 제일 중요하지 않을까요. 저는 제도권 학자들과 달리 소외되고 제대로 연구되지 않은 사상가를 주로 소개해왔고, 다른 문제의식으로 텍스트를 해부해 보여드려왔는데 앞으로도 노력하겠습니다. 그런 작업을 통해 동아시아를 보는 눈을 키워드리겠다고요. 동아시아를 더욱 품을 수 있도록.

자, 마지막으로 이 말씀을 드리고 싶습니다. 이 책, 쉽게 읽히셨나요? 저는 늘 쉽게 읽히는 글을 쓰려고 하고, 공부를 많이 하지 않은 분도 쉽게 이해할 만한 책을 만들려고 합니다. 그러다 보니 살아 있는 입말, 일상의 언어와 체험의 언어를 많이 쓰는 편입니다. 그래서 대중적인 글쓰기가 된다는 평을 듣는데, 앞으로도 편하게 읽히는 글을 쓰겠습니다. 어려운 말이 아니라 우리의 말, 일상의 언어를 쓰겠습니다. 쉽게 읽히는 조선어로 늘 저술하겠습니다. 저의 책이 항상 우리 공동체의 언어에 대한 열렬하고도 수줍은 고백의 연애편지가 되도록 노력하겠습니다. 여기까지 읽어주신 모든 분에게 감사하다는 말씀 드립니다.

강신주, 《관중과 공자 – 패자의 등장과 철학자의 탄생》, 사계절, 2011

_____, 《노자 – 국가의 발견과 제국의 형이상학》, 태학사, 2004

계훤, 김명환 역, 《병경백자 – 100자에 압축한 5000년 병법의 정수》, 글항아리, 2014

관중, 김필수·고대혁·장승구·신창호 역, 《관자》, 소나무, 2015

기무라 노리아키, 조영렬 역, 《삼국지의 계략 – 천하를 뒤흔든 영웅들의 전략 전술》, 서책, 2013

김영수, 《36계 – 신묘한 병법서인가, 사악한 기서인가》, 사마천, 2015

김예호 역주, 《한비자정독 – 청고고아한 문자의 향기를 찾아서》, 삼양미디어, 2014

김운회, 《삼국지 바로 읽기》 1·2, 삼인, 2004

김원중, 《노자 – 버려서 얻고 비워서 채우다》, 글항아리, 2013

김홍경, 《노자 – 삶의 기술, 늙은이의 노래》, 들녘, 2003

나채훈, 《마흔의 삼국지, 사마의를 읽다》, 북오션, 2012

_____, 《사마의 평전》, 북오션, 2015

리링, 임태홍 역, 《유일한 규칙 – 손자의 투쟁철학》, 글항아리, 2013

리쩌허우, 정병석 역, 《중국고대사상사론》, 한길사, 2005

서영교, 《고구려, 전쟁의 나라 – 7백 년의 동업과 경쟁》, 글항아리, 2007

신동준, 《삶의 한가운데서 초한지를 읽다》, 왕의서재, 2013

오위평, 박찬철 역, 《사람을 품는 능굴능신의 귀재 유비》, 위즈덤하우스, 2015

오치규, 《관계에서 밀리지 않는 힘, 삼국지 권력술》, 위즈덤하우스, 2014

왕우, 남영택·이현미 역, 《사마의 – 삼국지 최후의 승자》, 한얼미디어, 2011

유광종,《중국은 어떻게 모략의 나라가 되었나 - 중국인의 행동을 읽는 7가지 문화코드》, 웅진지식하우스, 2012

유기, 엄기헌 역,《백전기략》, 나들목, 2004

유안 편찬, 이준영 해역,《회남자 - 제자백가의 집성과 통일》상·하, 자유문고, 2015

이병호,《손빈병법》, 홍익출판사, 1996

이석명,《백서 노자》, 청계, 2006

자오옌, 김지은 역,《꼬아본 삼국지 캐릭터 - 진짜 유비는 어질고 조조는 간사했을까》, 재승출판, 2013

자오위펑, 박찬철 역,《사마의 - 자신을 이기는 자가 최후의 승자가 된다》, 위즈덤하우스, 2013

장쭤야오, 남종진 역,《유비 평전 - 사람을 아껴 난세를 헤쳐 나간 불굴의 영웅》, 민음사, 2015

제갈량, 모리야 히로시 해설, 조영렬·김학경 역,《제갈공명 병법서》, 서책, 2014

한비, 이운구 역,《한비자》1·2, 한길사, 2002

헨리 키신저, 권기대 역,《헨리 키신저의 중국 이야기》, 민음사, 2012

황석공, 임동석 역,《삼략》, 동서문화사, 2009